Ingrid Biermann
Von Differenz zu Gleichheit

Ingrid Biermann (Dr. rer. soc.) ist Mitglied des DFG/ANR-Forschungsprojekts »Metamorphosen der Gleichheit« an der Universität Erfurt. Ihre Forschungsschwerpunkte sind European Studies, Geschlechtersoziologie sowie Soziologie der Parteien und Sozialen Bewegungen.

Ingrid Biermann

Von Differenz zu Gleichheit

Frauenbewegung und Inklusionspolitiken im 19. und 20. Jahrhundert

[transcript]

Bibliografische Information der Deutschen Nationalbibliothek
Die Deutsche Nationalbibliothek verzeichnet diese Publikation in der Deutschen Nationalbibliografie; detaillierte bibliografische Daten sind im Internet über http://dnb.d-nb.de abrufbar.

Umschlagkonzept: Kordula Röckenhaus, Bielefeld
Lektorat & Satz: Ingrid Biermann
Druck: Majuskel Medienproduktion GmbH, Wetzlar
ISBN 978-3-8376-1224-0

Gedruckt auf alterungsbeständigem Papier mit chlorfrei gebleichtem Zellstoff.

INHALT

Kapitel 1
Einleitung: Differenz und Gleichheit – Mobilisierungsstrategien der Frauenbewegungen, moderne Differenzierung und moderne Inklusionsbedingungen

An der Wende zum 21. Jahrhundert ist die Gleichheit der Geschlechter nicht mehr nur ein Anspruch der modernen Gesellschaft. Im Verlauf der zweiten Hälfte des 20. Jahrhunderts haben faktisch weit reichende Veränderungen in den Geschlechterbeziehungen stattgefunden. Die Erwerbsarbeit der Frauen hat einen eigenständigen, nicht mehr von der Familienrolle abgeleiteten Status erlangt. Bei der Partizipation an wissenschaftlicher Ausbildung ziehen die Geschlechter in vielen Disziplinen gleich. Ein Gleichheitsverständnis, das von geschlechtsspezifischen Zuschreibungen absieht, bildet ein allgemeines Prinzip des modernen Rechts, das sowohl in nationalen Verfassungen wie im europäischen Recht Elemente positiver Diskriminierung enthält.

Worauf ist die Entwicklung hin zu einem Gleichheitsverständnis zurückzuführen, das die Geschlechterdifferenz nicht mehr als Differenzierungsregel anerkennt und das einen Begriff sozialer Gerechtigkeit mitführt, der sich auch an paritätischen Verteilungen orientiert? Ohne die Frauenbewegungen, die Ende der 1960er Jahre in vielen europäischen Staaten entstanden, die Frauen- und Geschlechterthemen gesellschaftliche Relevanz verliehen und die Institutionalisierung von Gleichheitsansprüchen betrieben, ist sie nicht vorstellbar (vgl. Lovenduski 1986; Jenson 1995). Die Frauenbewegungen selbst haben für sich im Hinblick auf die Modernisierung der Geschlechterbeziehungen auch eine prominente Rolle in Anspruch genommen – eine Sichtweise, die von der sozialwissenschaftlichen Frauen- und Geschlechterforschung, die aus dieser Sozialbewegung hervorgegangen ist, geteilt wird.

Das Engagement für Frauenrechte im 19. und frühen 20. Jahrhundert stützte die Forderung nach gesellschaftlichen Teilnahmerechten der Frauen nicht nur auf den Anspruch der individuellen Gleichheit der Geschlechter, sondern ausdrücklich auch auf anthropologische und kulturelle Unterschiede zwischen Frauen und Männern. Dieses Gleichheitsverständnis lief auf eine Strategie der Fraueninklusion hinaus, die vor allem eigens Frauen vorbehaltene Aufgaben und Berufe reklamiert hat.[1] Die Frauenbewegungen, die sich gegen Ende der 1960er Jahren bildeten, argumentierten hingegen nicht mehr mit Differenz, sondern mit der sozialen Konstruktion des Geschlechts. Darauf basierte ihr Gleichheitsverständnis, das auf die Inklusion der Frauen in wichtige gesellschaftliche Teilbereiche und ihre gleichberechtigte Teilnahme daran abzielte.

Das Buch nimmt die historische Diskontinuität in den Auffassungen zur Gleichheit der Geschlechter, den Wandel *von Differenz zu Gleichheit*, in den Blick. Es schließt damit nicht an Diskurse über politische Richtungsstreite innerhalb der Frauenbewegungen an. Gefragt wird vielmehr nach der Rahmung des Engagements für Frauenrechte, nach dessen Einbettung in und dessen Anschlussmöglichkeiten an gesellschaftliche Differenzierungs- und Modernisierungsprozesse im 19. und 20. Jahrhundert.

Wollen Soziale Bewegungen wie die Frauenbewegungen erfolgreich Protest mobilisieren, müssen sie, so die Ausgangsthese, Deutungsmuster entwerfen, die nach innen ein ‚commitment' herstellen, und die aufgrund der besonderen Legitimationsprobleme Sozialer Bewegungen – sie verstoßen gegen institutionalisierte Selbstverständlichkeiten ihrer Gesellschaft – auch über Anschlussmöglichkeiten an Modernisierungsprozesse in relevanten gesellschaftlichen Teilbereichen und an dazugehörige Semantiken verfügen (vgl. für Soziale Bewegungen allgemein Neidhardt 1985: 200f.). Aus dieser Perspektive wird der Durchsetzung der zeitgenössisch-modernen Gleichheitsauffassung nachgegangen. Damit wird auch gezeigt, wie sich Veränderungen von Mustern der Fraueninklusion unter dem Zusammenspiel von Forderungen der Frauenbewegungen, staatlichen Inklusionspolitiken und der Institutionalisierung von Frauen- und Geschlechterfragen in gesellschaftlichen Teilsystemen vollziehen.

1 Bei dieser historischen Diskontinuität handelt es sich um einen Grundzug des Engagements für Frauenrechte in verschiedenen europäischen Staaten. Sie ist aber jeweils unterschiedlich stark ausgeprägt. Vgl. für unterschiedliche Ausprägungen in Ländern wie Deutschland, Schweden und Frankreich: Greven-Aschoff (1981); Bock/Thane (1991b); Scott (1996) und Cott (1987).

1.1 Differenz und Gleichheit als unterschiedliche Legitimations- und Mobilisierungsstrategien

Die historisch-empirischen Analysen des Buches rekonstruieren und vertiefen die zuvor umrissenen Entwicklungen und Thesen an einem nationalen Beispiel, d.h. an der deutschen Entwicklung. Sie konzentrieren sich auf die beiden historischen Zeiträume, die vom Engagement der ersten und der zweiten deutschen Frauenbewegung besonders beeinflusst waren: auf den Zeitraum von den 1860er bis zu den 1920er Jahren und den Zeitraum von den 1970er bis zu den 1990er Jahren. In Exkursen wird auf das Gleichheitsverständnis der ersten und der zweiten englischen Frauenbewegung eingegangen, wobei auf ähnliche Zeitrahmen Bezug genommen wird.[2]

Von der Mitte des 19. bis in das frühe 20. Jahrhundert setzte sich in Deutschland erstmals eine Frauenbewegung für die Anerkennung von Frauenrechten ein. In ihr bildeten sich politische Machtkonflikte, die die Schichtstruktur der Gesellschaft des 19. Jahrhunderts widerspiegelten, ideell und organisatorisch ausgeprägt ab. Sie war in einen bürgerlichen und einen proletarischen Flügel gespalten. Große Teile der bürgerlichen Frauenorganisationen der ersten Frauenbewegung beriefen sich nicht primär auf den individuellen Gleichheitsanspruch, der auch die Zulassung von Frauen zu politischen Rechten beinhaltete. Die Durchsetzung des Frauenwahlrechts hatte für sie keinen vorrangigen Stellenwert. Sie plädierten vor allem für die Verwirklichung eines weiblichen Kulturanteils und für die Anerkennung eigens Frauen vorbehaltener Aufgaben und Berufe (vgl. Evans 1977; Greven-Aschoff 1981).

Als Ende der 1960er Jahre in Deutschland eine zweite Frauenbewegung entstand, spielten darin durch Schichtung hervorgerufene politische und soziale Konfliktlinien keine Rolle mehr. Sie gelangte nach ihren stark von Autonomiebestrebungen gegenüber etablierten Institutionen geprägten Anfängen dann in den 1980er Jahren in eine Phase der Institutionalisierung. Ihre Aktivistinnen veränderten ihre Einstellungen zur Arbeit in Institutionen, die sich ihrerseits für Frauenthemen öffneten (vgl. Rucht 1994: 195; Nave-Herz 1994). Der Anspruch nach formaler

2 Die Exkurse arbeiten Parallelen zu den Gleichheitsvorstellungen der beiden deutschen Frauenbewegungen, aber auch deutliche Unterschiede heraus. Unterschiede resultieren insbesondere aus dem Einfluss von Schichtung bzw. der Existenz unterschiedlicher gesellschaftlicher Klassen auf das Engagement für weibliche Teilnahmerechte. Auf die Exkurse wird durch Fußnoten verwiesen. Die dazu gehörigen Texte befinden sich im Anhang des Buches.

Gleichheit wurde mit dem Anspruch auf faktische Gleichheit verbunden, Gerechtigkeit für Frauen an der Herbeiführung tatsächlich gleicher Teilnahmechancen in den Bereichen Bildung, Politik, Wissenschaft, Erwerbsarbeit etc. gemessen (vgl. für ein Beispiel: Lang 1989). Die Untersuchung arbeitet zur Kennzeichnung dieser beiden Ausrichtungen bzw. dieser beiden Gleichheitskonzeptionen mit den Begriffen Differenz und Gleichheit.

Mit dem historischen Wandel im Verständnis von der Gleichheit der Geschlechter hat sich die aus der zweiten Frauenbewegung hervorgegangene Frauen- und Geschlechterforschung kaum beschäftigt. Die erste und die zweite Frauenbewegung bzw. deren Gleichheitskonzeptionen wurden weitgehend ohne Bezug aufeinander behandelt. Historisch angelegte Arbeiten haben ihre Aufmerksamkeit auf die Spaltung der ersten Frauenbewegung in eine bürgerliche und eine proletarische Frauenbewegung gerichtet sowie auf Richtungskämpfe zwischen dem „gemäßigten" und dem „radikalen" Flügel der bürgerlichen Frauenbewegung (vgl. Gerhard 1990b: 170ff.; Evans 1977). Mit den unterschiedlichen Gleichheitskonzepten der ersten Frauenbewegung haben sich diese Arbeiten vor allem im Kontext der Richtungskämpfe innerhalb der bürgerlichen Frauenbewegung befasst und sich teilweise ausdrücklich von deren Differenzfeminismus distanziert (vgl. dazu kritisch und aus historischer Perspektive: Stoehr 1983; Offen 1988).

In den 1980er Jahren entstanden in der zweiten Frauenbewegung und in der aus ihr hervorgegangenen Frauen- und Geschlechterforschung Diskurse über „Gleichheit und Differenz" bzw. über „Gleichheit versus Differenz" (vgl. die Beiträge in Gerhard et al. 1990). Nunmehr wurden eigens Begriffe eingeführt, um die unterschiedlichen Gleichheitsauffassungen zu kennzeichnen. Sie drückten aber primär Richtungsdifferenzen aus. Die Kontroversen resultierten aus kritischen Stimmen im zeitgenössischen Feminismus gegenüber der Orientierung der zweiten Frauenbewegung am modernen Postulat der individuellen Gleichheit. Damit würden Unterschiede zwischen den Geschlechtern außer Acht gelassen und männliche Maßstäbe anerkannt. Dagegen wurde angeführt, der Feminismus dürfe nicht selbst zur sozialen Konstruktion der Geschlechterdifferenz beitragen. Vor allem in den deutschen Diskursen wurde ein „biologistisches" Differenzverständnis ausdrücklich zurückgewiesen (vgl. Gerhard 1991). Im Streit über die Frage, wie Teilnahmerechte für Frauen begründet werden könnten, die auch Unterschieden zwischen den Geschlechtern berücksichtigen, und ob beide Ausrichtungen, also Gleichheit und Differenz, Berechtigung beanspruchen können, blieb eines weitgehend unbesehen: Für einen neuen Differenzfeminismus gab es programmatisch keine Anschlussstellen mehr. Konzepte wie „positive

Maßnahmen", „Quotenregelungen" und das „Gender Mainstreaming" basieren auf dem Gedanken der individuellen und der sozialen Gleichheit und nicht auf Ansprüchen, die öffentlichen Bereiche der Gesellschaft um einen ‚weiblichen Einfluss' zu ergänzen.

Die Entwicklung des Gleichheitsanspruchs im 19. und 20. Jahrhundert ist in der Frauen- und Geschlechterforschung selten als eine Entwicklung *von Differenz zu Gleichheit* zur Kenntnis genommen worden. Die Begriffe wurden vielmehr dazu verwandt, um über unterschiedliche Auffassungen über ein ‚richtiges' bzw. Fraueninteressen entsprechendes Emanzipationsverständnis (vgl. Pinl 1993) zu streiten oder um für ein Zusammengehören beider Richtungen zu plädieren (vgl. Gerhard 1991).

Das Buch verwendet *Differenz und Gleichheit* in einer Perspektive, die keine politischen Wertungen vornimmt oder an Richtungsstreite anschließt. Es bezeichnet damit unterschiedliche Gleichheitskonzepte, die für die Frauenbewegungen Mobilisierungs- und Legitimationsstrategien bildeten. Differenz als Mobilisierungs- und Legitimationsstrategie betrachtet die Geschlechter als verschieden. Dabei wird auf biologisch-anthropologische, mentale und/oder soziokulturelle Unterschiede zwischen Frauen und Männern rekurriert. Die Mobilisierungs- und Legitimationsstrategie der Gleichheit geht hingehen von Geschlechtsstereotypisierungen bzw. von Weiblichkeit als sozialer Konstruktion aus. Sie betrachtet Frauen und Männer als individuell gleich.

Mit der Betrachtung von Differenz und Gleichheit als Mobilisierungs- und Legitimationsstrategien der Frauenbewegungen soll Folgendes ins Blickfeld gelangen: Beiden Sozialbewegungen musste es gelingen, ihre Leitdifferenz, d.h. die Geschlechterdifferenz, so mit sozialem Sinn aufzuladen, dass damit Ansprüche auf weibliche Teilnahmerechte Resonanzen erzielten. Opponierende Frauenkontexte müssen sich und ihre Ziele über historische neuartige Formen geschlechtlicher Gegensätzlichkeit definieren können. Ohne Entgegensetzungen gewinnen sie argumentativ kein Profil (vgl. dazu Simmel 1908: 336). Erst in der zweiten Hälfte des 20. Jahrhunderts wird eine Inanspruchnahme des Wertes der Gleichheit durch Frauenproteste möglich, die auf die Aufhebung geschlechtsspezifischer Differenzierungslinien und faktische Gleichstellung drängt. Die Geschlechterdifferenz kann sich nun erst als hochrangige und eigenständige soziale Konfliktlinie behaupten. Die Untersuchung beleuchtet diese Entwicklung unter dem Gesichtspunkt von Zusammenhängen zwischen den Gleichheitskonzeptionen der Frauenbewegungen und unterschiedlichen Bedingungen der Fraueninklusion im 19. und 20. Jahrhundert.

1.2 Nationaler Wohlfahrtsstaat, politisches System und gesellschaftliche Inklusion

Das Buch knüpft daran an, dass sich im 19. Jahrhundert parallel zur Durchsetzung des modernen Nationalstaats der Umbruch zur funktionalen Differenzierung vollzieht (vgl. Hahn 1993). Mit diesem Umbruch verändern sich die Bedingungen gesellschaftlicher Inklusion gravierend. Prinzipiell muss in der modernen Gesellschaft jede/r Zugang zu den wichtigen Funktionsbereichen haben, die sich nun ausdifferenzieren (vgl. Luhmann 1995a: 245ff.). Der Nationalstaat bildet sich als Komplementärstruktur zur funktionalen Differenzierung aus. Er entwickelt wichtige Funktionen der Integration und Regulierung der entstehenden Teilsysteme sowie Funktionen der Inklusionsvermittlung (vgl. Stichweh 2000: 91ff.; Flora 1976). Dieser Prozess wird im 19. Jahrhundert dadurch forciert, dass die männlichen Individuen als Mitglieder der Nation Gleichheit, d.h. gleiche politische Rechte, bürgerliche Rechtsgleichheit und dann auch gleiche soziale Rechte beanspruchen. Der moderne Nationalstaat erhält in einer längeren Entwicklung eine Zweitfassung als Wohlfahrtsstaat (vgl. erneut Stichweh 2000: 91ff.).

Historisch ist dieser Prozess allerdings durch eine Schwelle gekennzeichnet. Erst seit dem Ende der Wiederaufbauphase nach dem Zweiten Weltkrieg entsteht in verschiedenen europäischen Staaten, darunter Deutschland, eine Form der Wohlfahrtsstaatlichkeit, bei der politisch induzierte Entwicklungen die sozioökonomischen Versorgungsstrukturen nachhaltig in Richtung auf eine umfassende Teilhabe der Gesamtbevölkerung – auch der Frauen – verändern (vgl. Kaufmann 2001: 25; 2003: 39, 125ff.).

Diese Entwicklung der Wohlfahrtsstaatlichkeit steht im Zusammenhang mit der Ausdifferenzierung des politischen Systems in der zweiten Hälfte des 20. Jahrhunderts. Im Zuge der Binnendifferenzierung des politischen Systems entwickelt sich die Staatsorganisation zu einem seiner Teile, dem die modernen Volksparteien, Interessenvertretungsorganisationen und in den 1970er Jahren dann auch die Neuen Sozialen Bewegungen gegenübertreten. Die Sozialbewegungen erhöhen den politischen Druck auf die Parteien, neue und Bevölkerungsgruppen übergreifende Themen zu integrieren (vgl. Luhmann 2002: 214f.; Rucht 1994).

Nach außen erfolgt zunehmend eine Selbstbeschreibung des politischen Systems als eines Systems neben anderen Funktionssystemen. Damit verändert sich auch die Rolle der Familie für die staatliche Ordnung. Sie definiert nunmehr die Individuen als ihre Kleinsteinheiten, nicht mehr (nur) Familien (vgl. Weinbach 2002). Ausdifferenzierungsprozesse im politischen System, darunter die Bildung der neuen Frauenbewegung, profitieren vom staatlichen Ausbau von Inklusionspolitiken aufgrund des Ausbaus des Bildungs- und Wissenschaftssystems. Die wachsende Bildungsbeteiligung stärkt das Bewusstsein für ungleiche Rechte und Chancen in bis dahin ausgegrenzten Bevölkerungsgruppen (vgl. Rucht 1994). Gleichheit wird seit den 1960er/70er Jahren – auch unter dem Einfluss der Frauenbewegung – zu einem zentralen Steuerungsmedium politischer Kommunikation (vgl. Neidhardt 1985).

Im 19. Jahrhundert war der Differenzierungsgrad des politischen Systems weit geringer. Die Parteien und Interessenorganisationen waren Anwärter ihres Klientels und Vertreter der um politische Macht rivalisierenden gesellschaftlichen Schichten. Die soziale Schichtung bildete sich in der Binnenstruktur des politischen Systems ab, in dem die Überformung des hierarchischen Machtcodes als zirkulär konzipierter Zweitcode Regierung/Opposition noch nicht ausgebildet war (vgl. Weinbach/Stichweh 2001). Frauen waren aus der politischen Mitsprache ausgeschlossen und damit weitgehend auch aus staatlichen Inklusionspolitiken (vgl. Weinbach 2002).

Ihr Ausschluss aus Rechten korrespondierte mit der Ausbildung eines Geschlechtermodells, das Frauen den privaten Bereich von Ehe und Familie zuwies und schichtübergreifend Gültigkeit beanspruchte. Ein Recht der Frauen auf den Zugang zur Erwerbstätigkeit, eine eigenständige Geschäftsfähigkeit und ihre Partizipation an politischen Rechten schloss dieses Modell aus (vgl. Weber 1907: 185ff.). Die Bereiche des öffentlichen Lebens, darunter die höhere Bildung, die Wissenschaft, die Arenen der Politik sowie die Erwerbsarbeit, sollten Männern vorbehalten sein. Deren Teilnahmerechte variierten zwar noch schichtabhängig. Gegenüber Frauen gewannen Männer aber insgesamt sehr viel rascher Anschluss an die modernen Modalitäten gesellschaftlicher Teilnahme (vgl. Simmel 1908). Zudem bildeten sich die soziale Schichtung und politische Auseinandersetzungen um demokratische Mitspracherechte in der älteren Frauenbewegung als markante Konfliktlinien ab (vgl. Phillips 1987).

Vor diesen Hintergründen gewannen unter bürgerlichen Frauenrechtlerinnen Gleichheitsvorstellungen an Überzeugungskraft, die sich an Differenz orientierten und weibliche Teilnahmerechte vor allem im Erwerbsbereich mit der Notwendigkeit weiblicher Kulturaufgaben begründeten. Mit dem Argument der Mütterlichkeit bzw. mütterlichen Empfindens als besonderer Kompetenz von Frauen beteiligten sich Frauenrechtlerinnen in Deutschland, aber auch in anderen europäischen Staaten, am Ausbau des modernen Wohlfahrtsstaats. Sie trugen mit der Verankerung sozialer Frauenberufe (Bock/Thane 1991b) auch dem Umstand Rechnung, dass sich der Staat und die Parteien für die Frage der Frauenrechte und der sozialen Lage von Frauen kaum aufgeschlossen zeigten (vgl. Weinbach 2002: 308f.).

Die beiden politischen Inklusionen, diejenige in den Nationalstaat aufgrund des allgemeinen Wahlrechts und diejenige in den Wohlfahrtsstaat, gelangten erst in den 1970er Jahren, d.h. im Zuge der Umbildung der politischen Parteien zu Parteien der Mitte, in eine enge Verbindung, auch im Hinblick auf Frauen. In dieser Verknüpfung liegt – so die These des Buches – eine wesentliche (Vor-)Bedingung für das Engagement für Frauenrechte, das für Gleichheits- und Teilnahmeforderungen mit dem Gewicht der Hälfte der Gesellschaft argumentierte, dem es gelang, die Geschlechterdifferenz in den Deutungsrahmen einer eigenen und zentralen gesellschaftlichen Konfliktlinie zu stellen, das im Anspruch individueller und sozialer Gleichheit seine einende Klammer fand.

1.3 Veränderung der Fraueninklusion im 19. und 20. Jahrhundert: Systeme mit Impuls-, Brücken-, Blockade- und Legitimationsfunktionen

Im 19. Jahrhundert war der Umbruch zur modernen Gesellschaft für Teile der Bevölkerung von eingeschränkten und teilweise gar nicht vorhandenen Zugangsmöglichkeiten zu den entstehenden Teilsystemen gekennzeichnet. Frauen bildeten jenen Teil der Bevölkerung, auf den die Beschränkungen und Ausschlüsse in besonderer Weise zutrafen. Die Mehrfachinklusion, also die Abhängigkeit gesellschaftlicher Teilnahme vom Zugang zu wichtigen Teilbereichen wie Bildung, Erwerbsarbeit, Politik, öffentliche Meinung, Recht oder medizinische Versorgung (vgl. Stichweh 2005: 51ff.), bildete für Frauen aufgrund der Institutionalisierung der modernen Kleinfamilie, bürgerlicher Weiblichkeitsschemata und fehlender politischer Rechte eine besondere Hürde – bis in die zweite Hälfte des 20. Jahrhunderts hinein.

Während *Differenz und Gleichheit* im vorliegenden Buch auf Legitimations- und Mobilisierungsstrategien der Frauenbewegungen verweisen sollen, führt die Perspektive moderner Inklusionsbedingungen dazu, zu fragen, welche Bedeutung verschiedene Funktionssysteme für Veränderungen der *Fraueninklusion* gehabt haben. Dabei wird zwischen *Systemen mit Impuls-, Brücken-, Blockade- und Legitimationsfunktionen für die Fraueninklusion* unterschieden und untersucht, ob bzw. wie sich die Bedeutung verschiedener Funktionssysteme für die Fraueninklusion vom 19. zum 20. Jahrhundert wandelt. Besondere Beachtung kommt Veränderungen der Rolle des politischen Systems bzw. des Staates als

Komplementärstruktur zur funktionalen Differenzierung zu. Aufgrund konstitutiver Zusammenhänge zwischen der Ausbildung des modernen National- und Wohlfahrtsstaates und dem Gleichheitsverständnis der Frauenbewegungen sind, so die These des Buches, historisch *verschiedene Muster der Fraueninklusion* entstanden. Das 19. Jahrhundert kennzeichnete einen partiellen Einschluss von Frauen in Modernisierungsprozesse, vor allem über den Weg der höheren Bildung und der neu entstehenden Frauenberufe. In der zweiten Hälfte des 20. Jahrhunderts öffnen sich Systeme wie die Politik und die Wissenschaft für Gleichheitsansprüche von Frauen. Seitens der Politik werden Programme in Gang gesetzt, die, unterstützt vom rechtlichen Gleichheitsgebot des Grundgesetzes, die Inklusion von Frauen in die verschiedenen Bereiche der Gesellschaft voranbringen. Im Zuge dieses Wandels verändert sich auch die Anerkennung der Frauenerwerbsarbeit als eines eigenständigen Rechts der Frauen.

1.4 Historische und zeitgenössische Quellen

Die von den beiden Frauenbewegungen vertretenen Konzepte der Gleichheit und ihre Strategien der Fraueninklusion werden auf der Basis historischer und zeitgenössischer Quellen rekonstruiert.

Die Ausführungen zur *ersten Frauenbewegung* ziehen vor allem Quellen aus dem Zeitraum von 1865 bis zum Ende der 1920er Jahre heran. Um die Anfänge der ersten Frauenbewegung skizzieren zu können, ist außerdem auch Quellenmaterial aus der Zeit zwischen 1830 und 1850 berücksichtigt worden. Die Quellen bestehen aus Aufsätzen aus Zeitschriften, die der ersten Frauenbewegung unmittelbar als Sprachrohr dienten. Des Weiteren wurden Sammelbände und Monographien hinzugenommen, deren Autorinnen sich der Frauenbewegung zuordneten, in ihren Vereinen und Organisationen aktiv waren bzw. darin Führungsrollen innehatten. Untersucht wurden ebenfalls programmatische Schriften und Satzungen von Frauenvereinen. Insgesamt findet im Hinblick auf das frühe Engagement für Frauenrechte ein Schrifttum aus der Zeit von 1830 bis zum Ende der 1920er Jahre Berücksichtigung. Die Ergebnisse der Analyse des Quellenmaterials werden durch Sekundärliteratur ergänzt.

Die Darstellungen zu den Argumenten und Forderungen der *zweiten Frauenbewegung* beruhen auf Texten aus der Zeitspanne von den 1970er Jahren bis zum Ende des 20. Jahrhunderts. Es handelt sich um Aufsätze und Monografien, die aufgrund ihres Inhalts eindeutig eine Zuordnung zur zweiten Frauenbewegung erkennen lassen. Teilweise sind die herangezogenen Texte innerhalb der Frauen- und Geschlechterforschung entstanden oder von Autorinnen verfasst worden, die in politischen Parteien arbeiten. Damit wird dem Umstand Rechnung getragen, dass Frauenthemen als Folge des Engagements der zweiten Frauenbewegung auch Bestandteil wissenschaftlicher Forschung geworden sind und Eingang in die Programme der politischen Parteien gefunden haben (vgl. Kreisky/Sauer 1995; Bardeleben/Plummer 1998; Manske/Young 2002: 9ff.). Den für die Ausarbeitungen zur *ersten* Frauenbewegung herangezogenen Schriften – darunter zu einem großen Teil Aufsätze aus Frauenzeitungen sowie Vereinsbeschlüsse – stehen mit der Betrachtung zur *zweiten* Frauenbewegung somit auch Texte gegenüber, die im Schnittpunkt von sozialer Bewegung und wissenschaftlichen sowie parteipolitischen Diskursen entstanden sind. Für die zweite Frauenbewegung findet im Gegensatz zur ersten Frauenbewegung außerdem auch eine Berücksichtigung von Texten zu Frauenthemen aus anderen europäischen Frauenbewegungen sowie der amerikanischen Frauenbewegung statt. Dabei handelt es sich um Beiträge, die die deutsche Entwicklung stark beeinflusst haben und häufig rezipiert worden sind.[3]

1.5 Aufbau des Buches

Zunächst wird der theoretische Rahmen vorgestellt, auf dem die Thesen des Buches basieren (Kap. 2). Die beiden dann folgenden historisch-empirischen Analysen gliedern sich nach den Zeitphasen des Engagements der ersten und der zweiten Frauenbewegung und enthalten an ihrem Ende jeweils ein Auswertungskapitel (Kap. 3 und 4). Das Schlusskapitel fasst die Ergebnisse unter den zentralen Thesen der Untersuchung zusammen (Kap. 5).

Im Einzelnen beziehen sich die Kapitel auf folgende Gebiete: *Kapitel 2* zeigt als theoretischer Rahmen, dass es Frauenprotesten gelingen muss, die Geschlechterdifferenz so in eine *Form der Gegensätzlichkeit* zu bringen, dass damit Ansprüche auf weibliche Teilnahmerechte – auf *Differenz* als Gleichwertigkeit des Verschiedenen oder *Gleichheit* – Legitimität erhalten. Um diese Problematik klarer zu konturieren, stellt dieses Kapitel einen historischen *Kontrasthorizont* voraus. Es befasst sich mit der Rolle der Geschlechterdifferenz in der vormodernen ständischen Gesellschaft, die *Geschlechtergegensätzlichkeit über soziale Asymmetrien* herstellte und damit den Ausschluss der Frauen aus männ-

3 Die Exkurse zum Gleichheitsverständnis der englischen Frauenbewegung im 19. und 20. Jahrhundert beruhen ausschließlich auf Sekundärliteratur.

lichen Entscheidungskontexten begründete. Dann leitet dieses Kapitel zu Merkmalen moderner Differenzierungsprozesse und zu Bedingungen der Inklusion in die moderne Gesellschaft über. Es stellt zum einen das soziologische Schema der Sinndimensionen von Erwartungsbildung vor (vgl. Luhmann 1987), skizziert soziologische Thesen zu modernen Verquickungen und Differenzierungen zwischen den Dimensionen *Person*, *Rolle*, *Programme* und *Werte* und beschreibt dann die Bedeutung dieses Schemas für die Frage nach dem Umbruch von Differenz zu Gleichheit. Zum anderen arbeitet es die These aus, dass der im 19. Jahrhundert entstehende moderne Nationalstaat im Verlauf der zweiten Hälfte des 20. Jahrhunderts eine Zweitfassung als Wohlfahrtsstaat erhält und sich damit eine Komplementärstruktur zur *funktionalen Differenzierung* ausbildet (vgl. Stichweh 2000).

Kapitel 3 untersucht Zusammenhänge zwischen der Konzeption der familienvermittelten Fraueninklusion des 19. Jahrhunderts, Schichtung und dem Selbstverständnis weiter Teile der ersten deutschen Frauenbewegung als einer (weiblichen) Kulturbewegung (1860-1930). Es befasst sich mit der Nationalstaatsbildung im 19. Jahrhundert und fragt nach deren Verknüpfung mit der Ausbildung der modernen Kleinfamilie und dem Modell des männlichen Familienernährers bzw. der Hausfrauenehe. Was brachte trotz des Drucks bürgerlicher Geschlechternormen ein organisiertes Engagement für Frauenrechte hervor? Welches Thema war zentraler Bezugspunkt seiner Anfänge? Es wird die Entwicklung der modernen Frauenerwerbsarbeit im 19. Jahrhundert beschrieben, hinter der sich ein Massenproblem verbarg, nämlich die Angewiesenheit von Frauen aus allen Schichten auf den Zugang zu bezahlter Arbeit. Sie hatte für die Ausbildung der ersten Frauenbewegung treibende Funktionen. Das frühe Engagement für Frauenrechte zeichnete aber eine tiefe Spaltung aus, in der eine der zentralen Konfliktlinien der Gesellschaft des 19. Jahrhunderts, diejenige zwischen Schichten bzw. Klassen um politische Macht, deutlich zum Ausdruck kam.

Vor diesem Hintergrund wird gefragt, warum die individuelle und die politische Gleichheit nur eine begrenzte Perspektive für das frühe Engagement für Frauenrechte abgab und worin Semantiken bestanden, die dem frühen Differenzfeminismus zur programmatischen Akzeptanz durch große Frauenvereine des 19. und beginnenden 20. Jahrhunderts verhalfen. Von da aus werden Inklusionsstrategien nachgezeichnet, die darauf beruhten, dass von einer Verschiedenheit der Geschlechter bzw. von weiblichen Kulturaufgaben ausgegangen wurde.

Die Ausführungen in *Kapitel 4* befassen sich mit Zusammenhängen zwischen wohlfahrtsstaatlichen Vollinklusionsansprüchen nach dem Zweiten Weltkrieg, der Karriere des Anspruchs individuell gleicher

Rechte für beide Geschlechter und dessen Ausweitung zum Anspruch nach Gleichstellung und positiver Diskriminierung (1970-1998). Zunächst blickt dieses Kapitel auf die beiden Jahrzehnte, die dem Entstehen einer zweiten Frauenbewegung vorausgehen, und zeigt, dass in jener Zeit erste Ansätze zur Umsetzung des Gleichberechtigungsgebots des Grundgesetzes von 1949 erfolgten. In den 1960er Jahren begannen die Parteien durch die Propagierung allgemeinen Werten breite Bevölkerungskreise für sich zu gewinnen. Was führte zur Herausbildung einer neuen Frauenbewegung? Über welche Themen wurde anfangs Protest mobilisiert? Herausgearbeitet wird zunächst die Rolle tabubelasteter Themen für das Entstehen der zweiten Frauenbewegung. Mit dem Übergang der Frauenbewegung in die Wissenschaft und die Politik, d.h. mit ihrer Institutionalisierung, wurde ein universeller Gleichheitsbegriff zur zentralen Mobilisierungs- und Inklusionsstrategie des zeitgenössischen Feminismus. Vor diesem Hintergrund wird gefragt, warum der Geschlechterkonflikt nunmehr eine eigenständige Bedeutung erhielt. Welche Rolle spielten dafür Veränderungen der Fraueninklusion in den Bereichen Bildung, Wissenschaft, Erwerbsarbeit und Politik? Wo griffen Prozesse der Institutionalisierung der Frauenbewegung und der Professionalisierung von Frauen, d.h. ihr Eintreten in ehemalige Männerdomänen, ineinander?

Kapitel 5 fasst die Ergebnisse vergleichend zusammen. Es zeigt *konstitutive Zusammenhänge* zwischen den Gleichheitskonzeptionen der beiden Frauenbewegungen, gesellschaftlichen Differenzierungsprozessen und Veränderungen der Fraueninklusion auf. Beschrieben werden die unterschiedlichen Funktionen, die verschiedene Funktionskontexte der modernen Gesellschaft im Verlauf des 19. und des 20. Jahrhunderts für den Protest der Frauenbewegungen gehabt haben. Aus vergleichender Perspektive wird gezeigt, dass der Umbruch von *Differenz zu Gleichheit* entscheidend durch Möglichkeiten weiblicher Protestbewegungen bedingt war, an wohlfahrtsstaatlich gestützte Modernisierungsprozesse anzuschließen.

KAPITEL 2
GESCHLECHTERDIFFERENZ UND GESELLSCHAFTLICHE DIFFERENZIERUNG

Der theoretische Rahmen setzt zunächst unter dem Gesichtspunkt an, dass Strukturgewinn auf Unterscheidungen beruht, die sich historisch als Differenz und asymmetrische Form ausbilden und durchhalten. Die Geschlechterdifferenz wird in diesem Buch nicht allein als Grundlage sozialer Konstruktionen betrachtet (vgl. für viele Gildemeister/Robert 1999). Vielmehr wird gezeigt, dass darauf eine spezifische Form von *Struktureinschränkung* beruht, nämlich hoch selektive und historisch bedeutsame Sozialkontakte wie Ehen, Familien bzw. Abstammungs- und Verwandtschaftszusammenhänge. Diese Sozialkontexte haben geschlechtsspezifische Deutungsmuster, Formen generalisierten Sinns und Rollenvorgaben hervorgebracht, die weit über sie hinaus in die Gesellschaft hinein Bedeutung entfalten konnten (2.1). Auf dieser Struktureinschränkung beruhte der ständische Aufbau der Gesellschaft des Mittelalters und der Neuzeit, in die die Geschlechterdifferenz als Asymmetrie und markantes Ordnungsschema eingebettet war. Die Zugehörigkeit zur älteren Gesellschaft war nicht Gegenstand von Beobachtungen unter dem Gesichtspunkt ungerechtfertigter Ungleichheit. Abhängige Inklusion war Bestandteil des Funktionierens der Sozialordnung. Zunächst wird mit Blick auf die ständische Sozialordnung ein Kontrasthorizont zu den Bedingungen moderner Fraueninklusion vorgeschaltet (2.2).

Das 19. Jahrhundert führte zur Institutionalisierung der modernen Kleinfamilie. Ehe und Familie erfuhren eine Ausgliederung aus dem gesellschaftlichen Gesamtgefüge und erhielten im Zuge der Durchsetzung bürgerlicher Geschlechternormen eine hohe normative Geltungskraft.

Über die Rolle der Frau in der Kleinfamilie waren zugleich ihre Möglichkeiten in anderen Teilbereichen der Gesellschaft festgelegt – und zwar bis in die ersten Jahrzehnte nach dem Zweiten Weltkrieg hinein. In der modernen Gesellschaft wurde die Geschlechterdifferenz nicht nur zur basalen Differenz der Kleinfamilie, sondern auch zur *Leitdifferenz* der Frauenbewegungen. Sie müssen die Geschlechterdifferenz entgegen bürgerlicher Vorgaben mit einem sinnhaften Bezug auf weibliche Teilnahmerechte ausstatten, d.h. sie müssen Deutungen der Geschlechterdifferenz entwickeln, die diese als markanten Gegensatz oder als Konfliktlinie erscheinen lassen – obwohl sich die Bedingungen gesellschaftlicher Inklusion in der Moderne für die Geschlechter *angleichen*. Wollen Frauenrechtlerinnen Protest mobilisieren, müssen sie die Asymmetrie zwischen den Geschlechtern entgegen historischer Traditionen *zugunsten* der Frauen umkehren (2.3).

Damit stellt sich für die Frauenbewegungen auch die Frage nach neuen bzw. alternativen Frauenbildern. Warum die erste Frauenbewegung mit ihrem Differenzansatz ein weibliches Normalitätsschema propagiert und erst die zweite ein offenes Konzept des Weiblichen und einen individuellen Gleichheitsanspruch formuliert, wird aus einer differenzierungstheoretischen Perspektive mit dem Schema der Sinndimensionen von Erwartungsbildung beleuchtet. Es unterscheidet die Dimensionen *Person, Rolle, Programme* und *Werte* (vgl. Luhmann 1987: 85ff.). Hier wird die Dimension *Körper* hinzugefügt (2.4).

Zugleich richtet das Buch den Blick auf die Bedingungen gesellschaftlicher Inklusion, die aus der funktionalen Differenzierung erwachsen. Die Individuen gehören der Gesellschaft seit dem 19. Jahrhundert nicht mehr über eine einzige Lebensgruppe an, sondern müssen in die verschiedenen Funktionskontexte inkludiert sein bzw. Zugang zu Rollen und Programmen haben, die sich an funktionsspezifischen Kriterien orientieren (vgl. Parsons 1964: 63ff.; Hahn 1986). Die Herausbildung neuer Bedingungen gesellschaftlicher Inklusion korrelierte im 19. Jahrhundert mit einer Ausbreitung des modernen Nationalstaats. Mit der Ausdifferenzierung politischer Systeme erfuhr der Nationalstaat erste Konturen einer Zweitdefinition als Wohlfahrtsstaat. Er übernahm Funktionen im Hinblick auf die Regulierung der entstehenden Teilsysteme. Seine Inklusionspolitiken waren zunächst durch Einschlüsse bzw. Ausschlüsse entlang der Kriterien Schicht und Geschlecht beeinflusst. Erst die Binnendifferenzierung des Politiksystems nach dem Zweiten Weltkrieg führte zur vollständigen Zweitdefinition des Nationalstaats als Wohlfahrtsstaat, d.h. zu Ansprüchen staatlicher Verantwortung für die Teilnahmechancen aller Bevölkerungskreise und jedes Einzelnen (2.5).

Mit diesem theoretischen Design sollen konstitutive Zusammenhänge zwischen den Forderungen der Frauenbewegungen, der Ausbildung des nationalen Wohlfahrtsstaats sowie der Bedeutung und Ausbreitung universeller Werte, darunter Gleichheit, ausgearbeitet werden. Mit der Schlüsselrolle, die der Staat seit dem 19. Jahrhundert für die Herstellung und Gewährleistung von Teilnahmerechten entwickelt hat (vgl. Stichweh 2005: 75; Kaufmann 2003), ist, so die These, der Wandel hin zu Teilnahmeforderungen für Frauen, die sich nicht mehr auf eine anthropologische Verschiedenheit der Geschlechter stützen, sondern auf den Anspruch der individuellen und sozialen Gleichheit, eng verknüpft.

2.1 Unterscheidungen und Strukturgewinn

Die weiteren Ausführungen befassen sich mit der Geschlechterdifferenz zunächst unter unterscheidungstheoretischen Gesichtspunkten. Sie zeigen Bedingungen auf, die Unterscheidungen erfüllen müssen, wollen sie einen generalisierten Sinn transportieren bzw. Deutungen ausbilden, die sich evolutionär behaupten (vgl. dazu auch Luhmann 1986; 1988a).

Unterscheidungen werden eingesetzt, um ein Bezeichnen zu ermöglichen. Symmetrie und Gleichgewicht sind unwahrscheinliche Fälle. Warum sollte unterschieden werden, wenn dies nicht zu einer unterschiedlichen Bewertung der Seiten führt und eine Seite den Vorrang erhält? Erst durch das Bezeichnen einer Seite, den Ausschluss der anderen, kommen Richtung, Sinnhaftigkeit und Zwecke ins Spiel. Deshalb kann man auch sagen, dass der Sinn von Unterscheidungen darin besteht, ein Bezeichnen vorzubereiten, dass also Unterscheiden und Bezeichnen eine Operation bilden und zusammengehören (vgl. Spencer-Brown 1979: 1).[1]

Schon hierin scheint ein Grund dafür zu liegen, dass nur solche Unterscheidungen einen generalisierten Sinn annehmen können und damit Aussichten auf eine evolutionäre Karriere haben, die eine Präferenzstruktur bzw. eine asymmetrische Form ausbilden und durchhalten (vgl. Luhmann 1986: 147ff.; Koselleck 1975: 65ff.). Beispiele dafür sind Unterscheidungen wie gut/schlecht als Code der Moral (vgl. Luhmann 1988c) oder rechts/links als wertendes Ordnungsschema (vgl. Nussbaum

---

1 George Spencer-Brown hat 1969 das Buch „Laws of Form" publiziert. Es beginnt mit der Anweisung: „Draw a distinction." (2. Aufl. 1979: 10) Dieser Text ist in den 1980er Jahren von der systemtheoretischen Soziologie aufgegriffen worden. Sie hat sie dazu angeregt, ihr Wissen um Kommunikation und Unterscheidungen als ein Wissen um Operationen und Formen zu betrachten und dahingehend weiterzuentwickeln. Erste Beispiele dafür sind publiziert in Baecker (1993).

1962). Ebenfalls asymmetrisch angelegt sind Unterscheidungen wie Hellenen/Barbaren, Christen/Heiden, Adel/Volk und auch die von Männern/Frauen – wenn man vormoderne oder traditionelle Rollenauffassungen zugrunde legt. Als Grund für die hierarchische Struktur von Unterscheidungen wie der von Adel/Volk oder Männer/Frauen ist das Verhältnis von Teilen und Ganzen angeführt worden. Die Unterscheidungen müssen als gegenläufiges Verhältnis der Teile auch einen Bezug *auf das Ganze* zum Ausdruck bringen. Die Asymmetrie der Seiten bzw. die Vorrangstellung einer Seite, im Fall der Geschlechterdifferenz die des Mannes, dient diesem Hinweis (vgl. Dumont 1991: 200ff.).

Am „evolutionären Siegeslauf" haben diese Unterscheidungen nicht teilgenommen. Dies war nur für jene Unterscheidungen möglich, die ein ausreichendes Maß an „Technizität" entwickelt haben – woran es der Geschlechterdifferenz in der modernen, am Gleichheitsanspruch orientierten Gesellschaft mangelt (vgl. Luhmann 1988a). Technizität umfasst Merkmale wie Trennschärfe zwischen den Seiten einer Unterscheidung, der Ausschluss von Drittem, das Vorhandensein einer asymmetrischen Struktur und die Gültigkeit präziser Zuordnungsregeln. Durch diese Merkmale zeichnen sich funktionsspezifische Codes aus. So haben sich über Codes wie zahlen/nicht zahlen, rechtmäßig/nicht rechtmäßig oder wahr/unwahr historisch eigene gesellschaftliche Teilsysteme ausdifferenziert: das Wirtschaftssystem, das Rechtssystem und das Wissenschaftssystem. Die genannten Codes grenzen Kommunikation ab, die jeweils auf die Erfüllung einer gesellschaftlichen Funktion abzielt: die Produktion von Gütern zur Befriedigung von Bedürfnissen, die Regelung von Konflikten, das Hervorbringen von mit wissenschaftlichen Methoden gewonnenen Erkenntnissen. Es haben sich historisch Programme bzw. Regeln (Gesetze, Preise, Theorie/Messverfahren) herausgebildet, über die Kommunikation oder Entscheidungen eindeutig der einen oder der anderen Seite eines Codes zugeordnet werden können (vgl. Luhmann 1986). Es sind weiterhin Rollen entstanden, die auf die Erfüllung der Funktionen ausgerichtet sind (Leistungsrollen) und darauf, dass die Einzelnen an den Funktionen teilhaben können (Publikumsrollen; vgl. Stichweh 1988: 261ff.).

Diese präzisen Struktureinschränkungen beruhen darauf, dass die funktionsspezifischen Codes das Merkmal doppelter Präzision aufweisen, nämlich *universelle Gültigkeit und Spezifikation.* Sie stecken einen universellen Gültigkeitsbereich ab. Prinzipiell wird jeder von Kommunikation erfasst, die sich z.B. um Rechtmäßigkeit/Unrechtmäßigkeit oder zahlen/nicht zahlen oder schulische Leistungskriterien dreht. Gleichzeitig konstituiert sich über diese Codes jeweils eine *thematisch abgegrenz-*

te Sinndomäne. Es geht dann eben z.B. um rechtliche Fragen – und nicht um Preise oder um Lehrinhalte und Noten.

Auch die Unterscheidung von Frauen und Männern erfüllt das Kriterium universeller Gültigkeit bei gleichzeitiger Spezifikation, aber auf eine andere und nur ihr eigene Weise. Spätestens mit der Geburt eines jeden Menschen fällt die Entscheidung über die Zugehörigkeit zum männlichen oder zum weiblichen Geschlecht und zwar über das Kriterium einer speziellen körperlichen Differenz: derjenigen der Geschlechtsorgane. Über diesen ‚kleinen' Unterschied hat sich historisch ein Ordnungsprinzip „selektiv exklusiver" Zuweisung bzw. Zusammengehörigkeit konstituiert, das zugleich einen „sozial universalen" Charakter hat (vgl. Tyrell 1978: 619ff.). Die Geschlechterdifferenz ermöglicht auf Zeugung und Paarbeziehungen beruhende Verwandtschaftsrollen als Ehefrauen, Ehemänner, Mütter, Väter, Kinder, Erben etc. (vgl. Tyrell 1989: 68f.). Diese Art von exklusivem Zuordnungsprinzip hat in Verbindung mit bestimmten Heiratsregeln, d.h. der Endogamie, also der Regel, nur innerhalb der eigenen Schicht zu heiraten, historisch Karriere gemacht. Darauf beruht die hierarchische Opposition, die Struktur der Geschlechterdifferenz in der vormodernen Gesellschaft des Mittelalters und der Neuzeit. Im älteren Gesellschaftstypus bildete die Geschlechterdifferenz ein ausgeprägtes und klar definiertes Ordnungsschema, sah aber ebenso Unterschiede zwischen Frauen bzw. unterschiedliche weibliche Lebensformen vor. Im Folgenden wird zunächst ein historischer Kontrasthorizont aufgemacht und gefragt, warum die Geschlechterdifferenz im Mittelalter und in der frühen Neuzeit eine so prägnante Form als *asymmetrische Differenz* und soziales Ordnungsprinzip aufwies. Seit dem Durchbruch der modernen Gesellschaft im 19. Jahrhundert beruht die Funktion der Geschlechterdifferenz nicht mehr allein darauf, Ehen und Familien hervorzubringen. Sie wird nun auch zur Leitdifferenz von Frauenbewegungen. Ihnen muss es gelingen, die Geschlechterdifferenz als Protestcode zu handhaben.

2.2 Kontrasthorizont: Geschlechterdifferenz und Fraueninklusion in der vormodernen ständischen Gesellschaft

Die folgenden Ausführungen berücksichtigen Arbeiten, die sich mit dem europäischen Erscheinungsbild von Ehe und Erbrechten, von Abstammung als sozialem Gliederungsmerkmal, mit Geschlechterbeziehungen sowie mit Männer- und Frauenkontexten beschäftigt haben und dabei primär auf den Zeitraum von 1300 bis 1800 bezogen sind.

Die ständisch aufgebaute Gesellschaft des Mittelalters und der frühen Neuzeit unterlag einer territorialen Gliederung in Herrschaftsregionen, die von Hoheitsrechten und Machtansprüchen von Oberhäuptern bzw. Fürsten regiert wurden. Der vormoderne Staat war unmittelbar auf den Fürsten und die ihn repräsentierende Oberschicht bezogen (vgl. Boldt 1990: 9ff.). Die Tradierung dieser Ordnung beruhte auf der Geschlechterdifferenz bzw. auf ihrer Funktion, Ehen und Nachwuchs hervorzubringen.

Ständische Endogamie, also die Regel, nur Ebenbürtige zu heiraten und Erbrechte auf den eigenen Nachwuchs zu beschränken, sicherte die Gliederung der älteren Gesellschaft in bevorrechtigte und untergeordnete Stände. Auf diese Weise konstituierte sich seit dem Mittelalter, zunächst über Landesfürsten und Standesherren, dann auch über den Hochadel, eine Oberschicht (vgl. Conze 1972). Aber auch für die Angehörigen der unteren Schichten waren Eheschließungen und Geburten entscheidende Faktoren gesellschaftlicher Existenz: für die Lehen bearbeitenden Bauern des Mittelalters, weil Nachkommen Besitzrechte festigten (vgl. Goody 1986: 132f.; Ennen 1987: 89f.); für die Kaufleute und Handwerker der beginnenden Neuzeit, weil deren wirtschaftlicher Erfolg vom Ehepaar als Arbeitspaar und der Arbeitskraft der Kinder abhing (vgl. Wunder 1992: 120ff.).

Die ständische Ordnung basierte auf Häusern bzw. Hauswirtschaften, innerhalb derer sich die hierarchische Gesellschaftsordnung abbildete. Der Gewalt des Hausherrn, der „Munt“, unterstanden alle: die Ehefrau, die Kinder und das Gesinde. An allen bestand seinerseits ein Eigentumsrecht (vgl. Schwab 1975; Weber 1907: 204ff.). Rechtlich fixiert waren die Regeln zum ehelichen Leben und zur Weitergabe von Besitz in den mittelalterlichen Rechtsbüchern (vgl. Weber 1907: 200ff.; Rummel 1987).

Ehen und Verwandtschaftszusammenhänge gewährleisteten darüber hinaus einen schichtabhängigen Zugang zu den in Ansätzen sich ausbildenden Funktionsbereichen, der Männer höheren Standes bevorrechtigte (vgl. Tyrell 2001: 531; Lipp 1990). Ehen waren die Pfeiler einer Gesellschaft, die sich über die *Schließung und Monopolisierung* von Tätigkeitsbereichen definierte (vgl. Weber 1980: 23ff.), und die den Zugang zur Ausübung von Herrschaft, die Verfügung über Eigentum sowie die Mitwirkung an der Kodifizierung von Rechten an Bedingungen der Herkunft, der männlichen Geschlechtszugehörigkeit und an die christliche Konfession knüpfte. Das Fundament für die Inklusions- und Exklusionsstrukturen der ständisch differenzierten Gesellschaft war, dass jedes Individuum nur einer Familie entstammen, nur eine (höhere oder niedere) Herkunft haben konnte.

Der männlichen Stellung als Erbe, Hausherr und Verteidiger des Besitzes entsprach der Ausschluss von Frauen aus Erbrechten, Führungsrollen und aus den sich ausbildenden Funktionskontexten. Sie waren über (Verwandtschafts-)Beziehungen zu Männern (Väter, Brüder, Ehemänner) in die Gesellschaft inkludiert und deshalb als Konkurrentinnen um Besitz und Rechte ‚ausgeschaltet'. Die älteren Gesellschaften waren als ständische (Exklusions-)Ordnungen zugleich männerbündisch (geschlechtsexklusiv) konstituiert. Die in ihnen anlaufende Ausdifferenzierung funktionaler Teilbereiche für politische Herrschaft, militärische Verteidigung und wissenschaftliche Bildung verlief entlang geschlechtsspezifischer Einschluss- und Ausschlusslinien (vgl. Lipp 1990).[2]

Frauen standen vor allem in Loyalitätsbeziehungen zu ihrem Ehemann, den Söhnen und der Hauswirtschaft, der sie angehörten (vgl. Schwab 1975). Ihre abhängige Inklusion war auf das Engste mit dem weiblichen Körper und dessen Gebärfähigkeit verknüpft. Die Bindung der Frauen an die Ehe und der gebärfähige Körper bestimmten die weibliche Existenz bzw. die gesellschaftliche Inklusion der Frauen in umfassender Weise: aufgrund der Norm vorehelicher Keuschheit; einem Mangel an sicheren Verhütungsmethoden; der Pflicht zum Gebären von (männlichem) Nachwuchs; der Gefahr, die Geburt eines Kindes nicht zu überleben (vgl. Wunder 1992: 156ff.); der Unterordnung unter die sexuellen Bedürfnisse des Ehemannes und sein Züchtigungsrecht (vgl. Hajnal 1969: 101ff.). Sexuelle Verfügbarkeit und das Gebären ehelicher Kinder bildeten die andere Seite der Abhängigkeit von ehemännlichem Schutz und ehemännlicher Vertretung. Das Geschlechterverhältnis basierte auf der personenrechtlichen Gewalt des Mannes über seine Frau.

Die Geschlechterasymmetrie wurde auch dadurch stabilisiert, dass das Zusammenleben eine erhebliche Diskrepanz zwischen Männlichkeitsnormen und tatsächlichem Verhalten verkraften konnte. Diese Diskrepanz wurde über Rangunterschiede reguliert bzw. den Frauen als Versagen zugerechnet. Kritik an Frauen geschah in Form der moralischen Verurteilung von angeborenen Lastern und Mängeln. Fehlverhal-

2 Deshalb muss die These von der „Domestizierung des wilden Mannes" im Laufe der soziokulturellen Evolution, d.h. seine Abwendung von reinen Männerkontexten hin zu ‚familialen' Haushalten, relativiert werden (vgl. für diese These La Fontaine 1981). Der Anspruch des Mannes auf ‚seine' Kinder hatte zwar die Auflösung der frühe Gesellschaften kennzeichnenden Teilung in „Frauenhäuser" und „Männerhäuser" zur Folge (vgl. Lipp 1990: 336ff.). Neben den aus Eltern und Kindern bestehenden geschlechtsheterogenen Haushalten differenzierten sich im historischen Verlauf aber auch Bereiche heraus, die besondere Funktionen über die Haushalte hinaus wahrnahmen und Männern vorbehalten waren, wie z.B. wehrhafte und mit Waffen ausgestattete Verbände.

ten wurde auf die Geburt als weiblicher Mensch zurückgeführt. Die vormoderne Kommunikation war noch sehr weitgehend von der Erwartung entlastet, sich auf die Motive, Sichtweisen und Bedürfnisse der Anderen sowie auf Vergleiche unter dem Gesichtspunkt von Gleichsein einzustellen (vgl. Shorter 1977: 74ff.). Das Verhältnis zu den Anderen beruhte auf einer als natürlich empfundenen Stellung im Sozialaufbau. Die Interaktionen waren deshalb auch in hohem Maße unempfindlich gegen Beobachtungen unter dem Gesichtspunkt von Gleichheit bzw. der Ungleichbehandlung von Gleichen.

Als ein bloßes Oben und Unten bzw. als starre Asymmetrie wären die vormodernen Geschlechterbeziehungen jedoch unzureichend beschrieben. Sie konnten auch „Machtbalancen" (Elias 1986: 427) zulassen. Dafür war nicht nur die Herkunft von Frauen aus angesehenem Hause entscheidend; das konnte auch durch besondere Tüchtigkeit bei der Führung des Haushalts, durch Tugendhaftigkeit und Klugheit gelingen. Die Seite der Frau konnte in der Paarbeziehung mit eigenem Gewicht und eigenem Beitrag in Erscheinung treten (vgl. Wunder 1992: 120ff.). Gleichwohl blieb die gesellschaftliche Vorrangstellung des Mannes unangetastet.

Gestützt wurde sie durch eine Verschränkung wichtiger Rollen aus verschiedenen Lebensbereichen. Das Rollenspektrum der Männer war weiter gespannt als das der Frauen und reichte über die Hauswirtschaft hinaus. Als mittelalterliche Grundeigentümer waren sie Fürst bzw. Gutsherr, damit auch politischer Führer, Militärkommandeur, Gerichtsautorität und wirtschaftlicher Organisator in einem (vgl. Parsons 1985: 54). Autorität in einem Bereich verlieh auch Autorität in anderen Bereichen. Die adeligen Frauen des Mittelalters waren keine Kriegerinnen und im Regelfall nicht für eine Erbfolge ausersehen. Im Vordergrund stand die Rolle als Ehefrau. Als deren Pflichten galten Fruchtbarkeit, eheliche Treue, Häuslichkeit und die Sorge um die Keuschheit der Töchter. Sie hatten Anteil an der Gewalt innerhalb des Hauses (vgl. Bock 2000: 30ff.). Die Lehen bearbeitenden Bauern unterstanden ihrem Herrn, übten aber im eigenen Haus die Herrschaft aus. Auch hier waren Boden und Besitz den Männern zugeordnet, die zur Feldarbeit zusätzlich Waffendienst leisteten, die beides, Bauern und Krieger waren. Die Frauen waren Bäuerinnen und auf die Arbeit im Haus sowie zur Bearbeitung des Bodens verpflichtet (vgl. Shahar 1981: 196). Als Handwerker und Kaufmänner der Städte hatten Männer eine Meisterstellung inne, waren wirtschaftliche Agenten, Eigner von Transportmitteln und Waren, Diplomaten, Stadtbürger sowie Zunft- und Gildenmitglieder (vgl. Friedland 1999: 287ff.). Ihren Ehefrauen konnte die Verwaltung des Geschäfts obliegen; sie wirkten im Handwerksbetrieb mit und führten des Haushalt.

Trotz unterschiedlich ausgeprägter Herrschaftsverhältnisse repräsentierte die männliche Seite die asymmetrische Struktur im Geschlechterverhältnis.

Einzig das Ausbleiben von männlichem Nachwuchs konnte auch Frauen zur Regentschaft über Land, Besitz, Vermögen und Untergebene berechtigen (vgl. Goetz 1995). Über diese Ressourcen wurde nicht individuell, sondern nur im Rahmen eines Familien- bzw. Verwandtschaftsgeschlechts, d.h. kollektiv verfügt. (Nur) deshalb konnten auch Frauen der Oberschicht an der Spitze von Hierarchien stehen und Herrschaftswillen repräsentieren (vgl. Wunder 1997: 45ff.).

Obwohl es allgemein gültige Regeln für das eheliche und häusliche Zusammenleben der Geschlechter gab und Frauen aus Männerbünden ausgeschlossen waren, bildeten sie keine Gruppe, die das Bewusstsein ähnlicher Lebensverhältnisse und eines gemeinsamen Betroffenseins durch Unterordnung und Ausgrenzungen auszeichnete. Je nach der Zugehörigkeit zu höheren oder niederen Schichten existierten für Frauen Unterschiede in den Aufgaben, der Arbeit und der Stellung in der sozialen Hierarchie. Das Ansehen und der Einfluss von Frauen waren mit ihrer Schichtzugehörigkeit verknüpft bzw. mit der Stellung des Hauses innerhalb der sozialen Ordnung und dessen Reichtum bzw. Vermögen (vgl. Shahar 1981). Als Ehefrauen galten für sie ähnliche Anforderungen, d.h. dem Sozialverband und dem Mann zu dienen und Kinder zu gebären. Ihre Existenz war aber an verwandtschaftliche und ständische Interessen geknüpft und von deren Realisierung abhängig. Die ständische Hierarchie bildete sich auch im Verhältnis zwischen Frauen ab und überlagerte geschlechtsspezifische Differenzierungslinien. Die Position der Ehefrau und Hausmutter verlieh Herrschaftsbefugnisse im Haus und Autorität gegenüber Untergebenen. Die Ungleichstellung der Geschlechter im Recht zum ehelichen Leben schloss die Ehefrau nicht von der Herrschaft im Haus und damit gegenüber anderen Frauen aus (vgl. Wunder 1997: 31ff.).

Unter bestimmten Bedingungen sah die ältere Gesellschaft geschlechtshomogene Zusammenhänge nicht nur für Männer, sondern auch für Frauen vor. Ein besonderes Merkmal der europäischen Gesellschaften – die im frühen Mittelalter beginnende Ausdifferenzierung des Religionssystems – hatte zur Folge, dass Frauen in den hier beschriebenen vormodernen Gesellschaften nicht ausschließlich in patriarchal strukturierten Haushalten lebten, sondern eine anerkannte Existenz auch in eigens ihnen vorbehaltenen Zusammenschlüssen, d.h. in Klostergemeinschaften und Orden führen konnten. Neben den Clans und Haushaltsfamilien existierten Kontexte, die gerade nicht auf Verwandtschaft,

Blutsbande, Ehen und der Zeugung von Nachwuchs beruhten, aber ein mindestens ebenso hohes Ansehen beanspruchten.

Aus dem Zölibat resultierte die für die mittelalterliche Gesellschaft charakteristische Teilung der Christen in den vollkommenen Stand der Mönche, Nonnen sowie Kleriker und dem weniger vollkommenen Stand der verheirateten Laien (vgl. Tyrell 1982: 23ff.). Diese auf Sexualfeindlichkeit beruhende und moralisch unterlegte Scheidungslinie trug maßgeblich zu geschlechtsspezifischen Differenzierungen *innerhalb* eines Teilbereichs der Gesellschaft, dem Religionssystem, bei, in dem sich reine Frauenkontexte ausbildeten.

Die besondere Askese und Christusnähe öffnete Frauen aber nicht den Zugang zu Ämtern der Kirche; Bischöfe und Kirchenlehrer waren männlichen Geschlechts. Die religiösen Frauenkontexte waren Teil einer von Männern dominierten und durch sie repräsentierten Kirche. An der Spitze einzelner Frauenklöster konnte allerdings ein erhebliches Maß an Herrschaft und Einfluss bestehen. Entsprechend der Trennung der Geschlechter und des Gebots zur Keuschheit wurden Frauenklöster von Frauen geleitet und von ihnen ebenfalls nach außen vertreten. Auch Frauenklöster waren Eigner von Boden, Produktionsstätten und oftmals regionale Wirtschaftszentren. Das konnte Äbtissinnen zu einflussreichen Rollen im weltlichen Leben verhelfen und zu päpstlichen Begünstigungen führen (vgl. Wunder 1997: 41ff.; Dißelbeck-Tewes 1989). Durch die Reformation und die Auflösung von Klöstern im 16. Jahrhundert wurde der Ehestand gegenüber dem religiös-zölibatären Leben von Nonnen aufgewertet (vgl. Weber 1907: 283ff.). Die Ehe gewann für Frauen zur Sicherung ihrer physischen und sozialen Existenz an Gewicht (vgl. Schaffenroth/Vanja 1991; Bainton 1995).

Die Geschlechterdifferenz war in der Gesellschaft des Mittelalters und der frühen Neuzeit *mit anderen Differenzierungslinien untrennbar verknüpft*. Der älteren Sozialordnung gelang *strukturell* die Stabilisierung von *Rigidität und Variabilität*: die eheliche Unterordnung der Frau *und* die Anerkennung weiblicher Tüchtigkeit; der Ausschluss von Frauen aus Besitzrechten *und* die Anerkennung von Frauen in auf Abstammung beruhenden Herrschaftsrollen (als Königinnen oder Fürstinnen); weibliche Unterordnung im männlich geprägten Religionssystem *und* die Anerkennung der regionalen Macht von Frauenklöstern (vgl. dazu auch Tyrell 2001: 516).

2.3 Moderne Gesellschaft: Auflösung der Gegensätzlichkeit der Geschlechterdifferenz und Gegensätzlichkeit als Bedingung von Protest

Die moderne Gesellschaft kann die rigide Geschlechterordnung vormoderner Zeiten (vgl. Kap 2.2) nicht aufrechterhalten. In dem Maße, in dem seit dem ausgehenden 18. Jahrhundert eine Trennung und Ausdifferenzierung vormals schichtmäßig verteilter und durch Männer vertretener Bereiche voranschritt, wurde das ältere System fester Zuordnungen zu einem Stand und zu einem Familiengeschlecht zurückgedrängt. Seit dem endgültigen Umbruch zur funktional differenzierten Gesellschaft im 19. Jahrhundert muss allen (potenziell) der Zugang zu den wichtigen Funktionsbereichen, d.h. der Wirtschaft und ihrem Erwerbsbereich, der schulischen Ausbildung, der Sphäre politischen Entscheidens, der rechtlich gesicherten Konfliktregelung und der öffentlichen Meinung offen stehen – auch den Frauen.

Normativ erhielt die moderne Kleinfamilie im 19. Jahrhundert eine herausragende Rolle. Ihre Einheit sollte auf ihrem Intimcharakter, auf persönlichen Identifikationserwartungen und ökonomisch auf der Erwerbsarbeit des Mannes beruhen. Im Gegensatz zur älteren Haushaltsfamilien fehlt der Geschlechterdifferenz seitdem aber die gesellschaftsstrukturelle Verankerung. In der modernen Gesellschaft werden die wichtigen Teilsysteme der Gesellschaft durch die Orientierung an spezifischen gesellschaftlichen Funktionen gebildet. Keines der Funktionssysteme ist für seine interne Differenzierung auf familiale Segmentation und die Fortsetzung von Abstammungszusammenhängen angewiesen wie einst der Adel oder auch die Gilden und Zünfte. Eine ständisch-hierarchische Ordnung definierte nicht mehr Geschlechtergegensätze *und* auch nicht mehr soziale Unterschiede zwischen Frauen. Die Bedingungen gesellschaftlicher Inklusion glichen sich für Männer und Frauen und für Frauen untereinander historisch an. Bildung und Erwerbsarbeit werden massenhaft zur Voraussetzungen gesellschaftlicher Existenz, unabhängig von Geschlecht und Herkunft.

Im Hinblick auf die um die Jahrhundertwende erstarkende Frauenbewegung beschreibt Georg Simmel ein Phänomen, das an die mangelnde Technizität erinnert, wie sie Niklas Luhmann (1988a) für die Geschlechterdifferenz skizziert hat. Mit dem Unterscheiden von Männern und Frauen ist, so Simmel, nun nicht mehr die funktionale, hierarchisch-komplementäre Differenz markiert, auf der die ältere arbeitsteilige Hauswirtschaft beruhte. Mit ihren Forderungen nach geistiger Bildung, ökonomischer Selbständigkeit, nach Mitwirkung im öffentlichen Leben,

„stellen sich die Frauen den Männern *gegenüber*“ (Simmel 1908: 336) – obgleich bzw. weil sich ihre Bedingungen gesellschaftlicher Teilnahme angleichen. Die Notwendigkeit der außerhäuslichen Erwerbsarbeit von Frauen, die „erzwungene oder erstrebte Selbständigkeit, (rückt) den Akzent auf die Tatsache, daß die Frau eben eine Frau ist, die mit anderen Frauen praktische Lagen und Bedürfnisse teilt. Der Allgemeinbegriff der Frau verliert [...] seinen rein abstrakten Charakter und wird zum Leitbegriff einer zusammengehörigen Gruppe.“ (Ebd.: 337) „Die parteimäßige Differenz gegen die Männer, die die Interessensolidarität der Frauen untereinander betont, meldet sich in dem Augenblick, in dem sich die prinzipielle Andersheit des Seins und des Tuns (der Frauen im Rahmen des häuslichen Sonderkreises, I.B.) den Männern gegenüber mindert.“ (Ebd.) Die weibliche Interessensolidarität ist – folgt man Simmel weiter – erst eine Erscheinung der modernen Gesellschaft und Folge der Loslösung der Frauen vom „Sonderkreis des Hauses“.

Die Frauenbewegungen müssen die durch die modernen Inklusionsbedingungen hervorgerufene historische Angleichung der Geschlechter mit Deutungsmustern kombinieren, die eine vielschichtige Problematik aufnehmen: die Angleichung der Inklusionsvoraussetzungen für Männer und Frauen, den Anspruch auf individuelle Gleichheit, die Beanspruchung gleicher Rechte durch Frauen und die damit einhergehende Konkurrenz um knappe Chancen zwischen den Geschlechtern. Es müssen sich Semantiken herausbilden, die (Interessen-)Gegensätze zwischen den Geschlechtern und (Interessen-)Übereinstimmungen zwischen Frauen zum Ausdruck bringen, sonst können Frauenbewegungen sich thematisch und politisch nicht profilieren.

Aus unterscheidungstheoretischer Perspektive heißt das im Hinblick auf die Geschlechterdifferenz, dass sie sich als *Differenz zweier Seiten* konturieren und eine asymmetrische Form *zugunsten der Frauen* annehmen muss. Die Geschlechterdifferenz muss als gesellschaftliche Konfliktlinie hervortreten und Konturen des für Soziale Bewegungen markanten „Freund-Feind-Schemas“ (vgl. Rammstedt 1978: 154ff.), also Einigkeit nach innen und Abgrenzung von anderen Gruppen, ausbilden. Soziale Bewegungen streben Veränderungen durch Konflikt und gesellschaftliche Gegenentwürfe an, sind aber auch auf Konsensfindungen und Kompromissbereitschaft angewiesen. Protest setzt ideologische Prägungen voraus, griffige und hoch aggregierte Semantiken, die Kritik – wenn nicht Gegnerschaft – zum Ausdruck bringen (vgl. ebd.). Die Forderungen Sozialer Bewegungen müssen aber auch gegenüber oder neben Bestehendem Legitimation herausbilden (vgl. Neidhardt 1985: 200f.).

Über kompakte Forderungen, Kritik und Polemiken hinaus ist ebenfalls die Herausbildung von Programmen erforderlich. Im Fall der Frauenbewegungen müssen Regeln bzw. semantische Apparaturen entwickelt werden, die festlegen, was für die Frauen und was für die Männer gelten soll (vgl. Luhmann 1988a). Wollen die Frauenbewegungen programmatisch Profil entwickeln, müssen Forderungen entworfen werden, bei denen das, was für die eine Seite, also für Frauen, gilt (Rechte, Arbeitsbereiche, Wertorientierungen), nicht auch für die andere, die der Männer, Gültigkeit beanspruchen kann. Zu beachten ist ferner, dass Frauenbewegungen nicht in jedem Fall konkurrenzlos über ihre Leitdifferenz verfügen können. Andere Konflikte um Beteiligungsrechte können Geschlechterkonflikte überlagern, z.B. solche, die sich auf Schichtung bzw. auf Klassenzugehörigkeit, die Unterschiede der Konfessionen und/oder auf ethnische Herkunft beziehen. Das Engagement für Frauenrechte kann dadurch gebrochen und anderen sozialen Konfliktlinien nachgeordnet werden. Außerdem haben die Ziele der Frauenbewegung in Familienideologien und Normen geschlechtsspezifischer Arbeitsteilung einen starken Gegenspieler.

Wie präzise gelingt es den unterschiedlichen Gleichheits- und Teilnahmekonzepten, die Geschlechterkonflikte als hochrangige gesellschaftliche Konflikte herauszustellen, so dass eine Scheidelinie zwischen Frauen und Männern verläuft und andere Faktoren der sozialen Existenz von Frauen wie die Schicht- oder Konfessionszugehörigkeit im Hintergrund bleiben? Wie werden die hier untersuchten unterschiedlichen Ausrichtungen von *Differenz* und *Gleichheit* durch moderne Differenzierungsprozesse geprägt? Um diese Frage zu untersuchen, werden im Folgenden Thesen aus Arbeiten skizziert, die das Schema verschiedener Sinndimensionen der Erwartungsbildung auf moderne Differenzierungsprozesse angewendet haben.

2.4 Differenzierung kommunikativer Sinndimensionen: Moderne Verquickungen und Spezifikationen

Wenngleich nicht an prominenter Stelle, so hat das Schema der Sinndimensionen von Erwartungsbildung in der Systemtheorie doch seinen festen Platz, um moderne Differenzierungsprozesse zu beschreiben. Es unterscheidet die Dimensionen *Person, Rollen, Programme* und *Werte* (vgl. Luhmann 1987: 85ff.).

Das Schema wurde entwickelt, um Ausdifferenzierungs- und Aggregationsprozesse der modernen Gesellschaft aufzuzeigen.[3] Die damit entwickelte These lautet, dass die Sinndimensionen der Erwartungsbildung in der funktional differenzierten Gesellschaft gegeneinander differenzieren und die mittleren Bereiche, also *Rollen* und *Programme*, entscheidend für gesellschaftliche Inklusion werden. Vormoderne Gesellschaften wie die des Mittelalters und der frühen Neuzeit zeichneten sich demgegenüber durch eine enge Verquickung der Dimensionen aus. Sie verschränkten die Herkunft von Individuen, ihren Zivilstand, ihr (körperliches) Geschlecht, ihre Arbeit, ihre Rechte etc. zu einem Verweisungszusammenhang bzw. zu einer Gesamtrolle. Darauf basierte ihr stratifikatorischer Aufbau, der die Geschlechterdifferenz integrierte. Soziale, sozialisatorische oder rollenbezogene Deutungen von Verhalten waren teilweise noch bis in die Neuzeit ausgeschlossen (vgl. ebd.). Das galt auch für die Betrachtung von sozialen Ungleichheiten unter dem Gesichtspunkt der Herbeiführung von Gleichheit und ungerechtfertigter Ausschlüsse (vgl. Luhmann 1980a: 72ff.). Über den Stand und den Haushalt, dem jemand angehörte, sowie dazugehörige Geschlechternormen waren die Individuen in die Gesellschaft inkludiert (ebd.: 30ff.; siehe dazu auch 2.2).

Mit steigender Komplexität der Gesellschaft im Rahmen des Umbruchs zur funktionalen Differenzierung wurde jene vormoderne Gesellschaften kennzeichnende enge Verweisung zwischen den Erwartungshorizonten von *Person, Rollen, Programmen* und *Werten* inadäquat. Mit der Spezifikation der kommunikativen Sinndimensionen *Rollen* und *Programme* im Rahmen der Herausbildung von Funktionssystemen gewann die Gesellschaft neuartige Formen der Aggregierung und Stabilisierung von Erwartungen, und zwar „durch Indifferenz" (Luhmann 1987: 87). Merkmale wie Herkunft, Religionszugehörigkeit, Hautfarbe

3 Dieses Typologienschema wurde in der Systemtheorie erstmals 1972 ausführlich ausgearbeitet – zunächst, um Grundlagen für eine soziologische Theorie der Rechtsbildung zu legen. Mit diesem Schema wurde die Frage behandelt, „mit welchem Abstraktionsgrad sich eine Erwartungsordnung am reibungslosesten einrichten lässt" (Luhmann 1987: 85). Es ist außerdem herangezogen worden, um zu zeigen, dass die verschiedenen Sinnebenen der Erwartungsbildung in der modernen Gesellschaft gegeneinander differenzieren und dadurch ein neues Maß an sozialer Komplexität aufgebaut werden kann. Es werden Erwartungen möglich, die nicht durch das Kennen von Personen, umfangreiches Wissen oder das Androhen von Gewalt abgesichert werden müssen, sondern massenhaft gebildet werden können (vgl. für weitere Anwendungsbereiche des Schemas in der Systemtheorie: Luhmann 1984: 431ff.). Ansatzweise finden sich Teile dieses Schemas schon bei Linton (1936: 113ff.).

und Geschlechtszugehörigkeit wurden individualisiert und einem individuellen Selbstkonzept zugerechnet. Diese Merkmale wurden von Rollenerwartungen unterschieden, die z.B. an Zertifikate oder Berufskarrieren anknüpfen.

Diese zuvor skizzierten Thesen berücksichtigen aber nicht unterschiedliche Entwicklungsphasen der modernen Gesellschaft, wie sie im vorliegenden Buch zugrunde gelegt werden. Auf dieses Manko weisen auch Arbeiten hin, die das Schema verschiedener Sinndimensionen von Erwartungsbildung auf die Geschlechterdifferenz (vgl. Weinbach 2004) und auf die Themen und Mobilisierungsstrategien der Neuen Sozialen Bewegungen (vgl. Ahlemeyer 1995) angewandt haben. In beiden Fällen wird die Aufmerksamkeit auf seine äußeren Dimensionen – *Person* und *Werte* – und auf deren soziale Bedeutung für Modernisierungsprozesse gelenkt.

Die Anwendung des Schemas auf die Geschlechterdifferenz hat die Aufmerksamkeit auf die *Verquickung* der Sinndimensionen *Person* und *Rollen* gerichtet und die These einer Ausdifferenzierung der modernen Gesellschaft über die mittleren Ebenen relativiert. Im Fall der Frauen in der Familie zugewiesenen Aufgaben als Ehefrau, Hausfrau und Mutter werden person- und rollenbezogene Erwartungen miteinander verschmolzen (vgl. Weinbach 2004). Sie differenzieren im Fall von Erwartungen an Frauen gerade nicht gegeneinander (vgl. Weinbach/Stichweh 2001: 42ff.). Das in dieser Rollenkombination enthaltene „weibliche Arbeitsvermögen“ schließt außerdem Erwartungen eines spezifischen Körperverhaltens ein (vgl. Ostner 1979). Auf diesem Arbeitsvermögen beruht auch die Ausbildung weiblicher Teilarbeitsmärkte. Die Verquickung der Erwartungsdimensionen wird in die Arbeitswelt hinein fortgesetzt und legitimiert einen geschlechtsspezifisch gegliederten Arbeitsmarkt.

Anthropologisch-moralisch konzipierte Geschlechterbilder entstanden im ausgehenden 18. Jahrhundert. In jener Zeit bildeten sich Semantiken polarer Geschlechtercharaktere aus und beanspruchten allgemeine Gültigkeit. Die gleichwohl asymmetrische Entgegensetzung von männlichen und weiblichen Geschlechtscharakteren löste Geschlechterbilder ab, die auf die Funktionen von Frauen und Männern im „ganzen Haus“ zurückgingen. Die Verschiedenheit der Geschlechter wurde im 19. Jahrhundert mit dem Wesen des Menschen begründet und in sein Inneres verlegt (vgl. Weinbach/Stichweh 2001 mit Bezug auf Hausen 1976). Das im Hinblick auf Frauen propagierte Rollenensemble als Ehefrau, Hausfrau und Mutter zeichnete sich nicht durch moderne Rollenmerkmale aus, d.h. die Möglichkeit des Wechsels, der Distanznahme, des Konflikts und dessen Kontrolle durch Schlichtungsinstanzen (vgl. Weinbach/Stichweh 2001: 30ff.). Moralisch unterlegte Erwartungen bestimmten den weiblichen Lebenszusammenhang, darunter die Erwartung, eine „gute Mutter“ zu sein (vgl. Schütze 1986). Demgegenüber bedeuteten gesellschaftliche Differenzierungsprozesse im 19. Jahrhundert für Männer, dass sie gegenüber Frauen sehr viel rascher Anschluss an Modalitäten moderner Inklusion herstellen. Der „rationale“ und „vernünftige“ männliche Geschlechtercharakter (vgl. Hausen 1976) prägte die entstehenden modernen Rollen und Rollensets, die Übergänge zwischen Funktionskontexten beinhalteten. Simmel spricht hier von der „Kreuzung der Kreise“ (1908: 305). Die vielfältigen Zugehörigkeiten erforderten Koordinationsleistungen. Diese trugen auf der Seite der Männer zur Ausbildung von Individualität und individuellen Stilen bei (vgl. ebd.), während für Frauen stereotype Weiblichkeitsvorgaben und ein eng geschnittenes Rollenbündel entstanden. Das an Individualität, Rollenflexibilität und zustehenden Rechten orientierte Gleichheitspostulat stand ihnen normativ nicht offen.

Das relativ fest umrissene Weiblichkeitsbild brach erst in den 1970er Jahren unter dem Einfluss der Proteste der neuen Frauenbewegung für individuelle und soziale Gleichheit auf. Infolge einer zunehmenden Normativität des Gleichheitspostulats seit den 1970er und 80er Jahren sind Entwicklungen zur De-Institutionalisierung der Geschlechterdifferenz beschrieben worden (vgl. Heintz/Nadai 1998). Um diesen Umbruch zu erklären, wird hier an Arbeiten angeknüpft, die sich mit der Relevanz der *äußeren Dimensionen* des Schemas kommunikativer Sinndimensionen und deren Verknüpfung befasst haben. Sie zeigen, dass sich die Ende der 1960er Jahre entstehenden Neuen Sozialen Bewegungen mit ihren Forderungen auf die *äußeren Ebenen* des Schemas kommunikativer Sinndimensionen bezogen. Für ihre interne Kommunikation wie für ihre politischen Forderungen wurdet Kommunikation hochrelevant, die auf die Sinndimensionen *Person* und *Werte* abstellt. Die Neuen Sozialen Bewegungen mobilisierten mit Werten wie Freiheit und Gleichheit und fügten neue Werte wie Selbstbestimmung, individuelle Chancengleichheit, Zukunft und intakte Umwelt hinzu. Sie rückten das Individuum und die individuelle Selbstbestimmung in den Mittelpunkt politischer Forderungen (vgl. Ahlemeyer 1995: 135ff.).

Die Beobachtung der Entdifferenzierung sozialer Sinndimensionen der Erwartungsbildung sowie von neuartigen Verquickungen führt hier zu der Frage, welche Sinndimensionen für die Argumente und Legitimationsstrategien der Frauenbewegungen eine wichtige Rolle spielten. Um ihr nachzugehen, erweitert das Buch das Schema der Sinndimensionen von Erwartungsbildung um die Sinndimension des Körpers. Über den Körper verläuft die Wahrnehmung von Individuen als Frauen oder Männern.[4] Gleichwohl beruht das Unterscheiden von Individuen als Frauen oder Männer in der Regel nicht darauf, primäre Geschlechtsmerkmale zu überprüfen. Es erfolgen Orientierungen an sekundären Geschlechtsmerkmalen wie der körperlichen Gestalt, der Stimme, der Haartracht, an Bewegungsformen, der Kleidung etc. Obwohl diese individuell verschieden sind, bildet die Unterscheidung von Frauen und Männern ein Klassifikationspaar, mit dem „die Gesamtheit der Menschen […] restlos erfasst wird" (Koselleck 1975: 66), und das universell greift.[5]

Die Geschlechtszugehörigkeit wird in einer Zusammenschau verschiedener Merkmale zumeist auf Anhieb (‚auf einen Blick') registriert und zudem auch deutlich in die eine oder andere Richtung signalisiert. Im Fall der Unterscheidung von Geschlechtern hat sich ein „zweigeschlechtlicher Erkennungsdienst" (Tyrell 1986: 463) ausgebildet, der auf der menschlichen Fähigkeit basiert, dass Wahrnehmungen ein hohes Maß an Simultaneität einer Vielfalt von Informationen erlauben (vgl. Luhmann 1995b: 195).

Auch die Frauenbewegungen untergliedern die Gesellschaft in zwei Teile. Sie handhaben die Geschlechterdifferenz als körperlich basiertes Klassifizierungsschema, wenn sie zwei Menschheitsgattungen oder eine bevorrechtigte und benachteiligte Hälfte unterscheiden. Der Körper ist jene Sinndimension von Erwartungsbildung, der mit der Dimension Person verknüpft ist, von dem aus auf Eigenschaften und Mentalitäten geschlossen werden kann.

Die ältere Frauenbewegung argumentierte für weibliche Teilnahmerechte mit einem Frauenbild, in dem die sozialen Sinndimensionen Kör-

4 Der Körper hat die allgemeine Funktion, durch seine Sichtbarkeit und die Irreversibilität seiner Merkmale (Größe, Gang, Haarfarbe, Geschlecht etc.) eine sichere Identifikation des Körpers als eines *individuellen Körpers* und damit die *Identifikation von Individuen als Personen* zu ermöglichen. Erwartungsbildung kommt ohne den Körper nicht aus, weil er eine Unterscheidbarkeit derjenigen herstellt, die einem begegnen, mit denen man kommuniziert, denen Namen und andere Informationen zugeordnet werden (vgl. Stichweh 1995).

5 Siehe zur Differenz zwischen einer sozial scharf vorgenommenen Grenzziehung zwischen Menschen als Frauen und Männern und physischen Unschärfen Tyrell (1986). Er merkt in Anlehnung an ethnologische Forschungen von Margret Mead (1958: 102f.) über den Variationsspielraum der menschlichen Physis bezüglich Körperbau, Gestalt, Muskularität, Größe etc. an, dass sich durchaus nicht eine geschlechtliche Zweierklassifikation aufdränge, wonach es nur Frauen oder Männer gebe und dazwischen nichts. Es könnte eine Art geschlechtlicher „Mischklasse" gebildet werden, die vom Druck der Erfüllung ‚klassischer' Anforderungen entbunden wäre. Aber die geltenden Geschlechternormen „sind dafür zu rigide und tendieren zur Übertreibung" (Tyrell 1986: 455).

per, Person und Rollen verschmolzen wurden. Sie propagierte ein relativ fest umrissenes Bild des Weiblichen. Erst die zweite Frauenbewegung argumentierte mit einem offenen Konzept des Weiblichen und für eine Entdifferenzierung der Sinndimensionen Körper – Person und Körper – Person – Rollen.

Die vorliegende Arbeit vermutet, dass der Wandel hin zu einem an individuellen Rechten orientierten, dekonstruktiven Gleichheitspostulat mit der Einbettung der beiden Frauenbewegungen in verschiedene Modernitätsentwicklungen einhergegangen ist, wie etwa der Zugänglichkeit und Akzeptanz von Verhütungsmitteln, der Trennung von weiblicher Sexualität und Mutterschaft und Durchbrüchen einer konstruktivistisch geprägten Sicht des Menschen und seines Verhaltens in der Wissenschaft, darunter die Pädagogik, die Psychologie und die Soziologie. In der Politik vollzieht sich gleichzeitig eine rasche Karriere des Wertes der Gleichheit.

2.5 Wohlfahrtsstaatlichkeit und Binnendifferenzierung des politischen Systems

Mit dem ausgehenden 18. Jahrhundert gelangte jener Gesellschaftstypus zum Durchbruch, bei dem die erste Schicht gesellschaftlicher Gliederung auf Systemen beruht, die jeweils auf die Erfüllung einer spezifischen Funktion ausgerichtet sind. Die Veränderung hin zu Bedingungen moderner Inklusion vollzog sich als Differenzierungsprozess, in dem der traditionale Haushalt als Einheit für Produktion und Konsum, die Sozialisation der Kinder, die Reproduktion des Familienlebens, die Weitergabe beruflicher Fähigkeiten und als Einheit politischer Macht eine Auflösung erfuhr (Weber 1922). Es erfolgte eine Trennung von Haushalt und Betrieb bzw. Arbeitsstätte, Familie und Schule, öffentlicher und privater Sphäre. Die Individuen waren nicht mehr primär Mitglied *eines* Standes und *eines* Kollektivs und nicht mehr als solche Teil der Gesellschaft.

Dieser Prozess gesellschaftlicher Differenzierung verlief seit dem 18. Jahrhundert vielschichtig. Er erhielt durch die Industrialisierung und Technisierung der Arbeit, die Verstädterung, die politischen Machtansprüche bürgerlicher Schichten, Bevölkerungszuwächse durch die Aufhebung von Heiratsbeschränkungen und durch medizinische Fortschritte unterschiedliche Modernisierungsimpulse (vgl. Nipperdey 1987).

Gerahmt wurde er von der Ausbildung des modernen Nationalstaats. Ausgehend von Europa entstand im 19. Jahrhundert eine Weltgesellschaft, die sich entlang territorialer Nationalstaaten gliedert (vgl. Hahn 1993). Der Nationalstaat konstituierte sich über Einschluss- und Ausschlusslinien, die auf nationaler Zugehörigkeit beruhten – über ihn etablierte sich die nationale Gesellschaft. Zu deren funktionalen Teilsystemen sollte nur Zugang beanspruchen können, wer der Nation angehörte. Diese Zugehörigkeit definierte im entstehenden deutschen Nationalstaat der zweiten Hälfte des 19. Jahrhunderts ein Staatsangehörigkeitsrecht, das am Abstammungsprinzip orientiert war (vgl. Gosewinkel 2001). Privilegien für Fremde, Juden oder Jesuiten wurden in besonderer Weise problematisch. Sie diskriminierten, d.h. sie ‚benachteiligten' die Nation bzw. die Mehrheit (vgl. Stichweh 2005: 42). Ethnizität wurde zur modernen Form der Definition von Rechten und der sozialen und moralischen Abgrenzung bis hin zum Ausschluss aus der Gesellschaft (vgl. Bommes/Halfmann 1994: 411). Schicht- und Geschlechtszugehörigkeit wurden zu innergesellschaftlichen Segregationskriterien, zu Kriterien der Stufung von Rechten oder dem Ausschluss aus Rechten.

2.5.1 Auflösung traditionaler Sicherungssysteme

Im Zuge der modernen Staatswerdung lösten sich die vielfältigen sozialen Sicherungen der ständisch-korporativen Ordnung auf, ohne dass sie zunächst durch andere ersetzt wurden. Die aus den bürgerlichen Revolutionen hervorgegangenen Verfassungen des 19. Jahrhunderts hatten dem Staat die Verantwortung für Wohlstand und Gerechtigkeit entzogen und zur Privatsache gemacht. Dahinter standen bürgerliche Interessen und die Überzeugung, dass Wohlstand und Gerechtigkeit aus gesellschaftlicher Autonomie und nicht aus staatlichen Eingriffen resultieren. Armut und soziale Ungleichheit waren nicht nur zwangsläufige Seiten der Gesellschaft, sondern erschienen auch persönlich zurechenbar. Wohlstand und Gerechtigkeit standen nicht im Deutungsrahmen sozialer Gleichheit (vgl. Grimm 1987: 138). Hinter dem Ausschluss aus Teilnahmerechten verbarg sich die Konkurrenz zwischen Schichten und Bevölkerungsgruppen um politische Teilhabe, um die Teilhabe an Erwerbsarbeit, an Bildung und der Mitgestaltung der öffentlichen Meinung. Zu Konkurrenten wurden nun auch die Geschlechter – und zwar vor allem im Bereich der Erwerbsarbeit, trotz des bürgerlichen Bildes einer ökonomischen Sicherung der Kleinfamilie durch den Mann. Damit entstanden neuartige Formen der Frauenfeindlichkeit (vgl. Weiland 1983: 24), die, wie noch gezeigt wird, auf die Herausbildung von Schemata normaler und anormaler Weiblichkeit basierten.

Zwar bildete sich in Ansätzen ein moderner, d.h. auf staatlichen Initiativen und Leistungen beruhender Wohlfahrtsstaat heraus. So entstanden z.B. ein staatlich getragenes Schulsystem, Ansätze sozialer Sicherungssysteme und Maßnahmen einer rudimentären Eingrenzung von

Armut. Erst in der zweiten Hälfte des 20. Jahrhunderts setzt sich ein Staatsverständnis durch, wonach dem Staat umfassende Verpflichtungen für die Teilnahme aller an den wichtigen Kontexten der Gesellschaft zukommen.

2.5.2 Nationaler Wohlfahrtsstaat: Ausbildung einer Komplementärstruktur zur funktionalen Differenzierung

Die vorliegende Arbeit geht von einem differenzierungstheoretisch gefassten Begriff des Wohlfahrtsstaates aus. Danach lässt sich der moderne Wohlfahrtsstaat als ein Mechanismus für die Integration und Regulierung der gesellschaftlichen Teilbereiche beschreiben (vgl. Flora 1976) bzw. als ein System, das sich als Komplementärstruktur zu den Ausdifferenzierungsprozessen der anderen Funktionssysteme definiert.[6] Er greift in die Differenzierungsprozesse wichtiger gesellschaftlicher Teilbereiche regulierend ein und fungiert als inklusionsvermittelndes System. Als solches bildet er den Rahmen, in dem im System der Weltgesellschaft Gleichheit und Ungleichheit bzw. Rechte und der Ausschluss aus Rechten institutionalisiert werden (vgl. Stichweh 2000: 92ff.).[7]

Als historischer Prozess ist die Ausbildung dieser Komplementärstruktur eng mit Differenzierungsprozessen im politischen System sowie mit Differenzierungs- und Vereinheitlichungsprozessen in anderen Teilsystemen verknüpft. Das Rechtssystem erhielt Scharnierfunktionen zwischen gesellschaftlichen Teilsystemen durch die Garantie von Teilnahmerechten und allgemeiner Rechtsfähigkeit. Dieser Prozess war geschlechtsspezifisch eingefärbt. Noch bis in die Anfänge der zweiten Hälfte des 20. Jahrhunderts bestanden Regelungen formalrechtlicher Bevorteilung der männlichen Bevölkerung und eine sozialpolitische Orientierung am traditionellen Ernährermodell.

6 Ausgehend von einer Verantwortung des Staates für die gesellschaftliche Inklusion der Einzelnen wird der Begriff des Wohlfahrtsstaates hier in einer Weise benutzt, die über sozialpolitische Funktionen wie die Gewährleistung von Versicherungssystemen und Grundleistungen hinausgeht. Moderne Wohlfahrtsstaatlichkeit meint hier allgemein staatliche Eingriffe in den Fällen, in denen die Eigendynamiken der anderen Funktionssysteme nicht die Inklusion eines immer größeren Teils der Bevölkerung gewährleisten (vgl. auch Stichweh 2000: 92).

7 Ansteigende Migrationsbewegungen seit den 1980er Jahren und die argumentative Bezugnahme auf Menschenrechte haben die nationale Zugehörigkeit als Bedingung für den Anspruch auf wohlfahrtsstaatliche Inklusionspolitiken brüchig werden lassen, aber auch nationale Semantiken wieder aufleben lassen (vgl. dazu Bommes/Halfmann 1994).

Die These, an die hier angeknüpft wird, lautet, dass der demokratische Nationalstaat in Westeuropa und Deutschland erst in den Jahrzehnten nach dem Zweiten Weltkrieg eine „Zweitinterpretation" als Wohlfahrtsstaat (Stichweh 2005: 75) erhalten hat und zur politischen Inklusion der Anspruch der wohlfahrtstaatlichen Inklusion trat (vgl. Weinbach 2002). Die 1960er und 70er Jahre markieren eine Schwelle zum programmatisch legitimierten und alle Bevölkerungsgruppen, auch Frauen, einbeziehenden Ausbau wohlfahrtsstaatlicher Aufgaben. Wohlfahrtsstaatlichkeit hieß nunmehr: dass „politisch induzierte Entwicklungen die sozioökonomischen Versorgungsstrukturen eines Landes nachhaltig in Richtung auf eine umfassende Teilhabe der Gesamtbevölkerung verändern" (vgl. Kaufmann 2003: 39).

Unterschiede zwischen dem Agieren der beiden Frauenbewegungen und ihrem Gleichheitsverständnis resultierten, so die Vermutung, aus Unterschieden im Entwicklungsgrad des Wohlfahrtstaates sowie aus unterschiedlichen Bedingungen, um an staatliche forcierte Modernisierungsprozesse ‚anzudocken'. Um diese These auszuarbeiten, werden die empirischen Untersuchungen zu den Mobilisierungs- und Inklusionsstrategien der Frauenbewegungen in Kapitel 3 und Kapitel 4 die nachstehend skizzierten Einflussfaktoren berücksichtigen.

Wohlfahrtsstaatlichkeit und der Wandel der politischen Parteien

In politischer Hinsicht wurde der Nationalstaat im 19. Jahrhundert zur basalen Einheit der Weltgesellschaft und zum Interdependenzunterbrecher der funktionalen Differenzierung. In dem von ihm kontrollierten Territorium beansprucht er seitdem Autorität über zentrale Entscheidungsmaterien (vgl. Schimank 2005). Die Anerkennung kollektiv bindender Entscheidungen setzt im modernen Nationalstaat die Mitwirkung der Bürger an ihrer Herstellung voraus. Über Wahlen erfolgt die Inklusion in das politische System, die – im deutschen Nationalstaat zunächst nach Schichten gestuft – schließlich eine Ausweitung auf alle Staatsbürger erfuhr, auch auf die Frauen.

Die interne Differenzierung des politischen Systems gewinnt seit der Mitte des 19. Jahrhunderts deutlich Konturen. Es bildeten sich politische Parteien in der Form von Mitglieder- und Massenorganisationen aus. Damit wurden erste Voraussetzungen für einen an Wahlen orientierten Machtwechsel im politischen System geschaffen. Die prominente Rolle der Staatsorganisation im politischen System wurde relativiert. Anders organisierte Parteien und dann auch Organisationen der Interessenvertretung traten ihm gegenüber (vgl. Luhmann 2002: 214f.). Die Parteien agierten als Vertreter spezifischer gesellschaftlicher Gruppierungen und gesellschaftlicher Schichten, wobei sie Frauen nicht als eigene Interessengruppe berücksichtigten. Sie verstanden sich noch nicht als Parteien der Mitte, wie die in den 1960er Jahren entstehenden Volksparteien. Im Prozess der Parteienbildung spiegelte sich ein Konflikt um politische Macht, der die Überformung des hierarchischen Machtcodes als zirkulär konzipierter Zweitcode Regierung/Opposition noch nicht anerkannte (vgl. Weinbach 2002: 308f.). Adel und Bürgertum versuchten sich gegen unterbürgerliche Schichten zu behaupten und konnten sich mit einem gestuften Wahlrecht und politischen Organisationsverboten auch durchsetzen (vgl. Dann 1980: 211ff.). Dem Ausschluss von Bevölkerungsteilen aus politischer Mitwirkung entsprach ein Wohlfahrtsstaat, dessen Inklusionspolitiken und dessen sozialpolitische Leistungen weite Bevölkerungsteile, darunter vor allem Frauen, gar nicht im Blick hatten. Der wohlfahrtsstaatlichen Inklusion der Frauen stand nicht nur die Zuordnung der Frauen zum privaten Bereich von Ehe und Familie entgegen. Ihre Einbeziehung in das Wahlrecht erzeugte außerdem das Problem schwer kalkulierbarer politischer Machtkonstellationen. Die Anerkennung der erwachsenen Frauen als Wählerinnen hätte um die Jahrhundertwende eine Verdopplung der Anzahl der Wahlberechtigten bedeutet und Parteien unterbürgerlicher Schichten begünstigen können.[8] Die Arbeit berücksichtigt den Einfluss politischer Machtkämpfe und das Fehlen eines demokratischen Wahlrechts auf die Kontroversen der ersten deutschen Frauenbewegung. Sie vermutet, dass ihre internen Konflikte, ihre organisatorischen Strukturen und ihr Gleichheitsverständnis vom Fehlen der zudem kontroversen politischen Fraueninklusion stark beeinflusst waren.

Erst der Schub der Binnendifferenzierung des politischen Systems ab den 1960er Jahren führt zu einem Ausbau der staatlich garantierten Versorgungsstrukturen, der auf dem Anspruch umfassender gesellschaftlicher Teilhabe aller Bevölkerungskreise beruht und darin sukzessive auch Frauen einbezieht. Die politischen Parteien wandelten sich mit den 1960er Jahren von Milieu-, Klientel- und Klassenparteien zu Volksparteien. Sie orientierten sich an der Integration breiter Bevölkerungsschichten und warben deshalb mit hoch aggregierten *Werten* um Wählerstimmen. Werte, darunter Gleichheit, wurden zu schwer bestreitbaren Steuerungsmitteln politischer Kommunikation (vgl. Ahlemeyer 1995: 135ff.; Luhmann 1988b: 211f.; Neidhardt 1985: 1999f.). Ausschlüsse und soziale Ungleichheiten verloren an Plausibilität und Berechtigung und riefen *Programme* staatlicher Inklusionsvermittlung hervor. Diese

8 Vgl. dazu Kap. 3.2.1, in dem der so genannte „Frauenüberschuss" im 19. Jahrhundert beschrieben wird.

Entwicklung, so die Vermutung, begünstigte die Ausbildung und Fortentwicklung einer zweiten Frauenbewegung, die sich mit ihren Themen und Forderungen auf die Einlösung moderner Werte beziehen und diese radikalisieren konnte. Es gelangen Institutionalisierungsprozesse, über die diese Sozialbewegung Frauenthemen in verschiedene gesellschaftliche Kontexte, darunter die Parteien, die öffentlichen Verwaltungen und die Hochschulen, hineintragen konnte.

Frauen und doppelte Inklusion in das politische System

Die Arbeit lehnt sich damit an die These an, dass die Verknüpfung der beiden politischen Inklusionen der Frauen – diejenige in den Nationalstaat aufgrund eines allgemeinen Wahlrechts und die in den Wohlfahrtsstaat – vom Grad der Ausdifferenzierung des politischen Systems abhängt. Zur Inklusion der Frauen in den Nationalstaat bzw. in das allgemeine Wahlrecht kam es erst im Zuge der Überformung des hierarchisierten politischen Machtcodes als Regierung/Opposition. Die wohlfahrtsstaatliche Einbeziehung der Frauen setzte sogar erst mit der Selbstbeschreibung des politischen Systems als eines unter anderen Funktionssystemen ein. Im Übergang zur zweiten Hälfte des 20. Jahrhunderts erodierten Vorstellungen, wonach die staatliche Ordnung sich über die Gesellschaft definierte, sprich: über eine Gliederung der Gesellschaft in moderne Kleinfamilien (vgl. Weinbach 2002).

Die Arbeit rekonstruiert diesen Wandel und untersucht ihn in Verbindung mit der Institutionalisierung der modernen Kleinfamilie im 19. Jahrhundert und ihrer De-Institutionalisierung seit den 1970er Jahren. Sie fragt nach Einflussfaktoren, die zur Institutionalisierung der modernen Kleinfamilien führten und nach der Bezugnahme der ersten Frauenbewegung auf damit verbundene Weiblichkeitsnormen. Die Kritik der zweiten Frauenbewegung am Modell des männlichen Familienernährers wird dann im Zusammenhang mit Entwicklungen zur De-Institutionalisierung von Ehe und Kleinfamilie und Veränderungen wohlfahrtsstaatlicher Inklusionspolitiken untersucht (vgl. Schratzenstaller 2004: 381ff.).

Individualisierung institutionalisierter Rechte

Ein hinreichend ausdifferenziertes Rechtssystem ist die Voraussetzung für ein hohes Maß an Individualisierung gesellschaftsstrukturell belangvoller Entscheidungen. Das moderne Recht überlässt die Entscheidung über die Präferenz für eine politische Partei, die Verwendung von Eigentum, die Wahl des Berufs und die Wahl des Ehegatten dem/der Einzelnen. Die Institutionalisierung individuell gültiger Rechte veränderte seit dem 19. Jahrhundert den Strukturaufbau der Gesellschaft in Richtung einer Trennung der Funktionssysteme für Politik, Wirtschaft, Erziehung, Wissenschaft und Familienleben (vgl. Luhmann 1981: 42). Das Rechtssystem entkoppelte die Inklusion der Individuen von traditionellen Bindungen und schloss sie an moderne Differenzierungsprozesse an (vgl. Mayer/Müller 1989). Für Frauen und Männer verlief dieser Prozess zeitversetzt.

Ein auf individuelle Gleichheit abstellendes Recht, das die Gesamtbevölkerung und damit auch die Frauen einbezieht, ist von mehreren Vorbedingungen abhängig. Dazu zählen die Gewährleistung politischer Vollinklusion und die freie Wählbarkeit von Parteien bzw. von politischen Optionen; ferner eine dem Staat übergeordnete und ihn bindende Verfassung, die die individuelle Gleichheit zum allgemeinen Rechtsprinzip erhebt (vgl. Ebsen 1994), und schließlich die Zusammenfügung von Verfassung und Sozialstaat im demokratischen System (vgl. Grimm 1987). Erst das nach dem Zweiten Weltkrieg verankerte Grundgesetz, das die Gleichberechtigung der Geschlechter zu einem allgemeinen Verfassungsgrundsatz erhebt, stellte Anknüpfungspunkte für die Ausweitung wohlfahrtsstaatlicher Politiken und dann auch für Forderungen der neuen Frauenbewegung bereit.

Ausbau von Inklusionspolitiken: Die Rolle des Bildungssystems und des Wissenschaftssystems

Die Inklusion der Bevölkerung in Bildungseinrichtungen gelangte im 19. Jahrhundert in den Bereich staatlicher Aufgaben, wurde aber auf eine Einbeziehung aller, auch der Mädchen, in eine Grundbildung beschränkt. Das mehr und mehr dem Staat unterstellte höhere Schulwesen war für männliche Schüler vor allem höherer Schichten vorgesehen. Der Ausschluss großer Teile der Bevölkerung aus der höheren Bildung setzte sich im Wissenschaftssystem fort (vgl. Gernert 1996: 85ff.).

Erst in der zweiten Hälfte des 20. Jahrhunderts erfuhr das Bildungssystem eine neuartige Deutung als jener Bereich der Gesellschaft, von dessen Reformen wirtschaftlicher Fortschritts und soziale Gleichheit abhängen sollten. Nicht nur formal-rechtlich, sondern auch unter dem Einfluss generalisierter Werteansprüche der Parteien, erodierte die Unterscheidung verschiedener Berechtigungen (vgl. Stichweh 2000: 68). Die Inklusion breiter Bevölkerungsschichten in die qualifizierte Bildung führte zur Aufwertung der Erwerbsarbeit. Bildung erzeugte Aufgeschlossenheit für die Themen der Neuen Sozialen Bewegungen, darunter: Umweltschutz, Frieden, Gleichheit und Frauenfragen. Mit dem staatlich getragenen Ausbau des Wissenschaftssystems fanden diese Themen auch dort Eingang.

Erosion traditioneller Bindungen und Sogwirkungen für die Geschlechterdifferenz

Soziokulturell vollzogen sich seit den 1960er Jahre nachhaltige Veränderungen. Die Normen traditioneller Milieus verloren zugunsten individueller Lebensführung an Bedeutung. Das galt vor allem für das Arbeitermilieu. Langfristig angelegte Säkularisierungstrends setzten sich fort (vgl. Mooser 1983). Regional geprägte Lebensstile wurden durch massenkulturelle Einflüsse aufgeweicht. Ein expandierendes Bildungssystem baute schicht- und geschlechtsspezifische Selektivität ab. Es entstand eine neue Mittelschicht, die sich postmateriellen Themen öffnete. Damit erfuhr auch das traditionelle politische Recht-Links-Schema eine Abnutzung (vgl. Rucht 1994: 142f.). Der soziale Bedeutungsverlust der Familie war Bestandteil und Motor dieses Erosionsprozesses traditioneller Bindungen, der sich auch zugunsten einer Individualisierung weiblicher Biografien auswirkte (vgl. MacKaughan 1990).

Die weitere Individualisierung sozialer Sicherungssysteme verminderte die Abhängigkeit der Einzelnen von Herkunftszusammenhängen oder der Ehe. Enge moralische Standards büßten unter dieser Entwicklung ihre Akzeptanz ein. Staatliche Transferleistungen und dann auch Maßnahmen zur Verbesserung der Berufschancen von Frauen und der Vereinbarkeit von Beruf und Familie trugen dazu bei, dass Individuen Haushalte, (Herkunfts-)Familien und Ehepartner verlassen und sich von traditionellen Bindungsformen abwenden konnten (vgl. Stichweh 2000: 68). Die Frauenbewegung, die nun entstand, war nicht mehr der Wirksamkeit und Konflikthaftigkeit anderer sozialer Differenzierungslinie ausgesetzt. Frauenfragen konnten zunehmend eine eigenständige gesellschaftliche Rolle beanspruchen.

KAPITEL 3
MODERNE KLEINFAMILIE, SCHICHTUNG UND DIE DIFFERENZBEZOGENE FRAUENINKLUSION (1860-1920)

Dieses Kapitel rekonstruiert die Bedingungen des Engagements der ersten Frauenbewegung und das im 19. Jahrhundert unter ihrem Einfluss entstehende Muster moderner Fraueninklusion. Es beschäftigt sich zunächst mit tief greifenden gesellschaftlichen Veränderungen in jener Zeit. Der Umbruch zur modernen Gesellschaft wurde in Deutschland im ersten Drittel des 19. Jahrhunderts von einer bürgerlichen Protestbewegung begleitet, die politische Mitwirkungsrechte für alle Männer forderte und der sich Frauen mit der Forderung nach ökonomischen und politischen Rechten für das weibliche Geschlecht anschlossen. Dem deutschen Vormärz und der Revolution von 1848/49 folgte eine restaurative Phase, in der sich die Herausbildung des modernen Nationalstaats mit dem Durchbruch des bürgerlichen Patriarchalismus verknüpfte. Der Nationalstaatsbildung korrespondierte die Durchsetzung der modernen Kleinfamilie, mit der das Modell der Dreifachinklusion der Frau als Ehefrau, Hausfrau und Mutter entstand (3.1). Ganz anders sah dagegen die Situation vieler Frauen aus. Die Notwendigkeit der Frauenerwerbsarbeit bildete sich im Verlauf des 19. Jahrhunderts zu einem Massenphänomen aus. Die ersten nach der Jahrhundertmitte entstehenden Frauenzusammenschlüsse griffen die katastrophalen Bedingungen der weiblichen Erwerbsarbeit auf und organisierten Hilfsmaßnahmen. Die erste deutsche Frauenbewegung war jedoch durch eine tiefe Spaltung in eine proletarische und eine bürgerliche Frauenbewegung charakterisiert. Der Schichtkonflikt innerhalb der Frauenbewegung wurde durch ihre vereinsmäßige Organisationsstruktur forciert (3.2). In der Frage des Frauenwahlrechts, sprich: der politischen Vollinklusion der Frauen, stellten die Frauenrechtlerinnen keine Einigkeit her. Weite Teile der bürgerlichen Frauenbewegung befürchteten dadurch eine Stärkung nicht bürgerlicher Kräfte und Parteien (3.3). Die Forderung nach der Gleichberechtigung der Frau im Ehe- und Familienrecht wurde zwar von der proletarischen wie der bürgerliche Frauenbewegung getragen – der dafür in den 1870er und 1880er Jahren geführte Kampf blieb aber ohne Resonanzen in den Parteien und staatlichen Organisationen (3.4.). Seit den 1880er Jahren setzten Teile der bürgerlichen Frauenrechtlerinnen zunehmend auf Strategien, die zur Ausweitung der Rechte von Frauen mit einer Verschiedenheit der Geschlechter argumentierten. Im Begriff der „weiblichen Eigenart“ fand deren Engagement eine einigende Klammer. Darüber konnten zeitweise auch religiöse Frauenorganisationen für Ziele der Frauenbewegung gewonnen werden (3.5). Das entstehende Bildungssystem erwies sich als wichtiges Einfallstor, um die gesellschaftliche Inklusion der Frau zumindest ansatzweise von Ehe und Familie abzukoppeln. Der Einschluss von Frauen in eine qualifizierte höhere Bildung ermöglichte es zum einen, dem Argument einer geistigen Minderwertigkeit der Frauen entgegenzutreten. Außerdem ließ sich hier das Argument der „weiblichen Eigenart“ integrieren, indem eigens Frauen vorbehaltene Berufe entworfen und darauf zugeschnittene Professionalisierungsstrategien etabliert wurden (3.6). Das politische Frauenwahlrecht, das sich in den politischen Konflikten nach dem Ersten Weltkrieg nicht mehr aufhalten ließ, eröffnete Frauenrechtlerinnen parteipolitische Karrieren. Forderungen zur Verbesserung der Erwerbschancen und der Erwerbsbedingungen von Frauen gelangten in den Sog parteipolitischer Loyalitätsforderungen. Das Teilnahmekonzept verschiedener Geschlechter, propagiert über den Begriff der „weiblichen Eigenart“, lief nun zusehends auf eine Moralisierung des Weiblichen hinaus (3.7). Das Kapitel schließt mit einer Zusammenfassung seiner Ergebnisse unter der Fragestellung ab, wie soziale Schichtung das frühe Engagement für Frauenrechte beeinflusste, welche Funktionssysteme die Modernisierung der Fraueninklusionen begünstigten und warum der Differenzansatz sich in den 1920er Jahren erschöpfte (3.8).

3.1 Moderner Nationalstaat und die Institutionalisierung der modernen Kleinfamilie

3.1.1 Organisches Staatsmodell: Männlich definierte Einschlussregeln

Die weiteren Ausführungen arbeiten zunächst zwei eng verknüpfte Institutionalisierungsprozesse heraus: einerseits die Institutionalisierung des zunächst noch ständisch gestuften nationalen Staates, der das politische Wahlrecht auf Teile der männlichen Bevölkerung beschränkte, und andererseits jene der modernen Kleinfamilie. Die restaurative Wende in den 1840er Jahren, die auf dem Abbau sozialer Schranken zwischen Adel und Bürgertum und dem gesellschaftlichen Aufstieg des Bürgertums beruhte, wurde von Modellen und Semantiken[1] bürgerlicher Meisterdenker vorangebracht. Mit dem Nationalstaat und der Familie bildeten sich Institutionen heraus, die das Bild der modernen Gesellschaft nachhaltig prägen sollten.

Die Forderung nach einer Gleichheit des aktiven Wahlrechts für alle erwachsenen männlichen Einwohner war die bedeutendste konkrete Gleichheitsforderung, die während der Revolution von 1848/49 erhoben wurde. Während im Vormärz nur die demokratischen Kräfte diese Forderung vertreten hatten, wurde sie im März 1848 von einer breiten Volksbewegung aufgegriffen, nachdem die revolutionäre Bewegung in Frankreich das allgemeine Wahlrecht durchgesetzt hatte. Die 1849 aus der bürgerlichen Revolution hervorgegangene „Paulskirchenverfassung" hatte erstmals die „Grundrechte des deutschen Volkes" proklamiert und die männliche Bevölkerung zum Volk erhoben. Diese Verfassung scheiterte aber noch im Sommer desselben Jahres (vgl. Huber 1961: 324).

Die gesellschaftlichen Umwälzungen im ersten Drittel des 19. Jahrhunderts, darunter der Kampf für eine nationale Einigung und die bürgerlichen Bestrebungen zur Einführung eines auf allgemeinen Wahlen beruhenden Nationalstaats, bildeten sich in der Folgezeit dennoch ansatzweise in wissenschaftlichen Betrachtungen zum Staat ab. Die deutsche Staatslehre hatte sich bis ins frühe 19. Jahrhundert im Wesentlichen darauf konzentriert, den Staat als geschichtliche Gemeinschaft darzustellen und sich auf die juristische Behandlung historischer Einzelrechte beschränkt. Nunmehr traten Fragen nach den gesellschaftlichen Funktio-

1 Mit dem Begriff der Semantiken wird die moderne Gesellschaft auf zwei Ebenen begriffen: strukturell in der Form ihrer Differenzierung in Subsysteme und semantisch in den Formen, in denen sie darauf durch Selbstbeobachtung und Selbstbeschreibung reagiert (vgl. dazu Luhmann 1980b: insbes. 27ff.).

nen des Staates bzw. nach seinen Zwecken in den Vordergrund. Der wachsende Anspruch bürgerlicher Kreise auf politische Mitsprache erforderte Bestimmungen über die Rolle, die den einzelnen Gesellschaftsgruppen und jedem Einzelnen im politischen Ganzen zukommen sollte (vgl. Gerber 1869: 211; Grimm 1990: 59ff.). Auf Entwürfe eines neuen Bildes des Staates hatten die Ideen der deutschen Romantik maßgeblich Einfluss, namentlich auf ihre Vorstellung von der Gesellschaft als einem Organismus (vgl. Kluckhohn 1941: 80ff.). Die an die Organismustheorie anknüpfende deutsche Staatslehre stand den Freiheits- und Gleichheitsbestrebungen der Französischen Revolution und der Aufklärung abweisend gegenüber. Sie lehnte sie als gesellschaftszerstörenden Individualismus ab und setzte stattdessen auf ein System der Verbindung unterschiedlicher Funktionen und der engen Verknüpfung von Pflichten und Rechten. Eine Umsetzung fand die Idee vom Staat als Organismus zunächst vor allem in der für die deutsche Entwicklung typischen *Synthese* aus Monarchenherrschaft und der Ausweitung von Mitwirkungsrechten des Volkes (vgl. von Oertzen 1974: 96). Zwar trug die Organismusidee zur Stützung der älteren Herrschaftsstrukturen, der Bevorrechtigung des Monarchen und des Adels – und damit zur Schwächung der Idee einer uneingeschränkten Souveränität des Volkes – bei. Gleichwohl gelangte ein Staatsverständnis zum Durchbruch, das die Interessen des Ganzen und nicht mehr diejenigen bevorrechtigter Teile in den Vordergrund stellte. Es hob die Verbindung des Einzelnen mit dem Gemeinwesen hervor (vgl. Vontobel 1956: 147ff.).

An die Stelle der Auffassung mechanisch fortwirkender Herrschaftsstrukturen des Ständestaates setzte die Organismuslehre die Idee des Staates als eines lebendigen, aus eigenen Kräften und in der Wechselwirkung seiner Teile sich fortentwickelnden Gesamtkörpers. Hinter dieser Sichtweise verbarg sich die Vorstellung, das Ganze verschaffe sich Organe, die nur im Zusammenwirken den Bestand und die Fortentwicklung des Ganzen sichern könnten. Der Adel, das Bürgertum, die Berufsgruppen, die Kommunen, die Städte sowie die Familien wurden als Kooperationen gedacht, die jeweils eigene Funktionen im Ganzen übernehmen sollten (vgl. von Busse 1928: 110ff.). Diese Kooperationen sollten die Glieder des Staates bilden, nicht einzelne Personen, partikulare Interessen oder politische Gruppierungen. Überzeugungskraft erlangte dieses Modell, weil eine Ausweitung von Mitwirkungsrechten vorstellbar wurde, ohne dass das staatliche Hierarchiekonzept und die Garantie der staatlichen Einheit durch den Monarchen als Spitze des Adels vollständig aufgegeben werden mussten (vgl. Bluntschli 1864: 166). In dieser modernisierten ständischen Ordnung wurde der Unterschicht und den ihr angehörenden Arbeitern ein fester, aber untergeordneter Platz zugewiesen. Die ungleiche politische Mitwirkung der männlichen Bevölkerung am Staat lief auf eine Stützung der agrarisch-handwerklichen Gesellschaft gegen die wachsende Industrie hinaus. Diese Konzeption des Staates spiegelte sich auch in den im 19. Jahrhundert gültigen deutschen Verfassungen wider (vgl. Huber 1963). Als es 1866 mit der Gründung des Norddeutschen Bundes bzw. 1871 bei der Reichsgründung zu einer Verallgemeinerung des Männerwahlrechts kam, wurde dieses im politisch maßgeblichen Preußen als Drei-Klassen-Wahlrecht verankert. Frauen waren bis 1918 ganz aus dem deutschen Wahlrecht ausgeschlossen (vgl. Dann 1980: 232).

Die Ausdifferenzierung des politischen Systems, d.h. die Trennung der Staatsorganisation von einer Sphäre politischer Willensbildung, vollzog sich in Verbindung mit der Idee von der Familie als „eigentlicher Basis der physischen und moralischen Existenz des Staates" (Zoepfl 1863: 12). Sie wurde als dessen Kleinsteinheit betrachtet. Ausgehend von einer natürlichen bzw. wesensmäßigen und dabei polaren Unterschiedlichkeit der Geschlechter bildete sich der moderne Staat unter der Prämisse heraus, Ausdruck des Mannes zu sein. Besonders deutlich drückt sich dieser Umstand in einer Schrift über den Staat aus der zweiten Hälfte des 19. Jahrhunderts aus. Nichts Neues könne der Mensch schaffen, so der Ausgangsgedanke, „was nicht dem Wesen und der Kraft nach in ihm (liege)" (Bluntschli 1879: 284). So wie der Mensch nicht als Zusammenfügung zweier Hälften angesehen werden könne, sondern von den Geschlechtern in jeweils anderer Weise und in anderer Form dargestellt werde, könne auch der Staat entweder nur ein Mann oder eine Frau sein. Dass der Mensch ein staatliches Wesen sei, gelte aber vorzugsweise für den Mann. Sein höchstes Leben, in dem er sich in seinem „eigensten Sein", in seiner „vollen menschlichen Freiheit" und in seiner „geistigen Herrschaft" fühle, sei „der Staat" (ebd.: 284).

Die politische Gleichheit bildete sich zunächst als eine ständisch noch abgestufte Gleichheit der männlichen Staatsbürger heraus, denen zugleich die Rolle als Familienvorstände zugewiesen wurde. Die politisch durch den Mann repräsentierte Familie wurde als zentrales Element der Entwicklung des Staates angesehen, der sich in der „Staatenfamilie" vollenden sollte (Schwab 1975: 289). Nach diesem Bild konnten Frauen keinen Staatsbürgerstatus erlangen. Dieser Ausschluss war ein konstitutives Merkmal des entstehenden modernen Staates (vgl. Weinbach 2002).

Das liberale Gleichheitspostulat aus den Revolutionsjahren des Vormärz hatte im deutschen Bürgertum seit der Mitte des 19. Jahrhunderts mehr und mehr an Überzeugungskraft eingebüßt (vgl. Dann 1980:

211ff.). Damit ging auch die vollständige Zurückdrängung jener Gleichheitsforderungen einher, welche die an der bürgerlichen Revolution des Jahres 1848 beteiligten ersten Frauenrechtlerinnen für das weibliche Geschlecht erhoben hatten (vgl. Gerhard 1990b: 73ff.). Zugleich entwickelten andere Disziplinen, darunter die Pädagogik und die Medizin, ein allgemeine Gültigkeit beanspruchendes Modell der intimisierten Dauerehe und der modernen Kleinfamilie. Sie verbreiteten es über Familienratgeber als einem Medium, das vor allem Frauen bürgerlicher Herkunft zu seinem Lesepublikum zählte.

3.1.2 Dreifachinklusion der Frau in die moderne Kleinfamilie

Der politische Freiheitsgedanke des beginnenden 19. Jahrhunderts und des Vormärz hatte in der Idee der freien und an der Individualität der/des Anderen orientierten Partnerwahl sein privates Pendant (vgl. Kluckhohn 1966; Luhmann 1982: 183ff.). Der Anspruch der freien, also auch aufkündbaren Gattenwahl bzw. die freie Liebe hatte ihre Wurzeln im liberalen Bürgertum des späten 18. Jahrhunderts. Die Ehe sollte nach den liberalen Vorstellungen grundsätzlich auf dem eigenen Entschluss beider Ehegatten basieren, nicht auf Interessen der Herkunftsfamilien oder der Suche nach ökonomischer Absicherung. Das Zusammentreffen eines Paares rückte in die Perspektive einer einmaligen, schicksalhaften Beziehung und des Füreinander-Bestimmtseins. Der Sinn der Ehe wurde aus dem Anspruch des persönlichen Glücks und des vertrauten Miteinanders abgeleitet, aus der Liebe um der Person der/des Anderen willen (vgl. Rosenbaum 1982: 373ff.; Frevert 1988: 30ff.). Allerdings konnte der Anspruch der auf Liebe basierenden und zugleich sexuellen Beziehung zum Anspruch der *lebenszeitlichen* Ehe und Familie, also der basalen Einheit des modernen Staates, in Widerspruch treten. Die auf freier Wahl beruhende Liebesbeziehung schloss die Möglichkeit des Wechsels, die Abfolge von Paarbeziehungen, d.h. die „sukzessive Monogamie" ein (Schenk 1987: 130; Castell Rödenhausen 1989: 79). Die freie Liebe konnte die Frage der Kindesversorgung und der gemeinsamen Elternschaft nicht im Sinn einer Exklusivität privater Bindungen lösen. Diese gegenüber der vormodernen ständischen Gesellschaft neuartigen Entkoppelungen waren die Kehrseite vermehrter Freiheiten und der Aufhebung ständischer Schranken.

In der sich aus ständischen Schranken herauslösenden Gesellschaft entwickelten bürgerliche Vordenker einen Gegenwurf zu liberalisierten Lebensstilen, zu Formen der freien Liebe und nicht ehelichen Elternschaft. Sie propagierten ein Modell von Ehe und Familie, das in sich die

Ansprüche von Freiheit *und* Unauflösbarkeit, Liebe *und* Dauergemeinschaft vereinen sollte. Es beanspruchte Vorbildcharakter und Gültigkeit für die ganze Gesellschaft und war in dieser Hinsicht auch erfolgreich: Es erzielte gesellschaftlich Breitenwirkung – bis in die 1950er und 1960er Jahre hinein (vgl. Biermann 2002; Tyrell 1987: 578).

Zur Verbreitung des Modells wurde mit Familienratgebern eine neue Literaturform zur Mitgestaltung der öffentlichen Meinung geschaffen.[2] In diesem Bereich der Gestaltung öffentlicher Meinung waren die Leistungsrollen mit männlichen Wissenschaftlern besetzt, d.h. mit Theologen, Medizinern, Ärzten, Juristen, Pädagogen und Philosophen, während die Publikumsrollen von weiblichen Lesern eingenommen wurden (vgl. Berg 1991: 95ff.). Es handelte sich um eine Erziehungsliteratur für Frauen. Männer bzw. Väter spielten als Adressaten der Texte eine auffallend unbedeutende Rolle (vgl. Kirschstein 1937).

Bis weit in das 18. Jahrhundert hinein hatten Auffassungen über den Geschlechtsunterschied noch Aussagen über den Stand und die Position der Einzelnen innerhalb der Hauswirtschaft zum Inhalt. Sie sahen für Frauen Tugenden des Gehorchens und der Unterordnung, aber auch solche des Herrschens, der Tüchtigkeit des Wirtschaftens und des Haushaltens vor. Erst mit der Polarisierung von „Geschlechtscharakteren" (Hausen 1976) wurden Unterschiede zwischen Frau und Mann zu einer Verbindung von Naturhaftigkeit, Bestimmung und göttlichem Willen und in „das Innere der Menschen" (ebd.: 363) verlegt. Die Geschlechter wurden als dem Wesen nach verschieden gedacht. Sie wurden zueinander in ein polares Verhältnis gerückt, wobei sich das Augenmerk allerdings vor allem auf Frauen richtete, d.h. auf Stilisierungen einer psychisch-emotionalen Andersartigkeit des Weiblichen. Die Stabilität von Ehe und Familie, in der ständischen Gesellschaft durch die zentrale Rolle der familialen Hauswirtschaften für die gesellschaftliche Inklusion der Individuen garantiert, sollte nun auf emotional exklusiven Beziehungen und deren Einzigartigkeit gegenüber allen anderen Bindungen beruhen.

Die Ratgeber forderten vor allem eines: die unbedingte Hingabe einer Frau an den Ehemann und die Kinder sowie die Aufgabe eigener Interessen. Differenzierungstheoretisch formuliert konzipierten sie eine Dreifachrolle der Frau in die Familie, und zwar als Ehefrau, Hausfrau und Mutter, und verliehen dieser Rolle damit Ausschließlichkeitscharakter (vgl. Luhmann 1982: 192ff.). Frauen wurden nur in Verbindung mit

2 Die Ratgeberliteratur, die vom Beginn des 19. Jahrhunderts bis in die 1930er Jahre hinein in Form von Broschüren, Monografien und Zeitschriften erschien, dokumentiert die hohe öffentliche Aufmerksamkeit, die die Gestaltung von Ehe und Familie mit dem Übergang zur funktional differenzierten Gesellschaft erlangte (vgl. dazu Kirschstein 1937).

einer bzw. ‚ihrer' Familie dargestellt. Sie wurden Adressatinnen eines Weiblichkeitsbildes, das die völlige Identifikation von Frauen mit ihrer familialen Nahwelt vorsah und sie zu Empathie und Verständnis anwies. Ein Recht auf Widerspruch und Konflikt war in diesem Frauenbild nicht enthalten. Ganz im Gleichklang mit dem Familienbild der Staatslehre wurde konflikthaftes Verhalten von Frauen moralisch ab- und als Ausdruck eines weiblichen Egoismus gewertet. Die Liebe von Frauen wurde in den Ratgebern[3] als vollkommene Hingabe an den Mann und die Kinder beschrieben. Frauen wurden in eine familiale Sonderrolle gerückt und sollten Trägerin dieser Beziehungen von „Höchstrelevanz" (Tyrell 1987: 571) sein. Für eine Berufstätigkeit oder die Verwirklichung eigener, nicht auf die Familie abgestimmter Interessen enthielten diese Normierungen von Weiblichkeit keinerlei Raum. Die Aufgabe der Frau als Ehefrau, Hausfrau und Mutter lässt sich deshalb auch als „Aufgabe der Selbstaufgabe" (Biermann 2002: 56) zusammenfassen. Nach bürgerlichen Maßstäben sollte sie auch nicht mehr jene Anteile (handwerklich) herstellender Arbeit umfassen, die noch das Leben von Frauen in den vormodernen Gesellschaften des Mittelalters und der Neuzeit bestimmt hatte. Stattdessen rückte die Identifikation mit den Bedürfnissen und dem Wohlbefinden der Familienmitglieder ins Zentrum des weiblichen Lebens.

Die zuvor geschilderten Anleitungen zum richtigen Verhalten von Ehefrauen und Müttern ziehen sich durch die Ratgeberliteratur des gesamten 19. Jahrhunderts. Es handelt sich um eine Erziehungsliteratur für Frauen, die sich über mehr als 100 Jahre erstreckt[4] und in wesentlichen Ausführungen *immer wiederholt*, also mehrere Frauengenerationen erreichte. Unübersehbar sind dabei die Bemühungen, eine Besonderheit der Mutter-Kind-Beziehung hervorzuheben und die Identität von Frauen vor allem darüber zu definieren. Die Mutter wird zur „guten Mutter", zur „ersten Erzieherin des Kindes". Die Anleitungsbücher tendierten dazu, die Mutter-Kind-Beziehung als eigene Beziehung bzw. (auch körperliche) Einheit innerhalb der Familie darzustellen (vgl. Toppe 1993; Biermann 2002).

3 Die folgenden Ausführungen fassen Ergebnisse einer Arbeit zusammen, die berücksichtigt, welche Mütter- und Väterbilder Familienratgeber und Mütterzeitschriften des späten 19. und frühen 20. Jahrhunderts entwarfen. Die Ratgeber und Zeitschriften wurden inhaltsanalytisch ausgewertet (vgl. Biermann 2002).

4 Der bibliografische Anhang bei Kirschstein (1937) zu „Deutsche Familienzeitschriften seit 1790" zeigt, wie umfangreich im 19. Jahrhundert zu diesem Thema publiziert wurde.

Mit der sich im 19. Jahrhundert herausbildenden modernen Medizin entstand zudem das Bild einer geschlechtsgebundenen Anatomie. Frauen wurden an einer weiblichen Normalstatur gemessen. Ein breites weibliches Becken wurde zum markanten biologischen Unterschied zwischen dem männlichen und dem weiblichen Körper (vgl. Stolzenberg-Bader 1989: 770ff.). Die Medizin legte mit Hilfe des Typisierens und Messens ein Schema für eine körperliche Normalität und Anormalität von Frauen fest (vgl. Mosse 1990: 43f.; Mehlmann 2000). Dies ging so weit, dass das Schema normal/anormal auch auf die Menstruation übertragen wurde. Sie wurde von Medizinern als verfehlte Schwangerschaft bezeichnet und mit dem Abort gleichgesetzt. Gegenüber der Schwangerschaft geriet sie zum Anormalen (vgl. Wobbe 1989: 57). Die materielle Existenz der Familie sollte von einem männlichen Familienernährer gesichert werden. Er wurde zum Pendant der modernen Hausfrau.

3.2 Die Notwendigkeit der Frauenerwerbsarbeit und die Ausbildung einer Frauenbewegung

3.2.1 Ökonomische Frauenerinklusion und Geschlechterkonkurrenz um Erwerbsarbeit

Obgleich das bürgerliche Geschlechtermodell Frauen im privaten Lebensbereich von Ehe und Familie verortete, bestand faktisch bei weitem keine Vollinklusion der erwachsenen weiblichen Bevölkerung in Ehen. Für diejenigen Frauen, die verheiratet waren, gewährleistete die Ehe nicht zwangsläufig die ökonomische Lebenssicherung. Die Inklusion der Frauen in die moderne nationale Gesellschaft war von Beginn an in das Spannungsfeld der normativen Zuweisung von Frauen zur Kleinfamilie und der Notwendigkeit weiblicher Erwerbsarbeit eingelagert. Die Erwerbsarbeit war für viele Frauen im 19. Jahrhundert ein Muss: um das Einkommen des Familienernährers aufzustocken oder um als Ledige für die eigene Existenz zu sorgen. Soweit der Staat soziale Leistungen und Versicherungsleistungen gewährte, profitierten davon primär Teile der männlichen Bevölkerung.

Geschlechterkonkurrenz und Erwerbsarbeit

Faktisch bestand im 19. Jahrhundert eine hohe Nachfrage von Frauen nach bezahlter Arbeit. Das *normativ hoch besetzte* geschlechtsspezifische Differenzierungsmuster von weiblicher Hausarbeit und männlicher Erwerbsarbeit hatte die Konkurrenz der Geschlechter um Erwerbsarbeit zur Gegenseite – und zwar in allen Schichten. Die Frauenfrage war im 19. und frühen 20. Jahrhundert vor allem eine „Brotfrage" (Bäumer 1901: 57).

Die Aufhebung traditioneller Produktionsverhältnisse, der Zunftverfassung und der Leibeigenschaft führten zusammen mit einem starken Bevölkerungswachstum seit Beginn des 19. Jahrhunderts zu einem massenhaften Angebot an freien Lohnarbeiterinnen und Lohnarbeitern (vgl. Gerhard 1978: 42). Das den vormals abhängigen Bauern nun gewährte Recht auf Freizügigkeit und Landeigentum entband die (Groß-) Grundbesitzer zugleich von ihren Fürsorgepflichten. Da weiten Teilen der bäuerlichen Schicht die Mittel fehlten, selbst Land zu erwerben und sich im Konkurrenzkampf zu behaupten, verloren sie ihre subsistenzwirtschaftlichen Grundlagen, ohne dass in vielen Fällen ein Wechsel in stabile Erwerbsverhältnisse stattfand.

Der Strukturwandel von der Hauswirtschaft zur (Groß-)Industrie und zur Dienstleistungswirtschaft war um die Jahrhundertmitte abgeschlossen und hatte zur Folge, dass 50 Prozent der Bevölkerung zu jener Zeit unter Armutsbedingungen lebten (vgl. Weiland 1983: 74). Diese Entwicklungen waren zusätzlich durch einen Bevölkerungsanstieg in der ersten Hälfte des 19. Jahrhunderts um mehr als 40 Prozent bedingt (ebd.). Der drastische wirtschaftliche Strukturwandel in der ersten Hälfte des 19. Jahrhunderts hatte für Frauen weitgehend nur Umschichtungen von einer noch halbfeudalen Gesindearbeit zur ‚modernen' Tagelöhnerarbeit zur Folge. 1861 konzentrierte sich die Erwerbstätigkeit von Frauen noch zu 95 Prozent auf diese Bereiche (vgl. Knapp 1984: 118).

Für die Zeit nach 1882 weisen die statistischen Untersuchungen eine *steigende Erwerbsquote* der Frauen im Alter von 15 bis 60 Jahren auf. Sie erhöhte sich von 37,5 Prozent im Jahr 1882 auf 49,1 Prozent im Jahr 1925. Dabei lag die Erwerbsquote verheirateter Frauen 1882 bei 9,5 Prozent und stieg bis 1925 kontinuierlich auf 29,2 Prozent an (vgl. Handl et al. 1979: 16). Wie sehr die Bedeutung der Erwerbsarbeit für Frauen zunahm, zeigen auch die absoluten Zahlen: 1895 wurden im Deutschen Reich 5 Millionen erwerbstätige Frauen gezählt (ohne Dienstbotinnen), 1907 waren es schon 9,5 Millionen. In diesem Zeitraum stieg die Erwerbstätigkeit allgemein an, zeichnete sich aber, wie die folgende Tabelle zeigt, durch einen überproportionalen Frauenanteil aus.

Tabelle1: Anstieg der (Frauen-)Erwerbsarbeit in Prozent im Zeitraum von 1882-1907

Zeitraum	Insgesamt	Anteil der Frauen
1882-1895	20,7%	28,6%
1895-1907	31,9%	57,3%
1882-1907	59,2%	102,3%

Quelle: Deutsche Reichsstatistik, Bd. 202, I, S. 4, zitiert nach Caspary 1933: 78.

Am Ende des 19. Jahrhunderts standen 15,5 Millionen erwerbstätigen Männern 6,5 Millionen erwerbstätige Frauen gegenüber. Fast ein Drittel der Erwerbstätigen war jetzt weiblichen Geschlechts. Die größte Berufsgruppe unter den Frauen bildeten die Landarbeiterinnen (41,8%), ihnen folgte die Gruppe der Frauen in häuslichen Diensten (23,5%). Daran schloss die Gruppe der Frauen in Industrie und Gewerbe (23,0%) und die in kaufmännischen Berufen sowie im Handel (8,8%) an.

Faktisch stand der bürgerlichen Vorstellung einer ökonomischen Absicherung der Frau durch den männlichen Familienernährer eine große Zahl erwerbstätiger und Arbeit suchender Frauen gegenüber, darunter ein hoher Anteil lediger Frauen. Den „Statistischen Studien zur Frauenfrage" zufolge (auf der Basis der Berufsstatistik des Jahres 1895) waren am Ausgang des 19. Jahrhunderts nahezu 5,5 Millionen Frauen über 16 Jahre ledig. Addiert man die Witwen hinzu, waren es sogar nahezu 6 Millionen Frauen, die ehelos lebten. Bei Betrachtung der Altersklasse der 20- bis 50-Jährigen, und damit jener weiblichen Lebensphase, in der von Frauen die Ehe erwartet wurde, bleiben immer noch 4 Millionen ledige Frauen. Ihre Anzahl betrug damit etwas mehr als die Hälfte (!) der verheirateten Frauen dieser Altersgruppe (vgl. Gnauck-Kühne 1904: 75). Dem „Handbuch der Frauenbewegung" von 1902 zufolge betrugen die Löhne der weiblichen Erwerbstätigen um die Jahrhundertwende nur die Hälfte, zum Teil sogar nur ein Drittel derjenigen der Männer. Für wachsende Arbeitsgebiete wie die Industrie und den Handel wurde ein Absinken der Frauenlöhne unter das Existenzminimum verzeichnet (vgl. Lange/Bäumer 1902: 398.). Die Lohndiskrepanzen zwischen Männern und Frauen bildeten eine entscheidende Seite der Ungleichheit zwischen den Geschlechtern. Sie wurden aber nicht als Ungerechtigkeit gegenüber Frauen anerkannt. Vielmehr wurden Arbeiterinnen als „Lohndrückerinnen" (ebd.: 398f.) bezeichnet und als unsolidarisch diskriminiert. Aufgrund mangelnder Lohn- und Tarifrechte konnten Frauen nur in der Erwerbssphäre Fuß fassen, wenn sie Männer unterboten und gleichwertige oder gleichartige Leistungen zu geringeren Löhnen erbrachten (vgl. Beer 1990: 195ff., 199).

Auf den Arbeitsmarkt drängten viele Frauen, die der Norm von der Frau als Ehefrau und Mutter nicht entsprachen: die Unverheirateten bzw. die „Sitzengebliebenen", die „alten Jungfern", „das Heer der Überflüssigen" (zitiert nach Braun 1901: 159). Gegenüber unverheirateten Frauen demonstrierte die bürgerliche Gesellschaft eine deutliche Haltung der Geringschätzung und der Wertlosigkeit. Auch daran kommt eine der zentralen Kontextbedingungen des Engagements der ersten Frauenbewegung zum Ausdruck. Besonders hart fiel das Urteil bei protestantischen Gegnern der Frauenbewegung aus: Ledig zu bleiben sei für eine Frau eine Anomalie und führe zur „Verkrüppelung" mütterlicher und weiblicher Eigenschaften; die Frau gewinne ihre Selbstständigkeit und ihre Anerkennung „nicht unmittelbar durch ihre Person und für sich allein, sondern mittelbar in der Abhängigkeit vom Manne und durch ihre zentrale Stellung in der Familie" (Müller 1906: 147). Die Wertlosigkeit der ehe- und kinderlosen Frau und ihre ökonomisch unsichere Lage verschafften dem Ehestand aus weiblicher Perspektive einen hohen Stellenwert. Das zeigt eine der vielen zeitgenössischen Schriften zum Selbstbild der „Jungfräulichen Frau" (vgl. Eck o.J.).

Dabei war die Erscheinung der „Frauennot" bzw. des „Frauenüberschusses" (Michels 1911: 64) – so gängige Bezeichnungen für das zahlenmäßige Ungleichgewicht zwischen Frauen und Männern in der Bevölkerung – kein Sonderproblem der Periode der Jahrhundertwende. Es war Kennzeichen des gesamten 19. Jahrhunderts und im Übrigen ein bis in das Mittelalter zurück reichendes, immer wiederkehrendes Phänomen.[5] Mit der massiven Konkurrenz der Geschlechter um Erwerbsarbeit und dem durch die Frauenbewegung formulierten weiblichen Anspruch nach gesellschaftlichen Teilnahmerechten entstanden Schemata, durch die die Differenz von Inklusion und Exklusion mit Unterscheidungen wie Berechtigte/Überflüssige oder Normale/Anormale in Verbindung gebracht wurde. Die Diskreditierung lediger Frauen und deren Erwerbs-

5 Bereits die Volkszählung im Reichsgründungsjahr 1871 wies einen Frauenüberschuss von 4 Prozent auf, wobei hervorzuheben ist, dass der Frauenanteil in den Städten Berlin, Lübeck, Bremen und Hamburg sogar zwischen 8 und 13 Prozent über dem der Männer lag. Ähnliche Ergebnisse galten auch für Teile Preußens. Wanderung, Krieg und Schiffergewerbe waren zu dieser Zeit wesentliche Gründe der ungleichgewichtigen Anzahl zwischen Frauen und Männern (Vierteljahresschrift zur Statistik des Deutschen Reiches, Bd. II, H II: 132). Dieser Trend setzte sich mit Schwankungen auch 1875 und 1880 fort (vgl. Monatsschrift zur Statistik des Deutschen Reiches 1881, Bd. 108, H 7: 29).

bestrebungen bildeten die Kehrseite der Stilisierung der Ehefrauen- und Mutterrolle zum Normalmodell weiblichen Lebens.

Sozialpolitik der (männlichen) Mindestsicherung und Arbeiterinnenschutzgesetze

Seit Beginn des 19. Jahrhunderts waren die Auflösung patriarchaler Herrschafts- und Fürsorgebeziehungen und die Modernisierung der Wirtschaft mit schweren sozialen Krisen verbunden, für die bereits in der ersten Hälfte des 19. Jahrhunderts der Begriff der „Sozialen Frage" geprägt wurde. Damit wurden Massenelend, Pauperismus und schließlich die „Arbeiterfrage" verknüpft. Staatliche Interventionen zur Lösung sozialer Probleme wurden bereits seit der Mitte des 19. Jahrhunderts von Teilen des Bildungsbürgertums gefordert. Impulse dazu kamen aus den Kirchen und deren karitativen Organisationen sowie aus der Nationalökonomie. Konkret bezogen sich staatliche Regelungen aber nur auf eine gesellschaftliche Teilgruppe, d.h. auf Teile der Arbeiterschaft, deren soziale Lage und rechtliche Stellung sie verbesserten. Davon ausgeschlossen waren die Arbeiterinnen, die Landarbeiterinnen und die Dienstbotinnen. In den 1880er Jahren richtete der Staat Sozialversicherungen gegen die Folgen von Krankheit, Unfall, Invalidität und Alter ein. Adressaten der Programme sozialer Absicherung waren vor allem die männlichen gewerblichen Arbeiter, die Facharbeiter und Handwerksgesellen (vgl. Ritter 1998: 28ff.). Es entstand ein Sozialversicherungssystem, das zunächst auf die spezifischen Probleme von Männern der Arbeiterschicht reduziert war. Frauen wurden in den entstehenden Versicherungssystemen als Ehefrauen und Familienangehörige antizipiert und waren nur Adressatinnen der entstehenden Sozialpolitik, wenn es um den Arbeitsschutz des weiblichen Geschlechts, also um Einschränkungen der weiblichen Erwerbstätigkeit ging.

Faktisch bedeutete die Konzentration auf die Sozialversicherung anstelle einer allgemeinen Staatsbürgerversorgung eine Privilegierung von Männern. Indem – insbesondere bei der Rentenversicherung – von einem bis ins Alter vollerwerbstätigen Mann ausgegangen wurde, wurden die Lebensverhältnisse von Frauen und deren meist unterbrochenen Erwerbsbiografien weitgehend ausgeblendet. Für viele Frauen war die volle außerhäusliche Erwerbsarbeit eine Übergangszeit bis zur Ehe bzw. Mutterschaft. Anschließend waren sie oft nur noch Zuverdienende oder Mithelfende in Familienbetrieben.

Das Gesetz zur Altersversicherung sah zudem vor, das Frauen, die vor dem Eintritt des Rentenalters eine Ehe eingingen, einen Anspruch auf die Hälfte der für sie gezahlten Versicherungsbeiträge geltend machen konnten, sofern sie fünf Jahre versichert waren. Damit erloschen aber auch die durch das Versicherungsverhältnis begründeten Anwartschaften. Faktisch wurde die Möglichkeit der vorzeitigen Auszahlung auch von den meisten Frauen in Anspruch genommen, mit der Folge, das ältere allein stehende Frauen zum wichtigsten Klientel der Armenfürsorge wurden (vgl. ebd.: 46ff.). Die ungenügende Berücksichtigung der Frauen in der deutschen Sozialversicherung zeigte sich auch darin, dass es vom Ehemann abgeleitete Versorgungsansprüche bis 1911 nur in der Unfallversicherung gab. Der Hausfrauenehe bzw. dem Modell des männlichen Familienernährers entsprach zunächst keine Altersabsicherung der Frau durch die männlichen Versicherungsbeiträge. Sie sicherten nur die unmittelbaren Einzahler ab (vgl. ebd.: 48).

In der ausgeprägten Konkurrenz um Arbeitsplätze riefen seit dem Ende der 1870er Jahren eingeführte Schutzmaßnahmen für Arbeiterinnen weitere Beeinträchtigungen der Erwerbschancen von Frauen hervor. Maßnahmen wie die Beschränkung der Arbeitszeit für Frauen, Beschäftigungsverbote für Frauen in besonders gefährdeten Industriezweigen und das Arbeitsverbot für Wöchnerinnen führten dazu, dass die „Schutzbedürftigkeit“ am Arbeitsplatz zu einem weiblichen Geschlechtsmerkmal wurde. Hinter diesem Etikett versteckten sich gesellschaftliche Interessen an der Beschränkung der Frauenerwerbsarbeit. Arbeitseinschränkungen aufgrund von Schwangerschaft und Mutterschaft wurden als individuelle Beeinträchtigungen zugerechnet und waren Ausdruck paternalistischer Schutzverhältnisse (vgl. Schmitt 1995: 20ff.).

3.2.2 Proletarische, bürgerliche und konfessionelle Frauenbewegung

Eine organisierte Frauenbewegung bildete sich in Deutschland in der Mitte des 19. Jahrhunderts aus. Ihre Anfänge reichten bis in die 1840er Jahre zurück, als Frauen an den revolutionären Kämpfen des Vormärz teilnahmen und erstmals ökonomische und politische Rechte einforderten. Den ideengeschichtlichen Ausgangspunkt des frühen Kampfes für Frauenrechte bildete die Inanspruchnahme der Menschenrechte für beide Geschlechter. Die Frauen, die sich in den Revolutionsjahren 1848/49 zum ersten Mal in Deutschland in Frauenvereinen zusammenschlossen, betrachteten sich zugleich als Teil der bürgerlich-demokratischen Bewegung der 1840er Jahre. Die Vereine kämpften für bürgerliche Freiheiten und entstanden im Gefolge jener Kräfte, die die ständische Gliederung der Gesellschaft, die Bevorrechtigung einzelner Gruppen, aufheben wollten (vgl. Gerhard 1990b: 73ff.). Analog zur politischen Formel von der Gleichheit der Männer als Brüder (vgl. Dann 1980: 202ff.) wurde das Verhältnis zwischen den Geschlechtern von Seiten der frühen Frauenrechtlerinnen als eines zwischen Schwestern und Brüdern ausgerufen (vgl. Frauen-Zeitung 1849: 193f.).

Aber die männlichen Freiheitskämpfer fassten unter den Begriff des Menschengeschlechts nur die Männer (vgl. Frauen-Zeitung 1849: 41). Die Idee des Zusammengehens und der Anerkennung gleicher politischer Rechte für Frauen wurde schließlich enttäuscht. Zwar hatten Frauen an den Protestbewegungen des Vormärz und an der 1848er Revolution mitgewirkt und mit eigenen Flug- und Zeitschriften ein Erwerbsrecht auch der Frau und ihre Anerkennung als Staatsbürgerin und Wählerin eingefordert; sie wurden mit ihren Anliegen aber nicht als gleichwertiger Teil dieser Protestbewegung anerkannt (vgl. Gerhard 1990b: 73ff.). Die erste 1849 in der Frankfurter Paulskirche proklamierte demokratische Verfassung Deutschlands enthielt in ihrem Reichswahlgesetz den Passus: „Wähler ist jeder unbescholtene Deutsche" (Huber 1961: 324), wobei die Substantive wörtlich gemeint waren und nicht als Sammelbegriff für beide Geschlechter verstanden werden konnten.

Nach dem Scheitern dieser Verfassung richtete sich die staatliche Repression seit den 1850er Jahren zunehmend auch gegen jene Frauenvereine, die im Gefolge der Revolution des Jahres 1848 entstanden waren. Die politische Arbeit von Frauen kam für fast zwei Jahrzehnte zum Erliegen. Als sich danach wieder Frauenproteste formierten, wurde die Frage, welche Bedeutung dem Frauenwahlrecht im Emanzipationskampf zukommen sollte, kontrovers behandelt und von vielen Frauenrechtlerinnen nunmehr auch als nachrangig angesehen. Die in den 1860er Jahren entstehenden Initiativen und Vereine wollten vor allem zur Verbesserung der Erwerbsrechte und -chancen von Frauen beitragen. Sie stellten ihren sozial-karitativen Charakter in den Vordergrund, um Verboten durch den Staat zu entgehen. Das bis 1908 gültige Preußische Vereinsverbot erschwerte die Arbeit der von bürgerlichen Frauen geführten Arbeiterinnenvereine ganz erheblich und führte immer wieder zu Vereinsauflösungen (vgl. Bäumer 1901: 116ff.).

1865 gründete sich mit dem *Allgemeinen Deutschen Frauenverein (ADF)* der erste größere Zusammenschluss von Frauen. Damit erhielt die Frage der Frauenerwerbsarbeit einen organisatorischen Ausdruck. Der Verein setzte sich zum Ziel, das Recht auf Arbeit „als Pflicht und Ehre des weiblichen Geschlechts" (Luise Otto 1866) durchzusetzen. Er vertrat vor allem Arbeiterinnen und Frauen in ungelernten Berufen. Wie begrenzt die Anerkennung weiblicher Erwerbsbestrebungen aber auch in Arbeiterkreisen war, zeigt sich am – schließlich aber doch erfolglosen – Versuch von Arbeiterorganisationen, in den 1860er Jahren ein staatliches Verbot der Frauenerwerbsarbeit zu erwirken (vgl. Lion 1926: 24ff.; Weiland 1983: 30). Die Arbeiterorganisationen, die nach der Jahrhundertmitte entstanden, waren kaum bemüht, auch Assoziationen für Arbeiterinnen zu schaffen (vgl. Korotin 1993: 10). Der antifeministische Trend innerhalb der Arbeitervereinigungen hielt bis in die 1890er Jahre an.

Eine an die Arbeiterbewegung angegliederte „proletarische Frauenbewegung" bildete sich erst in den 1890er Jahren heraus. Damit reagierten die Arbeiterorganisationen auf die weibliche Massenarbeitslosigkeit bzw. auf die Schwächung der Arbeiterforderungen durch das massenhafte Angebot weiblicher Arbeitskräfte (vgl. Zetkin 1927: 60ff.). In der „proletarischen Frauenbewegung" waren Forderungen nach einem Arbeiterinnenschutz durch Mutterschutzregelungen und durch zeitliche Einschränkungen der weiblichen Fabrikarbeit (Nachtarbeit) umstritten. Insbesondere sozialistische Frauenrechtlerinnen sahen dadurch das Prinzip der freien Wahl der Arbeit von Frauen in Frage gestellt. Sie betrachteten Schutzmaßnahmen als eine Verschleierung der Ausbeutungsverhältnisse kapitalistischer Produktion (vgl. Zetkin 1927; Evans 1979: 84; Schmitt 1995: 62ff.). Mit dem wachsenden Einfluss marxistischen Denkens innerhalb der Gewerkschaften und der Sozialdemokratie verstärkten sich die Vorbehalte gegen Frauenforderungen und separate Gewerkschaftsgruppen für Frauen. Es gebe keine *Frauenfrage*, sondern nur eine *Klassenfrage*. Das war die Meinung führender – auch weiblicher – Vertreter der deutschen Arbeiterbewegung. Sie ordneten Klassen- und Geschlechterkonflikte in ein Verhältnis von Haupt- und Nebenwiderspruch (vgl. Braun 1901: 435ff.; Hackett 1972: 356).[6]

In den 1890er Jahren war der Aufbau der Arbeiterinnenbewegung auch durch politische Verfolgung und die Auflösung politischer Frauengruppen bedroht. Nach 1900 entwickelte sie sich aber zu einer Massenbewegung und hielt vor den Parteitagen der Sozialdemokratie eigene Frauenkonferenzen ab. Als das Reichsvereinsgesetz von 1908 Frauen die Mitgliedschaft in Vereinen zugestand, gliederten sich proletarische Frauen zunehmend in die SPD ein und erlangten Parteiämter. In Führungspositionen blieben sie aber bei weitem in der Minderheit (vgl. Gerhard 1990b: 186ff.).

Neben der „proletarischen Frauenbewegung" entstand in Deutschland in den 1880er und 1890er Jahren die „bürgerliche Frauenbewegung", die ab 1894 durch den *Bund Deutscher Frauenvereine (BDF)* organisatorisch repräsentiert wurde. Sie schied sich in einen „radikalen"

6 Vgl. den Exkurs (1) „Die Situation von Frauen in der englischen Gewerkschaftsbewegung", im Anhang, S. 165.

und einen „gemäßigten“ Teil (vgl. ebd.: 170ff., 216ff.). Einige Jahre später entstanden die konfessionellen Frauenorganisationen. 1899 gründete sich der *Deutsch-Evangelische Frauenbund (D.E.F.)* und 1903 entstand der *Katholische Frauenbund Deutschlands (KFD)*. Die beiden christlichen Frauenorganisationen standen in einem ambivalenten bzw. distanzierten Verhältnis zur bürgerlichen Frauenbewegung. Das Bündnis mit den evangelischen Frauen zerbrach schließlich an der für sie hoch brisanten Stimmrechtsfrage. Die katholischen Frauen unterhielten keine Mitgliedschaft in der Dachorganisation der bürgerliche Frauenbewegung, dem BDV.

Die Spaltung des bürgerlichen Lagers in „Radikale“ und „Gemäßigte“ ging maßgeblich auf unterschiedliche Auffassungen über die Gleichheit der Geschlechter und auf unterschiedliche Haltungen zum Frauenstimmrecht zurück. Die Vorstellung, die Forderung nach dem Frauenwahlrecht könnte eine einigende Klammer zwischen dem proletarischen und dem bürgerlichen Flügel der Frauenbewegung bilden, erfüllte sich, entgegen der Hoffnung der „Radikalen“, nicht.

Die „Frauenfrage“ wurde im 19. und frühen 20. Jahrhundert von schichtspezifischen und konfessionellen Konfliktlinien überwölbt. Sie prallte weitgehend an den entstehenden Parteien ab, die sich als Interessenvertreter der Schichten, Konfessionen und gesellschaftlicher Gruppierungen verstanden, und die Frauen als Teil des Wahlvolks nicht berücksichtigen mussten. Der Ausschluss aller Frauen aus dem Wahlrecht erzeugte nur eingeschränkt ein Bewusstsein der kollektiven Ausgrenzung. Die Frage der politischen Frauеninklusion wurde schließlich sogar zum Spaltpilz der ersten deutschen Frauenbewegung. In den Frauenprotesten, die sich Mitte des 19. Jahrhunderts formierten, bildete sich jene Konfliktlinie deutlich ab, die das 19. Jahrhundert mehr und mehr kennzeichnen sollte: jene zwischen Bürgertum und Arbeiterschaft.

3.3 Spaltpilz statt Brückenfunktion: Die politische Fraueninklusion

3.3.1 Schichtung und rivalisierende politische Parteien

Ökonomisch war das Engagement der ersten Frauenbewegung durch die „Brotfrage“ gekennzeichnet, politisch durch eine scharfe Frontlinie zwischen Bürgertum und Arbeiterschaft und einen darauf einwirkenden Einfluss der Konfessionen im Kampf um politische Macht.

Mit dem Abbau rechtlicher Privilegien des Adels und mit der ökonomischen und sozialen Annäherung zwischen Teilen des Adels und der oberen Schichten des Bürgertums entschärfte sich im entstehenden Nationalstaat des 19. Jahrhunderts eine soziale und politische Frontlinie. Diese Annäherung bzw. der Aufstieg von Teilen des Bürgertums und die voranschreitende Industrialisierung der Arbeit ließ aber eine andere latent schon bestehende Konfliktlinie zunehmend in den Vordergrund treten: die Abgrenzung zwischen Bürgertum und Arbeiterschicht. An die Stelle der Abhängigkeitsbeziehungen agrarisch-handwerklicher Produktion waren in Deutschland im 19. Jahrhundert in vielen Wirtschaftsbereichen Lohnarbeitsverhältnisse getreten, die einhergingen mit der Abhängigkeit der Arbeit vom Markt und vom Kapital. Eine neuartige Gesellschaftsschicht entstand, das „Proletariat", das politische Macht und eine radikale Umgestaltung des Staates beanspruchte. Seit den 1860er Jahren organisierte es sich als Arbeiterbewegung und in der ersten großen deutschen Massenpartei (vgl. die Beiträge in Ritter 1990). Die „Soziale Frage" erhielt in der zweiten Hälfte des 19. Jahrhunderts zunehmend politischen Charakter: Sie wurde zur Klassenfrage (vgl. Conze 1954).

Im entstehenden deutschen Parteiensystem bildeten sich teilweise scharfe Abgrenzungen zwischen Adel, Bürgertum und Arbeiterschaft ab. Zusätzlich war dessen Entstehungsprozess durch das konfessionelle Schisma von preußisch-protestantischer Hegemonie und katholischer Minorität geprägt. Die Bedingungen der industrialisierten Arbeit und die politische Ausgrenzung der Arbeiterbewegung durch die „Sozialistengesetze" (1878-1890) luden die politischen Machtkonflikte im Nationalstaat des 19. Jahrhunderts ideologisch-moralisch weiter auf. Staatliche Fürsorgeprogramme des noch immer ständische Strukturen aufweisenden Nationalstaats verhinderten nicht das Erstarken der Arbeiterbewegung in der zweiten Hälfte des 19. Jahrhunderts, die nicht nur zu einer mächtigen ideologischen und politischen Herausforderung des Bürgertums wurde, sondern auch in einen Gegensatz zum Staat trat (vgl. Kocka 1995: 14f.).[7]

Aber nicht nur die Schichtunterschiede und die Klassenspaltung beeinflussten die Herausbildung der ersten deutschen Frauenbewegung. Außerdem vollzog sich zum Aufstieg der Sozialdemokratie kein säkularer Abstieg, kein Zurückgehen der politischen Machtansprüche der christlichen Konfessionen (vgl. Rohe 1992: 98ff.). Die Kirchen waren einflussreiche Mitgestalter des modernen Nationalstaats. Sie lehnten das

7 Die Anhängerschaft der Sozialdemokratie wuchs im Zeitraum von 1877 bis 1912 kontinuierlich von einem Anteil an den Wahlberechtigten von 9,4% auf einen Anteil von 34,7% an. Aus einer Partei, die 1877 knapp eine halbe Million Anhänger mobilisieren konnte, war 30 Jahre später eine Massenbewegung geworden (vgl. Rohe 1992: 98).

Frauenwahlrecht ab – wie es mit Ausnahme der Sozialdemokratie, auch alle politischen Parteien taten (vgl. Matthias/Morsey 1962).

Blickt man auf diese Konstellationen aus der Perspektive der internen Differenzierung des politischen Systems, so war der Prozess der Ausbildung einer eigenständigen politischen Sphäre, d.h. von Parteien in Form von Mitgliederorganisationen und von Interessenvertretungsorganisationen *neben* dem Staat, durch schichtspezifische Konflikte um politische Macht geprägt. Die Staatsorganisation war noch nicht ein Teil des Politiksystems, innerhalb dessen ihr die politischen Organisationen (Parteien, Verbände) gegenüberstanden (vgl. Luhmann 2002: 214f.).

Damit korrespondierte eine blockierte Enthierarchisierung des Machtcodes von Regierung und Opposition. Ein auf allgemeinen und gleichen Wahlen beruhender Machtwechsel, die Voraussetzung für Demokratie, war noch nicht etabliert (vgl. Weinbach 2002). Dies hatte unübersehbare Konsequenzen für die erste Frauenbewegung, weil eine einheitliche Position ihrer Flügel zum Frauenwahlrecht blockiert war.

Dem Ausschluss der Frauen aus der Verallgemeinerung gesellschaftlicher Teilnahmerechte im 19. Jahrhundert korrespondierte im politischen System ein übermächtiger Klassenkonflikt, der Anschlussstellen für die Herbeiführung der politischen Integration von Frauen blockierte. Diese Konstellation hatte in großen Teilen der bürgerlichen Frauenbewegung und in den konfessionellen Frauenorganisationen eine antipolitische Haltung zur Folge und führte zu einem Selbstverständnis als primär kulturelle Kraft.

3.3.2 Uneinigkeit in der Frage des Frauenstimmrechts

Die „Radikalen" in der bürgerlichen Frauenbewegung verfochten indes den liberalen Anspruch der Gleichheit der Frau mit dem Mann als „gleichermaßen freies und selbständiges Glied (der Gesellschaft)" (Die Frauenbewegung 1905: 129).[8] Sie forderten ein Recht der Frau auf „volle Gleichberechtigung als Staatsbürger" (ebd.) und wiesen dem Frauenwahlrecht, d.h. der Mitwirkung von Frauen in der Politik, eine Schlüsselrolle im Kampf um Frauenrechte zu. Politische Rechte sollten dazu führen, dass Frauenfragen als Rechtsfragen behandelt wurden. Der Status und die Rolle als „Staatsbürgerin" symbolisierte für diese Richtung das Ziel der „Selbstbestimmung der Frau in Haus und Staat" (Augspurg 1904: 31). Favorisiert wurde ein Emanzipationskonzept, das den Anspruch der individuellen Gleichheit zugleich als rechtsstaatliches Ordnungsprinzip verstanden wissen wollte (vgl. Gerhard 1990b: 210ff.).

8 Leitartikel ohne Namensnennung.

Obgleich darin Übereinstimmungen mit dem Gleichheitsverständnis sozialistischer Frauenrechtlerinnen bestanden, bildeten sich zwischen ihnen und den Stimmrechtsvereinigungen der „Radikalen" des bürgerlichen Lagers keine organisatorischen Bündnisse zur Durchsetzung des Frauenstimmrechts heraus (vgl. ebd.: 186ff.). Vertreterinnen der proletarischen Frauenbewegung in Deutschland betrachteten Bündnisse mit bürgerlichen Frauengruppen als eine im Hinblick auf die Veränderung gesellschaftlicher Machtverhältnisse politisch verfehlte Strategie. Nicht das Geschlecht, sondern die Klasse müsse das Bindeglied der (weiblichen) Solidarität sein (vgl. Braun 1901: 477ff.).

Die „Gemäßigten" setzten für die Gleichberechtigung der Frau in erster Linie auf die soziale Anerkennung und berufliche Institutionalisierung von eigens von Frauen ausgeübten Aufgaben. Das zeigt die Gründung eines Dachvereins für deutsche Frauenvereine, des *Bundes Deutscher Frauenvereine* im Jahr 1894, die von dieser Richtung maßgeblich betrieben worden war. Diese Gründung vergrößerte die Kluft zwischen bürgerlicher und proletarischer Frauenbewegung. Die Vereine der Arbeiterinnen wurden von der Teilnahme am *Bund Deutscher Frauenvereine* ausdrücklich ausgeschlossen (vgl. ebd.: 472). Aber diese lehnten auch ihrerseits eine Zusammenarbeit grundsätzlich ab (vgl. Zetkin 1894; Braun 1901: 456f.). Das Verhältnis der „Gemäßigten" zu den „Radikalen" im bürgerlichen Lager war aufgrund von Konflikten über die Einschätzung der strategischen und emanzipatorischen Stellung des Frauenwahlrechts angespannt (vgl. Greven-Aschoff 1981: 90ff.). Teile der „Gemäßigten", aber insbesondere die konfessionellen Frauengruppen, fürchteten, dass das Frauenwahlrecht fortschrittlich orientierte Parteien und vor allem die Sozialisten begünstigen könnte (vgl. Hein 1912: 314).

Die Anerkennung des allgemeinen Frauenwahlrechts bedeutete zugleich die Anerkennung der politischen Machtansprüche gegnerischer Lager. Die bürgerlichen und konfessionellen Fraktionen der Frauenbewegung stellten aufgrund dessen keine eindeutige Position zum allgemeinen Frauenwahlrecht her (vgl. Greven-Aschoff 1981: 132ff.). Der Anspruch auf „Neutralität", so die Formulierung für die Zurückhaltung in parteipolitischen Kontroversen, führte bei den „Gemäßigten" faktisch zur weitgehenden Ausklammerung des Frauenwahlrechts aus ihren programmatischen Forderungen.[9]

Die politische Fraueninklusion wurde von großen Teilen der bürgerlichen Frauenbewegung und von den konfessionellen Frauenvereinen nicht offensiv vertreten oder abgelehnt. Hierin verknüpften sich politi-

9 Vgl. den Exkurs (2) „Die Stimmrechtsforderung der englischen Frauenrechtlerinnen", im Anhang, S. 166.

sche Interessenunterschiede zwischen Frauen, die Klassenkonflikte widerspiegelten, mit der Erfahrung einer deutlichen Geringschätzung weiblicher Urteilskraft. Belegt ist diese Geringschätzung in den Verhandlungen zur Reform des Wahlrechts, die 1918 im Reichstag und im preußischen Abgeordnetenhaus geführt wurden.

Als der Rat der Volksdeputierten am 30.11.1918 mit der „Verordnung über die Wahlen zur Nationalversammlung" in Deutschland den Grundstein für ein demokratisches Wahlrecht legte, war darin auch das Frauenwahlrecht enthalten (vgl. Huber 1978: 793). Untersucht man die Dokumente zu den Wahlrechtsdebatten der Volksbeauftragten und der Parteien des Jahres 1918, erscheint die Einführung des Frauenwahlrechts eher als ein historischer Zufall denn als das Ergebnis von Frauenprotesten. In diesen Debatten finden sich kaum Hinweise auf die seit den 1890er Jahren von Teilen der ersten Frauenbewegung vorgetragenen Argumente für die politische Inklusion der Frauen (vgl. Conze/Matthias 1969). Die Vorbehalte gegen das Frauenstimmrecht hatten sich in der öffentlichen Meinung und in den Parteien beharrlich halten können. Ein Votum für eine gleichberechtigte Teilnahme der Geschlechter an den Wahlen war allein von der Sozialdemokratie in die Debatten eingebracht worden. Sie hatte diese Forderung schon 1891 in ihr Parteiprogramm aufgenommen und auf dem Dresdner Parteitag von 1903 herausgestellt, dass bei allen Kämpfen des Proletariats auch das Frauenwahlrecht gefördert und in die Agitation aufgenommen werden sollte (vgl. Joos 1912: 11). In den anderen Parteien hatte die Frauenrechtsforderung entweder keine oder nur eine geringe Verankerung gefunden. Sie votierten im Reichstag und im preußischen Abgeordnetenhaus offen gegen den Vorschlag der Mehrheitssozialisten, auch die Frauen zum Wahlrecht zuzulassen. Für diese Forderung konnten nur die Vertreter der Fortschrittlichen Volkspartei gewonnen werden, während das Zentrum und die Mehrheit der Nationalliberalen sie bis in die Endphase der Wahlrechtskontroverse im November 1918 ausdrücklich zurückwiesen. In allen Fraktionen, bei den konservativen Kräften allerdings noch in größerem Maße als bei den fortschrittlichen und sozialistischen Kräften, gab es Zweifel an der politischen Mündigkeit und Urteilsfähigkeit von Frauen. Diese äußerten sich in Bedenken hinsichtlich der altersmäßigen Gleichstellung der weiblichen mit den männlichen Wählern oder im Urteil über die parteipolitischen Orientierungen der Frauen, denen jedes Lager eine unüberlegte Präferenz zugunsten der konkurrierenden Parteien unterstellte. Die Option für die jeweils gegnerische politische Gruppierung wurde vor allem den Frauen als mangelnde Einsichtsfähigkeit in notwendige politische Entscheidungen ausgelegt.

Als aufgrund der wachsenden politischen Unruhen nach dem Ende des Ersten Weltkrieges eine Reform des Wahlrechts nicht mehr aufgehalten werden konnte, fand das Frauenstimmrecht als von der Sozialdemokratie eingebrachter Kompromissvorschlag schließlich doch eine gesetzliche Verankerung (vgl. Matthias/Morsey 1962: 606ff.).[10]

3.4 Rechtskampf: Gleichberechtigung im bürgerlichen Ehe- und Familienrecht

3.4.1 Rechtspolitische Initiativen aller Fraktionen der Frauenbewegung

Dass der ersten Frauenbewegung ein Staat und Parteien gegenüberstanden, die von einem deutlichen Desinteresse an ihren Forderungen geprägt waren, zeigt auch das Gesetzgebungsverfahren zur Verabschiedung eines reichseinheitlichen Bürgerlichen Gesetzbuches (BGB). Die Verhandlungen zu dessen Verabschiedung erstrecken sich von 1873 bis 1896. Sie schlossen die Vereinheitlichung des Ehe- und Familienrechts ein und wurden über zwei Jahrzehnte von Forderungen der Frauenbewegung zur Verbesserung der Stellung der Frau im Ehe- und Familienrecht begleitet. In das 1896 verabschiedete BGB ging der Anspruch der Gleichberechtigung der Frau als Ehefrau und Mutter jedoch in keiner Weise ein (vgl. Gerhard 1990c: 119).

Die vom „radikalen" Flügel der bürgerlichen Frauenbewegung initiierten Proteste wurden von den „Gemäßigten" in der Frauenbewegung ebenso unterstützt wie von der proletarischen Frauenbewegung. Die Radikalen argumentierten damit, dass die Frauenfrage zwar zum großen Teil eine „Brotfrage" sei und ebenso eine Kulturfrage, aber vor allem sei sie eine „Rechtsfrage" (vgl. ebd.: 110). Jedoch fehlten dieser Frauenbewegung noch wesentliche Voraussetzungen, um auf Prozesse der Rechtssetzung Einfluss zu nehmen. Sie stand einem Staat und politischen Parteien gegenüber, die Männer ausschließlich als ihr Terrain betrachteten und in denen sie Karrieremöglichkeiten und ideologische Einflusssphären suchten. Es gab noch keine Verfassung, die einen allgemeinen Gleichheitsanspruch garantierte (vgl. Huber 1963).

Die Vorschläge aus der Frauenbewegung zur Verbesserung der rechtlichen Stellung der Frau in Ehe und Familie erfolgten über *Petitionen* an den Reichstag und an das Reichskanzleramt. Rechtlich bestand

10 Vgl. den Exkurs (3) „Zur Anerkennung des Frauenwahlrechts in Großbritannien, im Anhang, S. 167.

keinerlei Anspruch darauf, dass die Verhandlungen die Petitionen berücksichtigen – und dies geschah weitgehend auch nicht. Die politischen Parteien stützen das BGB in seiner konservativen Ausrichtung. Die Parteien bildeten keine Adressaten für die rechtspolitischen Reformvorschläge der Frauenbewegung. Zur Durchsetzung der rechtlichen Reformbestrebungen fehlte der Frauenbewegung das politische Druckmittel einer weiblichen Wählerschaft, deren Interessen zugleich in Parteiprogrammen berücksichtigt wurden.

Zudem bildete die Jurisprudenz ein Gebiet, zu dem Frauen in Deutschland der Zugang noch vollends verwehrt war. Soweit in die Frauenproteste Rechtsexpertise Einzug hielt, ging dies auf einzelne Juristinnen zurück, die ihr Studium in der Schweiz absolviert hatten und die in Rechtsdiskurse nicht integriert waren (vgl. Berneike 1995).

Die Petitionen formulierten vor allem drei Forderungen. Sie hatten die Kritik des gesetzlichen Güterrechts zum Inhalt, durch das das Vermögen der Frau der Verwaltung und Nutznießung des Ehemannes unterstellt wurde, es sei denn, es wurde durch einen besonderen Vertrag zum Vorbehaltsgut erklärt. Die Gütertrennung sollte nach der Vorstellung der Frauenrechtlerinnen zum allgemein gültigen ehelichen Güterrecht werden. Ferner wurde die allgemeine Beschränkung der Handlungsfähigkeit der Ehefrau durch die Einwilligung des Ehemannes bei Rechtsgeschäften sowie die Vormundschaft des Mannes in gerichtlichen Angelegenheiten kritisiert. Die Frauen sollten ihre Geschäfte selbständig regeln, selbständig ein Gewerbe betreiben und außerhäusliche Arbeit übernehmen sowie über den Verdienst aus ihrer Arbeit selbst verfügen können. Weiterhin sollte die väterliche Gewalt über die Kinder in eine elterliche Gewalt umgewandelt werden (vgl. Gerhard 1990c: 116ff.). Die Forderungen fanden keinerlei Umsetzung; die das BGB vorbereitende Kommission und der Reichstag schenkten ihnen keine Beachtung (s. dazu unter 3.4.2: *Rechtliche Regelungen zu Ehe und Familie im BGB).*

Das Scheitern der Frauenbewegung eine Reform des Ehe- und Familienrechts zugunsten der Gleichberechtigung von Frauen herbeizuführen war Ende der 1890er Jahre auch ein Scheitern der Durchsetzung der *Frauenfrage als Rechtsfrage.* Im Scheitern waren Schicht- und Geschlechterkonflikt miteinander verbunden. Das Bürgertum stützte den Ständestaat und seine Beamtenschaft gegen das erstarkende Proletariat durch die rechtliche Absicherung der „Herrschaft im Hause" bzw. durch ein Familienrecht, das den Mann als Oberhaupt und Rechtsvertreter der Familienmitglieder bestätigte (vgl. Gerhard 1978: 172). Das Recht bekräftigte ausgangs des 19. Jahrhunderts eine über Ehe und Familien vermittelte Inklusion der Frau in die Gesellschaft. Es schloss sie aus der Individualisierung von Rechten noch weitgehend aus.

3.4.2 Ausschluss der Frauen aus der modernen Rechtsentwicklung

Frauen hatten an der modernen Rechtsentwicklung des 19. Jahrhunderts kaum Anteil. Durch das BGB, so Marianne Weber, wurde diese Entwicklung „zur Methode vollendet“ (1907: 186). Das Recht schaffe „Sonderregeln für die Hälfte der Bürger“ (ebd.: 187). Im 19. Jahrhundert entstanden Rechtsnormen, die nur Männer als Träger individueller Rechte vorsahen. In den Trend zur Verallgemeinerung von (Teilnahme-) Rechten bezog es die Hälfte der Gesellschaft nicht ein. Die an der Geschlechterdifferenz orientierte Inklusion in das politische System schloss Frauen prinzipiell aus Rechtssetzungsprozessen aus. Welche konkreten Folgen dies hatte, wird im Folgenden an zentralen Rechtsnormen des 19. und frühen 20. Jahrhunderts aufgezeigt:

Staatsangehörigkeitsrecht

Dem Bild einer Repräsentation des Staates durch den (Ehe-)Mann korrespondierten Regelungen im Staatsangehörigkeitsrecht, die Frauen keine selbständige Staatsangehörigkeit zuerkannten. Das Preußische Untertanengesetz von 1842 ging von einer staatsangehörigkeitsrechtlichen Einheit der Familie aus: Ausländerinnen (und deren Kinder) wurden durch die Eheschließung in die Staatsangehörigkeit des Mannes einbezogen. Das Gesetz unterstrich damit das familiale Leitungs- und Vertretungsrecht des Mannes und die Idee von der Familie als (moralischer) Kleinsteinheit des Staates. Die Regelung drückte aus, dass Frauen nicht als Staatsbürger im politischen Sinn anerkannt wurden – als solche wurden ausschließlich Männer betrachtet (vgl. Gosewinkel 2001: 294ff.). Die Novellierung des deutschen Staatsangehörigkeitsrechts im Jahr 1913 erbrachte trotz des Protests von Frauenrechtlerinnen gegen die vom Ehemann abgeleitete Staatsangehörigkeit der Ehefrauen keine Veränderung. Die Regelung überdauerte auch die Weimarer Republik (vgl. ebd.: 352).

Rechtliche Regelungen zu Ehe und Familie im BGB

Die Vorstellung von der Familie als Kleinsteinheit des Staates und der Unterordnung der Frau unter den Mann fand im 1900 eingeführten Bürgerlichen Gesetzbuch (BGB) eine Verankerung. Das BGB verpflichtete die Frau zugunsten des Familienlebens zum Verzicht auf einen Gelderwerb bzw. eine selbstständige außerhäusliche Erwerbsarbeit und legte sie auf die Leitung des Hauswesens fest (§ 1356).[11] Alle das gemeinschaftliche eheliche Leben betreffenden Entscheidungen sollten dem Mann zustehen (§ 1354). Auch für die Mutterrolle war gegenüber der Vaterrolle eine nachgeordnete Position vorgesehen, ganz im Einklang mit der durch einen familialen Patriarchalismus geprägten Staatslehre. Das BGB von 1900 enthielt zwar den Begriff der „elterlichen Gewalt" (§1626 BGB); die weiteren Ausführungen zeigen jedoch, dass damit in erster Linie die väterliche Gewalt gemeint war. Der Mann sollte die Erziehung des Kindes, seinen Aufenthaltsort und seine Beaufsichtigung bestimmen (§1627, §1631 BGB). Das Familienrecht gewährte der Mutter „neben" dem Vater das Recht, „für die Person des Kindes zu sorgen", und zwar „während der Dauer der Ehe". Zur Vertretung des Kindes wurde sie nicht berechtigt. Bei Meinungsverschiedenheiten zwischen den Eltern sollte „die Meinung des Vaters vorgehen" (§1634 BGB). Die Einführung des BGB bildete eine konservative Revision des Preußischen Allgemeinen Landrechts (ALR). Die Idee eines auf Familien basierenden Staates schlug sich auch im Recht zum ehelichen und familialen Zusammenleben nieder und war allgemein gültig. Die Dreifachinklusion der Frau in die Familie wurde durch die Aufrechterhaltung der männlichen Vorherrschaft über die Frau und durch die Erschwerung der Ehescheidung unterstrichen. Das Recht unterschlug vollständig das Spannungsverhältnis, das im 19. Jahrhundert zwischen bürgerlichem Ehe- und Familienbild und modernen Gleichberechtigungsansprüchen bestand. Ehe und Familie blieben von ihrer rechtlichen Verfasstheit her ein Gebiet privater persönlicher Herrschaft (vgl. Weber 1907: 340f.).[12]

Auch im rechtlich gesicherten Ausschluss von Frauen vom Wahlrecht (Ausschluss von politischer Inklusion) und von der Teilnahme an qualifizierter Bildung spiegelt sich die Rolle des Rechts als Garant einer männlich codierten Inklusion in wichtige Funktionssysteme der modernen Gesellschaft. Es stellte noch nicht auf Regelungen der Anbindung auch der Frauen an die wichtigen gesellschaftlichen Funktionskreise ab.

An den zuvor genannten Regelungen im BGB wurde bis in die 1950er Jahre festgehalten (siehe Kap. 4.1), obgleich die Verfassung seit 1919 auch Frauen als Wählerinnen anerkannte.

---

11 Alle Rechtsvorschriften des BGB zitiert nach Weber (1907: 421ff.).

12 Vgl. den Exkurs (4) „Regeln zum Ehe- und Familienrecht in Großbritannien", im Anhang, S. 168.

Rechtliche Benachteiligung der ledigen Mütter

Wie sehr Ehe und Familie als einzig akzeptierte Form privaten und elterlichen Lebens anerkannt waren, lässt sich auch an den Regelungen des BGB zur ledigen Mutterschaft ablesen. Das Preußische Allgemeine Landrecht (ALR) von 1794 hatte der Wöchnerin und dem nicht ehelichen Kind noch einen Anspruch auf Unterhalt und Erziehung durch seinen nicht ehelichen Vater zuerkannt. § 1027 ALR legte fest: „Wer eine Person außer der Ehe schwängert, muss die Geschwächte entschädigen und das Kind versorgen." (Michaelis 1911: 735f.; vgl. Weber 1907: 340f.; Gerhard 1978: 455) Das BGB erkannte zwar weiterhin einen grundsätzlichen Anspruch von Mutter und Kind gegen den Vater an, schränkte das Klagerecht auf Unterhalt aber vielfältig ein, z.B. bei Prostituierten; bei Frauen, die bereits Kinder mit anderen Männern hatten; wenn eine/einer der Beteiligten verlobt oder der Mann verheiratet war (vgl. Hering 1987: 6). Das BGB formulierte im Schlusssatz von § 1589: „Ein uneheliches Kind und dessen Vater gelten nicht als verwandt." Es schloss damit die Angleichung seines (erb-)rechtlichen Status an eheliche Kinder aus. Das bürgerliche Gesellschafts- und Geschlechtermodell zielte auf eine Vollinklusion von Frauen (und Kindern) in Familien ab.

3.4.3 Die Reform des Strafrechts nach 1900: Kontroversen zum § 218 StGB

Das deutsche Strafgesetzbuch von 1871 war eine wenig umgearbeitete Neuauflage des preußischen Strafgesetzbuches von 1851. 1902, also kurz nach der Einführung des Bürgerlichen Gesetzbuches, begannen Strafrechtslehrer mit den Vorarbeiten zu einer Strafrechtsreform durch Vergleiche zwischen dem deutschen und dem ausländischen Strafrecht. Die Vorarbeiten wurden 1909 abgeschlossen. Ein Entwurf für ein neues Strafrecht wurde 1913 durch weitere Rechtsexperten vorgelegt. Durch den Ersten Weltkrieg kam das Reformprojekt jedoch ins Stocken (vgl. Bell 1930).

Für die erste Frauenbewegung war die Strafrechtsreform relevant, weil das Strafgesetzbuch auch den Schwangerschaftsabbruch regelte (§ 218 StGB). Der verbotene und mit Strafe belegte Schwangerschaftsabbruch wurde kontrovers behandelt. Zur Diskussion stand der Entwurf eines Paragraphen, der Frauen, die einen Schwangerschaftsabbruch selbst vornahmen oder vornehmen ließen, „mit Zuchthaus bis zu fünf Jahren" bestraft wissen wollte (vgl. Jellinek 1905). Im *Bund Deutscher Frauenvereine (BDF)* beschäftigte sich die „Rechtskommission" mit dem § 218 StGB und löste durch seine kritische Haltung zu dieser Strafrechtsnorm erhebliche Kontroversen in der Dachorganisation der deutschen Frauenvereine aus. Die Kommission empfahl die Streichung des Paragraphen – sie wollte Abtreibung straffrei machen. Die Kritikerinnen der Abtreibungsstrafe argumentierten mit dem „Selbstbestimmungsrecht" und der „freien Persönlichkeit der Frau". Der Fötus sei keine Rechtsperson mit eigenen Rechten, und Dritte wie Väter oder der Staat besäßen kein Verfügungsrecht über ihn (vgl. Jellinek 1908). Diese liberale Position blieb im BDF in der Minderheit. Die Befürworterinnen des staatlichen Strafanspruchs brachten dafür zahlreiche Argumente vor, darunter Gefahren für die Population, die Förderung der Unsittlichkeit, die Verkürzung der Rechte des Mannes und einen Missbrauch des Begriffs des weiblichen Selbstbestimmungsrechts (vgl. Jellinek 1905: 167).

Reaktionen gegen den liberalen Vorschlag resultierten vor allem aus dem Geburtenrückgang im Kaiserreich, der im Vorfeld des Ersten Weltkriegs als nationales Unglück beklagt wurde. Abtreibungen und die Anwendung von Verhütungsmitteln galten als Hauptursache der sinkenden Geburtenziffer, obgleich beide gesetzlich verboten und moralisch tabuisiert waren. Staatliche Institutionen wiesen zwei Strömungen die Verantwortung für den Geburtenrückgang zu: der Frauenbewegung und der Sozialdemokratie. Die Sozialdemokratie wies diesen Vorwurf zurück und sprach sich ebenso gegen den Geburtenrückgang aus. In Wohnbezirken der Arbeiterschicht war der Geburtenrückgang besonders stark rückläufig. Zur Verbesserung der Gesundheits- und Familienpolitik riefen sozialdemokratische Mediziner zum „Gebärstreik" auf. Der Begriff wurde gegen die Arbeiter- und Arbeiterinnenorganisationen gewandt, die in der Frage der Strafverfolgung der Abtreibung durch den § 218 StGB keine eindeutige Position entwickelten. Die Frage der Geburtenkontrolle wurde weitgehend als Privatsache verhandelt oder als Weigerung kritisiert, die „Zahl der Soldaten der Revolution" (Clara Zetkin) zu erhalten.

In der Weimarer Republik führte der § 218 StGB erneut zu öffentlichen Diskussionen. 1926 wurde im Reichstag ein Gesetzentwurf vorgelegt, der die Härte der Grundstrafe für Abtreibungen beseitigen und ein weiter gefasstes Maß von Strafmöglichkeiten enthalten sollte. Die Sozialdemokratie nahm nun eine ablehnende Haltung gegenüber dem § 218 StGB ein und stellte 1926 und 1929 Anträge, ihn zu streichen (vgl. Bergmann 1983: 81ff.). Der *Bund Deutscher Frauenvereine* wollte aufgrund kontroverser Ansichten innerhalb des Bundes zunächst keine Stellungnahme abgeben. Seine Mitglieder einigten sich schließlich auf eine eingeschränkte Forderung nach sozialer Indikation bei ausdrücklicher gesetzlicher Normierung der medizinischen Indikation. An den 1931 vor allem von der Kommunistischen Partei initiierten Massenaktionen gegen den § 218 StGB beteiligte er sich nicht, im Gegensatz zum *Bund für Mutterschutz und Sexualreform* (vgl. Putzke 2003). Eine einheitliche Haltung wie sie in der Forderung nach der Anerkennung der Gleichberechtigung von Frauen im Ehe- und Familienrecht zum Ausdruck gekommen war, hatte sich in der Frage der Abtreibungsgesetzgebung in der ersten deutschen Frauenbewegung nie abgezeichnet.

3.5 Konkurrenz und Differenz: Mobilisierung mit der Leitformel der „weiblichen Eigenart"

3.5.1 Wachsender Einfluss des Differenzkonzepts

Die Kontroversen zum Frauenstimmrecht, die gescheiterten Rechtskämpfe und die Randstellung der Frauen auf dem Arbeitsmarkt bestärkten bürgerliche Frauenrechtlerinnen im Verständnis der Frauenbewegung als einer Kulturbewegung, d.h. als Gestalterin der „Zukunft der Kultur" (Lange/Bäumer 1901: 114). Große Teile der bürgerlichen Frauenbewegung stützten sich im Kampf um Frauenrechte auf ein eigenes Konzept des Weiblichen. Sie nahmen weder ideell Anleihen beim Sozialismus noch beim bürgerlichen Liberalismus und setzten nicht primär auf das Postulat der individuellen Gleichheit. Diese Ausrichtung stellte eine Reaktion auf Erfahrungen der Ausgrenzung von Frauen aus den neu entstehenden Gesellschaftsbereichen dar, auf ihre Rolle als *Modernisierungsverliererinnen*. Es handelte sich um den Versuch, den Kampf um Frauenrechte mit einer *eigenen ideellen Konzeption der Frauenbewegung* zu verbinden. Große Teile der ersten deutschen Frauenbewegung ordneten den Anspruch auf einen weiblichen Kultureinfluss dem Anspruch auf die Durchsetzung von Rechten vor. Auf die Argumente und Forderungen dieser Fraktion innerhalb des „bürgerlichen" Flügels der ersten Frauenbewegung wird im Weiteren eingegangen.

Für Frauen – so ein um die Wende zum 20. Jahrhundert erschienenes Resümee einer damals prominenten Frauenrechtlerin – habe der Modernisierungsprozess mehr Nachteile als Vorteile gebracht (vgl. Lange 1907: 30). Die durch die technischen Entwicklungen möglich gewordene Spezialisierung habe sie in die niedrigsten Ränge der Erwerbsarbeit gedrängt. Das „inzwischen massenhaft verwirklichte Recht auf Arbeit" (ebd.) führe sie nicht zu mehr Freiheit und Achtung, sondern zu größerer Abhängigkeit. Dies zeige sich vor allem am Beispiel der Fabrikarbeiterin, die durch den uneingeschränkten Besitz des Rechts auf Arbeit „in die schlimmste Sklaverei" geraten sei, die alles eher fördere als „eine zu voller Leistungsfähigkeit entwickelte weibliche Persönlichkeit" (ebd.).

Die Ausbeutung der Frau in den am schlechtesten bezahlten Arbeitsbereichen der kapitalistischen Produktion galt als eindringlicher Beweis für die Unzulänglichkeit der Forderung nach der staatsbürgerlichen und rechtlichen Gleichheit der Frau mit dem Mann. „An dieser Entwicklung (mache) das bloß emanzipatorische Prinzip Bankrott“ (ebd.). Alles dränge danach, die Frau an eine Erwerbssituation anzupassen, die vollständig an der physischen Belastbarkeit, an den Verhaltens- und Wertorientierungen und am Lebensrhythmus des Mannes ausgerichtet sei.

Für diese Sichtweise spielten sowohl politische Interessenkonflikte zwischen Frauen unterschiedlicher (partei-)politischer Zuordnung eine Rolle wie auch die Suche von Frauen bürgerlicher Schichten nach angemessener Erwerbsarbeit (vgl. Evans 1977: 106f.). Aber mindestens genauso einflussreich war der massive Antifeminismus, der Frauenrechtlerinnen in jener Zeit entgegenschlug. Das Engagement für Frauenrechte wurde nicht nur von männlichen, sondern auch von vielen weiblichen Zeitgenossen als unweiblich zurückgewiesen. Wie gering die Anerkennung der Frauenbewegung war, zeigt sich auch an der Bezeichnung der Sozialbewegung als „Fräuleinbewegung“ (Planert 2000: 30) und an der Gründung von Vereinen zur „Bekämpfung der Frauenemanzipation“ (ebd.).

In der zweiten Hälfte des 19. Jahrhunderts entstand eine eigene antifeministische Literatur, deren Ziel die Bekämpfung des Engagements für Frauenrechte war. Mehrere Männergenerationen wurden von der Philosophie Arthur Schopenhauers beeinflusst. Dessen 1851 erstmals veröffentlichte Schrift „Über die Weiber“ wurde zu einer viel gelesenen Propagandaschrift gegen die Frauenbewegung und mehrfach wiederaufgelegt. Nach Schopenhauers Auffassung blieben Frauen „ihr Leben lang Kinder“ (1851: 29). Er bezeichnete sie als das „niedrig gewachsene, schmalschultrige, breithüftige und kurzbeinige Geschlecht“ (ebd.: 35). Um Rechte kämpfende Frauen galten als „denaturiert“, als der „wahren Natur der Frau“ widersprechend (ebd.: 37).

Unter den Bedingungen einer auch philosophisch begründeten Abwertung der Frauen gab das liberal-bürgerliche Gleichheitspostulat des aufgeklärten Naturrechts in Deutschland nur noch bedingt eine programmatische Leitlinie für die Mobilisierung einer vereins- und statutenmäßig organisierten Frauenbewegung ab. Seit den 1880er Jahren änderten sich die Begründungen für die Teilnahme von Frauen an Bildung, Berufstätigkeit und politischer Willensbildung zunehmend. Bürgerlich-gemäßigte Frauenrechtlerinnen betrachteten die Geschlechter nicht mehr, wie noch in der Frühphase der Frauenbewegung, als „Schwestern und Brüder“. Sie sahen in ihnen auch nicht primär „Staatsbürger“, wie die bürgerlich-radikalen Frauenrechtlerinnen, und erst recht keine „Genossen“ wie die Vertreterinnen der proletarischen Frauenbewegung. Die Geschlechter waren aus ihrer Sicht komplementär verschiedene Gattungen der Menschheit. Um 1900 war die Auffassung, die Frau sei dem Mann gleichwertig, ihm aber nicht gleichartig, in zahlreichen überregionalen Frauenvereinen programmatisch anerkannt und verankert. Es hatte sich eine starke Fraktion innerhalb des bürgerlichen Lagers der ersten Frauenbewegung ausgebildet und organisiert, die Begründungen und Strategien für die Fraueninklusion aus Unterschieden zwischen den Geschlechtern ableitete.[13]

3.5.2 Die „weibliche Eigenart“

Im Weiteren wird in erster Linie auf jene Schriften Bezug genommen, die von Autorinnen des „gemäßigten“ Flügels der ersten Frauenbewegung verfasst worden sind. Berücksichtigung finden zudem Ausführungen von Autorinnen, die dem Kreis konfessioneller Frauenorganisationen zuzuordnen sind. In diesen Teilen der ersten Frauenbewegung hatte die Sichtweise einer gleichwertigen Geschlechterverschiedenheit die zahlreichsten Befürworterinnen.

Die Vorstellung, die Geschlechter seien verschieden, findet sich bereits bei den Frauenrechtlerinnen der Revolutionsjahre von 1848/49. Die Forderung nach einem Erwerbsrecht auch für Frauen bedeute keineswegs, so Luise Otto, dass Frauen die Stelle von Männern einnehmen und in deren Berufe eindringen wollten (vgl. Frauen-Zeitung 1849: 58). Die ersten Frauenrechtlerinnen in Deutschland stützten ihren Kampf für Frauenrechte aber noch nicht *programmatisch* auf ein Gleichheitsverständnis, das auf einem fest umrissenen Bild des Weiblichen beruhte.

Nachfolgend wird ein Begriff vorgestellt, der bei den „Gemäßigten“ seit den 1890er Jahren an Bedeutung gewann und der das programmatische Selbstverständnis mitgliederstarker bürgerlicher und konfessioneller Frauenorganisationen seit 1900 entscheidend bestimmte: die „weibliche Eigenart“. Gefragt wird nach dem Sinngehalt dieser und ähnlicher Formeln sowie nach Aussagen, die eine Unterschiedlichkeit der Frau vom Mann begründen sollten. Weiterhin wird gezeigt, wie sich in Texten der ersten Frauenbewegung bereits Ansätze zur Beschreibung eines eigenen weiblichen Gestaltungs- und Leistungsvermögens herausbildeten. Diese Darstellung erfolgt vor allem anhand von Aussagen über einen weiblichen Gattungstypus. Mit beidem wird zunächst beschrieben, worin die Ausgangspunkte einer *Mobilisierungsstrategie* bestanden, die

13 Vgl. den Exkurs (5) „Die Lage der englischen Frauenbewegung um 1900“, im Anhang, S. 168.

sich für das Ziel verbesserter Teilnahmechancen von Frauen auf deren Verschiedenheit zu Männern bezog.

Wie alle Sozialen Bewegungen, die sich für die Ausweitung gesellschaftlicher Teilnahmerechte engagieren, musste auch die erste Frauenbewegung Forderungen und Ideen entwickeln, die auf Seiten ihrer Anhängerschaft zur Mobilisierung von Selbstbewusstsein und Ansprüchen nach Gleichrangigkeit beitragen konnten. Ein besonderer Stellenwert kam der Propagierung einer „weiblichen Eigenart" zu, die auch als „mütterlicher Geist" (Stöcker 1905: 85) oder als „schöpferische Frauenkraft" (Kühn 1925/26: 40) bezeichnet wurde. In allen Fällen ging es darum, Weiblichkeit als eine nur Frauen eigene Fähigkeit und Qualität zu beschreiben.

Die an einer Verschiedenheit der Geschlechter ausgerichtete Emanzipationsidee hatte Vorstellungen eigener Schwerpunktsetzungen der Frau bei der Bewertung einer als objektiv vorausgesetzten Umwelt zum Hintergrund. Sie besagte, dass die Frau sich durch andere „Gefühls- und Interessenrichtungen" auszeichne als der Mann, dass es bei der Betrachtung von Ereignissen oder Problemen ein „weibliches Formprinzip" gebe: „Die intellektuellen Prozesse verlaufen bei beiden gleich; vielfach regen sie aber andere Zentren an, lösen andere Verbindungen aus." (Lange 1897: 12) Dieses „Formprinzip" umfasste Merkmale einer besonderen Aufgeschlossenheit für alles Lebendige und Individuelle, Bindungsfähigkeit und Hingabe sowie eine ganzheitliche Betrachtungsweise von Problemlagen (ebd.).

Im Hinblick auf die Frage, warum eine Frau sich durch Geschehnisse in ihrer Umwelt anders angesprochen fühlen solle als ein Mann und stärker zu mütterlich-fürsorglichem Handeln neige, lassen sich in den Schriften der „Gemäßigten" in der ersten Frauenbewegung mehrere, z.T. ineinanderlaufende Begründungsstränge erkennen. Zahlreiche Ausführungen sind auch so angelegt, dass sie von einer voraussetzungslosen Existenz einer eigenen Seinsart der Frau ausgehen (vgl. Bäumer 1964: 76).

Die Auffassung einer angeborenen bzw. körperlich bedingten psychisch-emotionalen Verschiedenheit der Geschlechter deutet sich bei vielen Äußerungen über die „weibliche Eigenart" im Hintergrund an, wird in den Texten vielfach aber auch explizit benannt (vgl. Key 1912: 587; Schreiber 1912: 163). Der Ansatz rekurrierte mit Vorstellungen über Frauen vorbehaltene Fähigkeiten auf den weiblichen Körper und seine Gebärfähigkeit. Die Natur statte ein Wesen nicht mit der physischen Fähigkeit des Gebärens aus, ohne es nicht auch emotional dazu auszurüsten (vgl. Gnauck-Kühne 1904: 8). Die mütterlichen Haltungen, Leistungen und Gefühle wurden dementsprechend als eine natürliche

Erscheinung behandelt, dem Vorhandensein der Geschlechtsorgane vergleichbar: „Freilich sollte man die Tendenz (zur Mütterlichkeit) für so allgemein halten, als ob es andere Geschlechtsmerkmale sind", führt ein 1912 herausgegebener Band über „Mutterschaft" (Bleuler-Waser 1912: 68) aus. ‚Weibliche' Verhaltensdispositionen wurden als eine trieb- bzw. gefühlsbedingte Reaktionsbereitschaft betrachtet – als „Mütter-Instinkt" (Gnauck-Kühne 1904: 8) und als „beschützender Instinkt der Frau" (Key 1912: 590). Keine Gemeinschaft könne ohne Kräfte auskommen, die ihren schwächeren Mitgliedern Hilfe garantieren würden und die für den Ausgleich von Benachteiligungen und Opferbereitschaft einträten. Damit wurde zugleich Kritik geübt an der zeitgenössischen Höherbewertung männlichen Handelns als verstandesgeleitet und sachlich sowie der Abwertung weiblichen Handelns als rein impulsiv und unbedacht.

Die Vorstellung verschiedener Geschlechter wurde zudem mit der Existenz „zweier Gattungen", „weiblicher Gattungsaufgaben", eines „Wesens der ganzen (weiblichen) Gattung" (Lange 1897: 13) bzw. mit der Existenz des „Frauseins" als einem „Absolutem" und „Für-sichseiendem" (Weber 1913: 100) begründet. Mit diesen Äußerungen verband sich die Absicht, „das Überdauernde und sozial Gestaltende weiblichen Schaffens" stärker ins gesellschaftliche Bewusstsein zu heben und dem gesellschaftlichen Anteil der „Frauenkraft" Anerkennung zu verschaffen (Kühn 1925/26: 46). Die Autorinnen argumentierten mit dem gesamten Gewicht der Natur *und* mit der Kulturgeschichte der Frau.

Diese Haltung verstand sich in der damaligen Gesellschaft keinesfalls von selbst. Sie verkörperte insoweit eine aufgeklärte Sichtweise, als die Mutterschaft und die damit verbundenen Leistungen der Versorgung und Aufzucht von Kindern ausdrücklich nicht mehr als bloß natürliche, gleichsam ‚vor' der Gesellschaft liegende Vorgänge betrachtet wurden, sondern als gestaltendes und kulturell wirksames Handeln. Das weibliche wurde dem männlichen Geschlecht als gleichgewichtige Trägergruppe *gesellschaftlicher Aufgaben* gegenübergestellt. Auch wenn es von den Autorinnen nicht im gleichen Sprachgebrauch formuliert wurde, waren damit erste Ansätze zur Beschreibung eines „weiblichen Arbeitsvermögens" (Ostner 1979) – so die Begrifflichkeit in der zweiten Frauenbewegung – geschaffen.[14]

Die Dachorganisationen der bürgerlichen Frauenbewegung gingen programmatisch allesamt von einer Verschiedenheit der Geschlechter aus. Der *Allgemeine Deutsche Frauenverein (ADF)* stellte seinen Zielen im Programm von 1905 die allgemeine Bemerkung voran: „Die Frauen-

14 Vgl. den Exkurs (6) „Zum Einfluss der Auffassung einer ‚natürlichen Aufgabe' der Frau", im Anhang, S. 169.

bewegung geht in der Begründung ihrer Forderungen von der Tatsache der durchgängigen körperlichen und seelischen Verschiedenheit der Geschlechter aus. [...] Sie setzt sich somit zum Ziel: den Kultureinfluß der Frau zu voller innerer Entfaltung und freier sozialer Wirksamkeit zu bringen." (Abgedr. in: Lange 1907, Kap. III im Anhang) Das Programm des *Bundes Deutscher Frauenvereine (BDF)* von 1907 hielt fest: Die Frauenbewegung sieht es als „ihre vornehmste Aufgabe an, die Welt des öffentlichen Lebens dem mütterlichen Einfluß der Frau zu erschließen". Im Abschnitt „Erziehung und Bildung" wurde für die Erziehung des Mädchens gefordert: „Es muß lernen, daß ihre weibliche Eigenart nicht eine Schwäche, sondern eine besondere Kraft und eine besondere Fähigkeit ist, die zu [...] besonderen Aufgaben verpflichtet." („Grundsätze und Forderungen der Frauenbewegung", Jena 1907) Im Aufruf zur Gründung des *Deutsch-Evangelischen Frauenbundes (D.E.F.)* von 1899 hieß es: „Unsere Hauptaufgabe sehen wir darin, die gewaltigen, verfügbaren [...] weiblichen Kräfte für den Dienst der Menschheit fruchtbar zu machen. Der mächtigste Zug jeden edlen Weibes geht auf Warten, Pflegen, Helfen." (Müller 1908a: 16f.) Daran knüpfte auch das „Handbuch" der evangelischen Frauenorganisation von 1908 an, das im Hinblick auf fürsorgende und pflegende Berufe ausdrücklich hervorhebt: „Der Natur und der Veranlagung nach entsprechen diese Ämter auch mehr der Frau, die durch ihre häuslichen Kenntnisse und Erfahrungen für die Not des Volkes mehr Verständnis besitzt als der Mann." (Ebd.: 113ff.) Der *Katholische Frauenbund Deutschlands (KFD)* formulierte programmatisch: „Mann und Weib sind zwei verschiedene Verkörperungen der göttlichen Menschheitsidee, verschieden, damit sie sich ergänzen." Aus dieser „elementaren Lehre der Natur" wurde der Schluss gezogen, „daß jede Aufhebung der Differenzierung von Mann und Frau naturwidrig – also aussichtslos – ist" (Dransfeld 1907: 126). Auch die Frauen des *Jüdischen Frauenbundes (JFB)* verfolgten die Linie der Betonung einer mütterlichen Weiblichkeit. Eine ihrer Führerinnen schrieb dazu: „Der geeinte Wille der Mütter ist fähig, die Gesinnung der Welt zu wandeln" (zitiert nach Kaplan 1981: 171). Mit seiner Arbeit knüpfte er ebenfalls an die Vorstellung an, dass die Frauenbewegung sich für den Kampf um einen sozialen Fortschritt engagieren solle und dafür eintreten müsse, „das spezifisch Weibliche in die Gesellschaft zu integrieren" (ebd.: 26).

Wie wurde diese Sichtweise umgesetzt, um gesellschaftliche Teilnahmerechte für Frauen jenseits von Ehe und Familie zu verankern? Wo bestanden Möglichkeiten, an Modernisierungsprozesse und den Ausbau staatlicher Aufgaben anzuknüpfen?

3.6 Einfallstor der modernen Fraueninklusion: Höhere Bildung und soziale Frauenberufe

3.6.1 Frauenbildung und Frauenbildungsbewegung

Die Einführung der staatlichen Schulpflicht in der ersten Hälfte des 19. Jahrhunderts sah auch für Mädchen die Teilnahme an der Elementarbildung vor. Bis 1871 kann die allgemeine Schulpflicht im deutschsprachigen Raum als durchgesetzt gelten. Die staatlich gewährleistete Volksschulbildung erfolgte koedukativ, weil für eine getrennte Unterrichtung der Geschlechter keine Mittel zur Verfügung standen. Die Mädchen wurden teilweise in eigenen Fächern, etwa Handarbeit und Hauswirtschaft, unterrichtet (vgl. Gernert 1996: 85ff.).

Die seit Beginn des 19. Jahrhunderts weitgehend staatlich getragenen höheren Schulen standen jedoch nur Jungen offen. Mit Ausnahme einer kleinen Zahl von Schulen übernahm der Staat keine Zuständigkeit für die höhere Bildung von Mädchen. Von Seiten des Bürgertums gab es Initiativen, höhere Bildungseinrichtungen auch für Mädchen zu schaffen. Seit den 1820er Jahren waren neben den wenigen staatlichen höheren Mädchenschulen die privaten höheren Töchterschulen entstanden. Seit der Mitte des 19. Jahrhunderts wurden auch die Mädchen des Mittelstandes in diese Schulen geschickt. Die Ausbildung war jedoch einseitig und sollte auf die Rollen als Ehefrau und Hausfrau vorbereiten, nicht auf eine spätere Berufstätigkeit oder ein wissenschaftliches Studium (vgl. Gernert 1996; Heinsohn 1996).

Die höhere Mädchenbildung hatte auch gegen Ende des 19. Jahrhunderts noch keine allgemein bildende und verbindliche Zielrichtung erhalten. Die Ausbildungszertifikate der höheren Schulen für Mädchen berechtigten nicht zum Studium und nicht zu höher qualifizierten Berufen. Sie waren lediglich ein Qualifikationsnachweis für den Beruf als Lehrerin an Volksschulen und für den Unterricht in den Anfangsklassen der höheren Mädchenschulen. In diese Schulstufen drängten auch männliche Lehrkräfte, die im Gegensatz zu den weiblichen Bewerbern adäquate staatliche Zertifikate nachweisen konnten (vgl. Zinnecker 1973; Weiland 1983: 166ff.). Für bürgerliche Frauen hatte der Mangel an qualifizierten Bildungsangeboten zur Folge, dass sie kaum statusgemäße Frauenerwerbsarbeit aufnehmen konnten. Für sie gab es weniger Berufsmöglichkeiten als für Arbeiterinnen. Überdies war die Zahl allein stehender Frauen in dieser Schicht besonders hoch (siehe Kap. 3.2.1).

Im zunehmend dem Staat unterstellten Bildungssystem lag eine entscheidende Anschlussstelle der bürgerlichen Frauenbewegung, um sowohl den Anspruch als Kulturbewegung umzusetzen sowie das Ziel zu erreichen, für Frauen gesellschaftliche Teilnahmemöglichkeiten jenseits von Ehe und Familie und jenseits der Randbereiche des Arbeitsmarktes zu schaffen.

Seit den 1880er Jahren engagierte sich vor allem die gemäßigte Fraktion der bürgerlichen Frauenbewegung in der Frage der Frauenbildung. Wesentliches Agitationsmittel gegenüber dem für Bildungsfragen zuständigen Staat waren wiederum Petitionen, d.h. Bittschriften, darunter die „Gelbe Broschüre“ von 1887 (vgl. Lange 1887: 33ff.), welche die Ausbildung einer *Frauenbildungsbewegung* innerhalb der bürgerlichen Frauenbewegung wesentlich voranbrachte (vgl. Greven-Aschoff 1981: 53f.). Die Petition formulierte zwei Anträge:

1. für den „wissenschaftlichen Unterricht auf der Mittel- und Oberstufe der öffentlichen höheren Mädchenschulen“ mehr Lehrerinnen einzustellen,
2. zur Ausbildung dieser Lehrerinnen staatliche Anstalten zu errichten (vgl. Gerhard 1990b: 141).
3. Die Frauenbildungsbewegung setzte 1889 die Einrichtung von „Realkursen für Frauen“ durch, die aufgrund ihres der Jungenbildung vergleichbaren Fächerangebots über den herkömmlichen Rahmen der höheren Mädchenbildung hinausging. 1893 wurden die „Realkurse“ in „Gymnasialkurse“ umgewandelt, die mit der Hochschulreife abschlossen (vgl. Albisetti 1996). Im Gegensatz zur Elementarbildung blieb es für die höhere Mädchenbildung bei der Geschlechtertrennung (vgl. Bäumer 1964: 71ff.).

Die schulische Geschlechtertrennung war aber auch Teil der Bildungskonzeption der Frauenbildungsbewegung, die ihre Forderungen auf den Ansatz der „weiblichen Eigenart“ stützte. Lehrerinnen sollten heranwachsende Frauen an die Kulturaufgaben des weiblichen Geschlechts heranführen (vgl. Kleinau 1996: 115ff.). Dahinter stand die Ansicht, dass sich eine starke weiblich-mütterliche Persönlichkeit kaum unter männlicher Herrschaft entfalten könne (vgl. Stoehr 1983: 234). Ausdehnung des Fraueneinflusses hieß deshalb auch „Abschaffung der Mädchen- und Frauenschulen und des höheren Mädchenschulwesens unter männlicher Leitung“ (Krukenberg 1906: 9). Erst in einem von Männern unabhängigen Bildungsgeschehen ergebe sich die spezifisch weibliche Verarbeitung von Bildungsstoff, so etwa das „intuitive Erfassen“, die Neigung zum „Erfahrungsmäßigen“, das besondere Interesse an „Anwendungsorientierung“ (Freudenberg, zitiert nach Stoehr 1983: 246). Es wurde nicht nur eine eigene Art der Frau behauptet, sondern auch ein Frauen eigener Lehr- und Lernstil, eine zwischen ihnen anders verlaufende Kommunikation als zwischen Frauen und Männern. Mit der Forderung nach *der Ausbildung von Frauen durch Frauen* trat eine weitere organisatorische Differenzierung der bürgerlichen Frauenbewegung ein. Waren die überregionalen Frauenorganisationen zunächst rein feministisch gewesen, entstand mit dem „Allgemeinen Deutschen Lehrerinnenverein“ (ADLV) eine *Frauenberufsorganisation* (vgl. Greven-Aschoff 1981: 54f.). Das Konzept der Ausweitung der Teilnahmerechte von Frauen durch die Öffnung der höheren Bildung und die Schaffung neuer Ausbildungszweige war in mehrerer Hinsicht erfolgreich. Damit konnte das Argument mangelnder intellektueller Fähigkeiten der Frauen entschärft und die Geschlechterkonkurrenz um Arbeitsplätze gemildert werden. Es führte außerdem dazu, dass für bürgerliche Frauen (schichtadäquate) Erwerbsmöglichkeiten entstanden.

3.6.2 Weibliche Professionalisierungsstrategien im nationalen Wohlfahrtsstaat

Der Ansatz einer „weiblichen Eigenart“ der Frau wurde von Frauenrechtlerinnen am Ausgang des 19. Jahrhunderts dann auch zunehmend in einen Zusammenhang mit der Bewältigung der sozialen und ethischen Probleme der Gesellschaft gebracht und öffnete Frauen weitere Berufsfelder. Unter dem Einfluss von Anhängerinnen der Frauenbewegung wurden Ausbildungsstätten errichtet, die Frauen für fürsorgerische und soziale Berufe qualifizierten, darunter die „Frauenschulen“, die „Sozialen Frauenschulen“ und die „Wohlfahrtsschulen“ (vgl. Peyser 1958: 132; Knab 2001: 14ff.).

In den Bereichen der Kinder- und Jugendfürsorge, der Kinder- und Jugenderziehung, der Armen- und Krankenpflege, in der staatlichen und kirchlichen Sozialarbeit entstanden weitere weibliche Arbeitsmarktsegmente. Zu den neuen Frauenberufen zählten die Berufe der Kindergärtnerin, Krankenschwester, Armenpflegerin und der Gemeindeschwester (vgl. Peyser 1958: 144ff.). Den Anstoß zu diesen Institutionalisierungsprozessen gaben neben dem Engagement aus der Frauenbewegung Vereine für soziale Hilfsarbeit, die Hilfe Suchende und Hilfe Gebende zusammenführten und die Kooperation zwischen Frauen und bereits vorhandenen Trägern sozialer Dienste aufbauten.

Die Etablierung der „Sozialarbeit als Beruf“ (Zeller 1994) und die Einbeziehung von Frauen in Leistungsrollen staatlicher Einrichtungen gingen wesentlich auf das Engagement von Vertreterinnen der ersten Frauenbewegung zurück. Sie hatten nicht nur maßgeblich Anteil an der Initiierung von Hilfsprojekten und Ausbildungsstätten; sie trieben die Professionalisierung der Sozialarbeit auch durch deren theoretische und konzeptionelle Fundierung voran. Das geschah z.B. durch die Ausarbeitung von Begründungen für eine Differenzierung zwischen Wohltätigkeit bzw. Caritas und sozialer Arbeit oder durch die Darstellung der Sozialarbeit als staatlich organisierter Wohlfahrtspflege (vgl. Kuhlmann 2000: 237ff.).

Der mit dem Argument der Geschlechterverschiedenheit geführte Kampf von Frauenrechtlerinnen um eine Frauen berücksichtigende Reform des Bildungswesens war mit Berufsinteressen von Teilnehmerinnen der Frauenbewegung verknüpft. Die institutionell umgesetzte Vorstellung, dass der Beruf dem weiblichen Wesen entsprechen müsse, hat sich wesentlich auf das Bild von Frauenberufen ausgewirkt und die Frauenberufstätigkeit bis in die zweite Hälfte des 20. Jahrhunderts hinein geprägt (vgl. Pross 1969: 39ff.). Mit dem Konzept weiblich-mütterlicher Berufe sollte der im bürgerlichen Gesellschafts- und Geschlechterentwurf angelegten Ablehnung der weiblichen Erwerbsarbeit entgegengetreten werden. Damit wurde nicht nur die Grundlage für pädagogische und soziale Frauenberufe gelegt, sondern auch der Anspruch einer weitgehenden Zuständigkeit von Frauen für die Erziehung und Bildung der Mitglieder der Gesellschaft sowie für die Lösung ihrer sozialen Probleme formuliert.

Mit der Professionalisierung der Frauensozialarbeit seit Beginn des 20. Jahrhunderts sollte eine Rückgewinnung weiblicher Einflussbereiche vollzogen werden. War die soziale Hilfe und Fürsorge über Jahrhunderte ganz wesentlich eine Aufgabe von Frauen gewesen, ging sie als staatlich-kommunale Armenpflege seit der Mitte des 19. Jahrhunderts in die Hände von Männern über. Was durch die Verstaatlichung verloren gegangen war, sollte für Frauen zurück gewonnen und professionalisiert werden.

Zugleich sollten Frauen durch Sozialarbeit einen Beitrag zur Lösung der „Sozialen Frage" leisten. Damit stellten die „Gemäßigten" in der bürgerlichen Frauenbewegung die Verbindung zu einem der zentralen politischen Themen des ausgehenden 19. Jahrhunderts her (vgl. Stoehr 1983). Sie beanspruchten die Mitwirkung an einem großen sozialen Reformthema jener Zeit, das zunehmend staatliche Interventionen erforderte.

Es lassen sich konstitutive Zusammenhänge zwischen dem älteren Differenzansatz, den Berufsinteressen bürgerlicher Frauen und der Ausbildung sozialpolitischer Aufgabenbereiche im entstehenden modernen Wohlfahrtsstaat nachzeichnen. Die Auffassung einer besonderen Zuständigkeit von Frauen für die Betreuung und Erziehung von Kindern und für die Lösung sozialer Probleme führte zur Institutionalisierung von Bildungsinitiativen der Frauenbewegung und zeigte politisch Wirkungen in der Form der Etablierung einer staatlichen Fürsorge- und Sozialpolitik (vgl. für weitere europäische Länder Bock/Thane 1991b). Die Voraussetzung dafür war die Öffnung der Bildung für Frauen, u.a. durch die Einrichtung primär ihnen vorbehaltener Bildungseinrichtungen.

3.6.3 Absage an die Vereinbarkeit von Familie und Beruf

Die Schaffung pädagogischer und sozialer Frauenberufe war allerdings kein Plädoyer für die Vereinbarkeit von Berufstätigkeit und Mutterschaft. Im Programm des *Bundes Deutscher Frauenvereine* von 1907 heißt es dazu: „Ein besonderes Problem erwächst der Frauenbewegung auf dem Gebiet der Erwerbstätigkeit aus der Schwierigkeit der Vereinigung von Beruf und Mutterschaft." Das Problem wurde noch in den Entscheidungsbereich der einzelnen Frau gestellt und die „Vereinigung" – so der damalige Sprachgebrauch – nicht zur programmatischen Forderung erhoben (vgl. „Grundsätze und Forderungen der Frauenbewegung", Jena 1907). Dass eine Berufstätigkeit vor allem von ledigen Frauen ausgeübt werden sollte, kam mit besonderer Deutlichkeit in der Diskussion um das *Lehrerinnenzölibat* zum Ausdruck, d.h. im Zusammenhang mit dem Lehrerberuf als einem Beruf, der z.T. *direkt gegen* die Interessen von Männern beansprucht wurde.

Das Lehrerinnenzölibat war in Preußen 1885, zunächst noch unter Einschränkungen, eingeführt worden. Seit 1892 galt es ohne Ausnahmeregelungen. (Eine Lockerung erfuhr es nur während des Ersten Weltkrieges.) Der *Bund Deutscher Frauenvereine* und der *Allgemeine Deutsche Lehrerinnenverein*, die Berufsorganisation der Lehrerinnen, votierten seit den 1890er Jahren mehrheitlich *für* ein Heiratsverbot der Lehrerin (vgl Joest/Nieswandt 1984: 252ff.). Die stärksten Befürworterinnen hatte diese Regelung in den berufsständischen und in konfessionellen Frauenorganisationen (vgl. Landesverein Preußischer Volksschullehrerinnen 1905; Gordon 1905: 23f.). Das Lehrerinnenzölibat wurde zu einem Mittel, um den Vorbehalt zu entkräften, Frauen seien beruflich weniger einsatzwillig als Männer. Es war damit Ausdruck von Interessenkonflikten zwischen Frauen *jenseits* ihrer sozialen Herkunft und ihrer Konfessionszugehörigkeit. Der schwierige Zugang zum Arbeitsmarkt trennte Frauen in ledige Frauen und Ehefrauen, Unversorgte und Versorgte (vgl. für die kontroversen Positionen: Landesverein Preußischer Volksschullehrerinnen 1905).

3.7 Abebben der ersten Frauenbewegung

3.7.1 Politische Fraueninklusion und parteipolitische Loyalität

Im Politiksystem gelangte das Konzept einer „weiblichen Eigenart" jedoch rasch an Grenzen. Nach der Einführung des Frauenwahlrechts 1919 unternahmen bürgerlich-gemäßigte Frauenrechtlerinnen Versuche, eine „Frauenpartei" zu gründen. Sie sollte sich auf die Idee einer Ergänzung der Gesellschaft durch mütterliche Anteile stützen und den Ansatz Frauen vorbehaltener Aufgaben in die Politik hineintragen. Aber die Anstrengungen, eine Frauenpartei aufzubauen, gingen über örtliche Ebenen nicht hinaus und wurden nach wenigen Jahren wieder eingestellt (vgl. Beyer 1933: 14; Schüller 2000: 64ff.).

Nach der Einführung des allgemeinen und gleichen Wahlrechts 1919 erfolgte die Inklusion von Frauen in Leistungsrollen des politischen Systems unter dem Einfluss ihrer Partei-, Schicht- und konfessionellen Bindungen. Im ersten demokratisch gewählten Parlament (1919) betrug der Anteil der weiblichen Abgeordneten aus dem Lager der bürgerlichen Frauenbewegung („Gemäßigte" und „Radikale") 20 Prozent. 60 Prozent der weiblichen Abgeordneten waren Sozialistinnen. 20 Prozent der Parlamentarierinnen gehörten konfessionell orientierten Parteien an (¼ evangelisch, ¾ katholisch). Von 1920 bis 1930 verlagerte sich das Gewicht der politischen Vertretung von Frauen auf den proletarischen Flügel der Frauenbewegung. Das Zahlenverhältnis zwischen bürgerlichen und proletarischen Abgeordneten verschob sich von 6:19 im Jahr 1920 auf 2:16 im Jahr 1930. Der Anteil von weiblichen Abgeordneten aus den konfessionell ausgerichteten Parteien blieb konstant. Auf dem linken Flügel entstand die kommunistische Partei, die 1930 mit 13 Frauen fast so viele weibliche Abgeordnete stellte wie die sozialistische Partei (vgl. Beyer 1933: 11f.).

Die Erlangung des Frauenwahlrechts und das Ende der Blütezeit der ersten Frauenbewegung fielen zusammen. Namhafte Frauenpolitikerinnen aus der Arbeiterbewegung und der Sozialdemokratie wechselten zum sozialistischen bzw. kommunistischen Lager, traten deren Parteien bei und wurden auch zu deren ideologischen Verfechterinnen. Frauen aus der katholischen Frauenbewegung und des *Katholischen Frauenbundes Deutschland* wurden Mitglieder der Zentrumspartei. Das Zentrum war aber nicht um die Aufnahme frauenpolitischer Themen bemüht. Über das Engagement weiblicher Mitglieder wollte sie ihren Einfluss auf die Arbeiterschaft und die Arbeiterinnen ausweiten. Frauen aus der bürgerlichen Frauenbewegung und dem *Bund Deutscher Frauenvereine* hatten sich schon vor der Wahlrechtserweiterung liberalen Parteien angeschlossen, was jedoch keine programmatische Übernahme der Forderungen der Frauenbewegung zur Folge hatte. Führende Frauen des *Deutsch-Evangelischen Frauenbundes* traten in die deutsch-konservative Partei ein, die vor 1919 grundsätzlich gegen das Frauenwahlrecht eingestellt gewesen war (vgl. Lauterer 2002: 45ff.). Die von den Frauen durch eine Mitgliedschaft und politisches Engagement unterstützten Parteien des Reichstags behielten ihre Prägung als Klassen-, Milieu- und Klientelparteien bei und verstanden sich nicht als Interessenvertreterinnen der Frauen. Frauenpolitische Themen behandelten sie als Randthemen oder gar nicht.

Die Bezugnahme der ersten Parlamentarierinnen auf Frauenfragen wurde in den 1920er Jahren zunehmend parteipolitisch geprägt und unterlag Fraktionszwängen. Für die Erlangung eines Mandats und die Karriere als Berufspolitikerin mussten Frauen fest in den Parteien verankert sein und deren Ideologie mittragen (vgl. ebd.: 45ff. 147ff.; Schaser 2000: 211ff.). In der Weimarer Republik führte die politische Inklusion der Frauen zwar zu einer Reihe von „Frauengesetzen“, die dem Engagement der ersten Parlamentarierinnen zu verdanken waren, darunter Gesetze, die Frauen den Zugang zu Ämtern und Berufen eröffneten, die Männern vorbehalten waren, sowie Gesetze, die den Versicherungsschutz und die Entlohnung in Teilbereichen des weiblichen Arbeitsmarktes verbesserten. Ferner wurde der Mutterschutz ausgebaut (vgl. Gerhard 1990b: 342f.). Insgesamt verringerte sich aber die Anerkennung weiblicher Erwerbsrechte, wozu der Staat in der Rolle als Arbeitgeber maßgeblich beitrug. Deutlicher Ausdruck dafür war der Streit über das Beamtinnen-Zölibat. Obgleich der Art. 128 der Weimarer Reichsverfassung vorsah, dass Ausnahmebestimmungen gegen weibliche Beamte beseitigt werden sollten, wurden sie im Fall der Heirat oder einer unehelicher Schwangerschaft grundsätzlich aus dem Dienst entlassen. Der Verfassungsbruch wurde mit finanziellen Engpässen des Staates und der wirtschaftlichen Krise gerechtfertigt. Ende der 1920er Jahre gelangte der Gleichberechtigungsgedanke vollends in den Hintergrund. Teilorganisationen des *Bundes Deutscher Frauenvereine* hatten in der Dachorganisation der deutschen Frauenvereine die Unterstützung eines Gesetzes durchgesetzt, das eine Anfindung vorsah, wenn Beamtinnen freiwillig aus dem Dienst ausschieden. 1932 wurde mit der Zustimmung der SPD ein „Gesetz über die Rechtsstellung der weiblichen Beamten“ verabschiedet, das das Beamtinnen-Zölibat erneut legalisierte (vgl. ebd.: 345). Der Frauenerwerbsarbeit blieb die Anerkennung versagt, trotz der formal-rechtlichen Anerkennung der Frau als Staatsbürgerin.

Im Parlament verringerte sich der Anteil der weiblichen Abgeordneten von 1919 bis 1933 ebenfalls (vgl. Lauterer 2002: 153ff.). Gegen die seit den 1920er Jahren mehr und mehr erstarkenden Organisationen des Nationalsozialismus und des Kommunismus, die auch von Frauen mitgetragen wurden (vgl. Beyer 1933; Korotin 1992), bildeten die Organisationen der Frauenbewegung kein Gegengewicht. In den 1930er Jahren wurden die Zusammenschlüsse der ersten Frauenbewegung verboten oder aufgelöst (vgl. Gottschewski o.J.).

3.7.2 Die Moralisierung des Weiblichen

Der vor allem von den „gemäßigten“ Frauenrechtlerinnen vertretene Anspruch, wonach Frauen einen Beitrag zur „Höherentwicklung der Gesellschaft“ (Bund Deutscher Frauenvereine 1907: 1) leisten sollten, führte in der Zeit des Abebbens der Frauenbewegung dazu, Schnittstellen mit Diskursen und Forderungen der Sittlichkeitsbewegung auszubauen (vgl. Biermann 1990: 27ff.; Wobbe 1989: 24ff.). Im Blickfeld stehen nachfolgend Schriften von Autorinnen der ersten Frauenbewegung, die sich mit Fragen der Sexualethik beschäftigten. Nach dem Ersten Weltkrieg behielt dieses Thema entscheidendes Gewicht und gehörte zu den Mitauslösern einer Nachwuchskrise innerhalb der ersten Frauenbewegung (vgl. Biermann 1990: 27ff.). Hatten sich die sittlichen Bestrebungen von Frauenvereinen bis in das erste Jahrzehnt des 20. Jahrhunderts vornehmlich auf Forderungen nach der Abschaffung der staatlichen Reglementierung der Prostitution (vgl. Wobbe 1989: 26ff.), einen besseren Mutterschutz (vgl. Nowacki 1983) und Reformen des Gesetzes zur Strafbarkeit des Schwangerschaftsabbruchs (vgl. Jellinek 1905: 165ff.) konzentriert, gelangten nun ausdrücklich Vorgaben zur Verbesserung des sittlichen Pflichtbewusstseins der Frauen in den Vordergrund (vgl. Müller 1908b).

Die Empfehlungen für eine Sexualmoral, die zugleich den emanzipativen Ansprüchen der bürgerlichen und der konfessionellen Frauenbewegung genügen konnten, gingen von einer untrennbaren Einheit des Geschlechtslebens der Frau mit der Mutterschaft aus. Sie wurden wesentlich von dem Gedanken getragen, dass die Frau „in sich das einheitlichere Wesen (sei als der Mann)“ (Bäumer 1926: 643; ähnlich Pappritz 1909). Als Mutter, als Gebärende der nächsten Generation, sei die Frau mit dem „Kreislauf der Natur“ enger verbunden als der Mann. Die ihr daraus erwachsende Verantwortung für die Kinder, deren Aufzucht und sittliche Erziehung weise ihr die Position einer „Hüterin des Gattungsbewußtseins“ (Bäumer 1926: 643) zu. Dieser Aufgabe könne eine Frau nur in einer Beziehung nachkommen, in der ihr sowohl menschliche

Achtung wie auch materielle Unterstützung zuteil würde, in der beide Partner die Verpflichtung zur festen Lebensgemeinschaft, zur Versorgung der Nachkommen und zum Verzicht auf außereheliche Sexualkontakte eingingen, nämlich in der monogamen Dauerehe (vgl. Pappritz 1909; Bäumer 1927/28: 644; Weber 1926/27). Diese galt den Frauenrechtlerinnen der „gemäßigten Frauenbewegung“ als einziges moralisch akzeptables Modell sexueller Beziehungen zwischen den Geschlechtern. Auffällig ablehnend war die Haltung gegenüber nicht ehelichen Intimbeziehungen, d.h. der „freien Liebe“ (Dohm 1909) und der „freien Ehe“ (Augspurg 1905). Der Ersatz der monogamen Dauerbeziehungen durch offene Beziehungen führe unweigerlich dazu, dass die Frau zum Objekt männlicher Sexualbedürfnisse werde (vgl. Freudenberg 1909; Bäumer 1926).

Die Praxis schien auch zu beweisen, dass sich das Emanzipationsziel personaler Selbstbestimmung und weiblicher Unabhängigkeit nicht reibungslos mit den modernen Sexualanschauungen eines Anspruchs auf sexuelle Befriedigung und nicht eheliche Intimbeziehungen verknüpfte. Die steigende Zahl von Schwangerschaftsabbrüchen[15], die mit geschlechtskranken jungen Mädchen überfüllten Abteilungen der großstädtischen Hospitäler (vgl. Kienle 1932; Wobbe 1989: 55ff.), die zunehmende Prostitution[16], die in den 1920er Jahren modische Figur des „Gigolo“ – all das hinterließ bei den älteren Generationen der Frauenbewegung den Eindruck von Rück- und Gegenschlägen. Vor dem Hintergrund dieser Erfahrungen orientierte sich die Diskussion um eine Herstellung der Gleichheit der Frau mit dem Mann unmittelbar an der Frage, wie ihre Achtung als Person einschließlich ihrer Sexualität und Gebärfähigkeit gesellschaftlich stabilisiert werden könne.

Das werthaft konturierte Prinzip der Gattungsverantwortung der Frau wurde mit konkreten Vorgaben für ein weibliches Persönlichkeitsbild und weibliche Tugenden verknüpft. Im Hinblick auf die „voreheliche Keuschheit und die innereheliche Enthaltsamkeit“ wurde „äußerste

15 Der Arzt J. Wolf berichtete in einer Aussprache vor einer Versammlung des *Bundes für Mutterschutz und Sexualethik*, dass in Deutschland zwischen 1929 und 1931 1,2 Millionen Abtreibungen vorgenommen wurden. Für das Jahr 1924 wurden 857.750 Schwangerschaftsabbrüche geschätzt (Spinner 1931: II/11).

16 Nach Berichten und Schätzungen der Berliner Jahrbücher verdoppelte sich die Zahl aller Prostituierten in Berlin von 1859 bis 1871, während die Bevölkerungszahl nur etwa um die Hälfte zunahm. 1871 gab es in Berlin ca. 15.000 Prostituierte bei 800.000 Einwohnern. Am Anfang des 20. Jahrhunderts werden für Berlin bis zu 50.000 Prostituierte geschätzt. Für Hamburg wird für diese Zeit eine ähnlich hohe Zahl angenommen (vgl. für die statistischen Angaben: Schulte 1979: 69; Hanauer 1919).

Selbstdisziplin“ empfohlen als „unüberbietbares großartig heroisches Formideal“ (Weber 1926/27: 458). In enger Anlehnung an die Vorgaben der bürgerlichen Sexualmoral, insbesondere die Auffassung einer größeren Distanz der Frau zum Sexuellen und Triebhaften, rückten Selbstbeherrschung, Prinzipientreue sowie ein größeres Durchhaltevermögen zu sexueller Abstinenz in den Vorstellungen von Frauenrechtlerinnen in den Rang spezifisch weiblicher Tugenden. Der vielfach beobachteten Degradierung von Frauen zu männlichen Sexualobjekten sollten sich Frauen durch besondere Sittlichkeit entgegenstellen.

Seit der Mitte der 1920er Jahre richtete die Zeitschrift „Die Frau“, das Publikationsorgan des *Bundes Deutscher Frauenvereine* verstärkt Artikel an „die Jugend“ (vgl. Bäumer 1927/28: 521ff.; Schmitt 1927/28: 13ff.; Heusler-Edenhuizen 1927/28: 605ff.). Das Frauenstudium, die Kameradschaft mit Arbeitskollegen, die politische Diskussion mit Männern, geschlechtsheterogene Gruppen in der Freizeit – auch diese Seiten des Geschlechterverhältnisses hatten sich gebildet, nicht zuletzt als Folge des Engagements der Frauenbewegung. Bei den älteren Frauenrechtlerinnen aus dem Kreis der „Gemäßigten“ überwog jedoch der Eindruck einer nach wie vor bestehenden, wenn nicht gesteigerten Abwertung von Frauen. Allein das zahlenmäßige Übergewicht des weiblichen Geschlechts mahne zur Reserviertheit und zur Distanz, fördere es doch eine Atmosphäre des Umworbenseins des Mannes, die in ihm „alle alten Herreninstinkte neu (bestärke)“ (Wex 1929/30: 362). Noch mangele es insbesondere den jüngeren Frauen an „innerer und äußerer Unabhängigkeit vom Manne“ (ebd.). Wirtschaftliche Unselbstständigkeit und Unerfahrenheit in öffentlichen Angelegenheiten würden sie dazu verleiten, „Maßstäbe des Mannes“ anzunehmen, so dass ein Prozess der Entwicklung der „geistigen Selbständigkeit“ der Frau (ebd.) behindert werde. Deshalb wurde den jüngeren Frauen empfohlen, sich auf ihre Geschlechtsgenossinnen zu besinnen, in Organisationen der Frauenbewegung mitzuwirken und sich gegenseitig zu stärken (ebd.).

Die Aufforderung zum Zusammenhalt in Frauengruppen und zur Aufnahme von Frauenberufen wies ähnliche Merkmale auf wie die an Frauen gerichtete Aufforderung zu sexueller Verweigerung. In beiden Fällen ging es um eine bewusste und ausgeübte Zurückhaltung gegenüber Männern. Deshalb erstaunt es, dass das Votum für die lebenszeitliche und enge Bindung von Frauen an Männer im Rahmen einer Ehe von den Vertreterinnen der „weiblichen Eigenart“ so vehement verteidigt wurde.[17]

17 Vgl. den Exkurs (7) „Zur Anthropologisierung der Geschlechterdifferenz in der englischen Frauenbewegung“, im Anhang, S. 169.

3.8 Zusammenfassung

(1) Ausgangskonstellationen: Norm der Kleinfamilie, Ausschluss der Frauen aus Teilnahmerechten und die Sogwirkung von Schichtkonflikten

Mit dem Umbruch zur modernen Gesellschaft im 19. Jahrhundert entstand ein für alle Frauen Gültigkeit beanspruchendes *Normalmodell* weiblicher Lebensführung. Es sah Frauen primär in der Rolle als Ehefrau, Hausfrau und Mutter und wurde durch patriarchale Regelungen des Ehe- und Familienrechts gestützt. Dieses Modell erkannte ein Zugleich von Ehe, Mutterschaft und Erwerbstätigkeit nicht an. Die Frauenerwerbstätigkeit war aber nicht nur in der Arbeiterschicht, sondern auch für Frauen bürgerlicher Herkunft eine ökonomische Notwendigkeit. Die mangelnde Anerkennung der Frauenerwerbsarbeit und die *Konkurrenz* der Geschlechter um bezahlte Arbeit führten zur Abdrängung der Frauen in die Randbereiche des Arbeitsmarktes. Aus dem Wahlrecht, sozialpolitischen Regelungen und Leistungen des Staates waren Frauen ebenso ausgeschlossen wie aus Institutionen höherer und wissenschaftlicher Bildung.

Die Frauenbewegung, die Mitte des 19. Jahrhunderts organisatorisch Profil annahm, schloss thematisch nicht an die revolutionären Proteste des frühen 19. Jahrhunderts an. Sie setzte sich in ihren Anfängen nicht wie die Frauenrechtlerinnen des deutschen Vormärz für politische Mitwirkungsrechte für Frauen ein und blieb später in dieser Frage gespalten. Ihr Motor war das Ziel der Verbesserung der Erwerbschancen von Frauen und der Verbesserung ihrer Arbeitsbedingungen, d.h. die „Brotfrage“, die für Frauen aus allen Schichten Relevanz besaß.

Der Umbruch zur modernen Gesellschaft im 19. Jahrhundert brachte den Kampf um politische Macht *zwischen* Schichten und Klassen hervor. Schichtung bildete sich in der Frauenbewegung als spaltende Konfliktlinie ab. Zusätzlich wirkte auf diesen Konflikt der Anspruch der Konfessionen nach politischem Einfluss ein. Der Geschlechterkonflikt wurde im 19. Jahrhundert durch andere Konfliktlinien gebrochen. Die soziale und politische Lage von Frauen wies Übereinstimmungen mit der von Männern ihrer Schicht, Klasse und Konfession auf. Zusätzlich zur Verpflichtung von Frauen auf eine Ehe und die lebenszeitliche Bindung an einen Ehemann bestanden Loyalitätsbeziehungen zu Herkunftszusammenhängen und politischen Lagern. Frauen waren im 19. Jahrhundert – ähnlich wie in den vormodernen Gesellschaften – Mitträgerinnen anderer sozialer Differenzierungslinien. Männer verteidigten ihre Rechte gegenüber Frauen mit einem Schichten übergreifenden Antifeminismus. Die Ablehnung des Engagements für eigenständige Teilnahmerechte für Frauen kam in *allen* Schichten der Gesellschaft vor und war tendenziell gegen die Inklusionsansprüche *aller* Frauen gerichtet. Dennoch war der Geschlechterkonflikt um Beteiligungschancen ein Konflikt *neben bzw. unterhalb anderer* sozialer Konflikte.

Das Zugleich unterschiedlicher Zugehörigkeiten, verschiedener und gleicher Interessenlagen von Frauen ließ sich nur in ein gespaltenes und fraktioniertes Engagement für Frauenrechte umsetzen. Es fehlte an gemeinsamen Problemdefinitionen über soziale Unterschiede und politische Orientierungen hinweg. Dies hatte Folgen für das Gleichheitsverständnis, das für die Ausweitung der Fraueninklusion im 19. Jahrhundert einflussreich werden sollte.

(2) Gespaltene Frauenbewegung und Blockade der politischen Fraueninklusion

In der proletarischen Frauenbewegung wurde die Vielschichtigkeit politischer und sozialer Konfliktlinien in eine Rangordnung gebracht. Der Klassenwiderspruch wurde als Haupt- und die Frauenfrage als Nebenwiderspruch des politischen Kampfes angesehen. Der Verdrängungswettbewerb zwischen den Geschlechtern und antifeministische Tendenzen innerhalb der Arbeiterklasse führte die proletarische Frauenbewegung weitgehend auf die kapitalistischen Produktionsverhältnisse und den Klassenkonflikt zurück. Ihr Freund-Feind-Schema war an Klassenwidersprüchen ausgerichtet.

Das liberale Gleichheitsverständnis, das Frauen und Männer als gleiche Glieder der Gesellschaft betrachtete, als ebenbürtige Bürger und Wähler, entfaltete nicht die erhoffte Integrationskraft. Die von den „bürgerlich-radikalen" Frauenrechtlerinnen geforderte staatsbürgerliche Gleichheit der Frauen stiftete keine eindeutige Konfliktlinie zwischen den Geschlechtern.

Mit der Anerkennung von Frauen als je individuell gleichberechtigte Wählerin bezogen sich die „Radikalen" mit dem politischen System auf jenes Funktionssystem, bei dem die Anerkennung des Gleichheitsanspruchs direkt die Vollinklusion nach sich zog, die Anerkennung *aller* Frauen als Wählerinnen unabhängig von Herkunft, Bildung und politischer Zuordnung. Die Möglichkeit einer so weitgehenden Gleichheit der Frauen *untereinander* war ein entscheidender Faktor für die Spaltung der ersten Frauenbewegung. Jedes Lager unterstellte den anderen Präferenzen zugunsten des politischen Gegners und befürchtete dadurch eigene Nachteile. Die auf politische Inklusion abzielende Stimmrechtsforderung konnte nicht abbilden, dass Frauen konkurrierenden politischen Schichten und Gruppierungen angehörten. Das liberale Gleichheitsverständnis war *zu universell*, auf soziale Unterschiede zwischen Frauen nicht ausreichend abgestimmt und nicht auf das die erste Frauenbewegung auffällig betreffende Problem *gespaltener Loyalitäten* (vgl. Phillips 1987: 71ff.). Dieses Gleichheitsverständnis bildete für den Kampf um Frauenrechte im 19. und frühen 20. Jahrhundert noch keine einigende Klammer und kollidierte mit politisch motivierten Interessenunterschieden zwischen Frauen.[18]

Blickt man aus der Perspektive der verschiedenen Sinndimensionen von Kommunikation und Erwartungsbildung auf die Stimmrechtsforderung der „Radikalen", so bezog sie sich auf deren *mittleren Bereich*, d.h. auf den Zugang von Frauen zu politischen Leistungs- und Publikumsrollen. Diese Forderung reklamierte auch für Frauen den Zugang zur modernen Rolle des politisch mündigen Bürgers. Die Differenzierung von Geschlecht und Politik, von Geschlecht und modernen Rollenerwartungen hatte in anderen Gesellschaftsbereichen, wie der Bildung und der Wissenschaft, noch keine Vorbilder und keine institutionelle Absicherung. Stattdessen waren Literaturgattungen einflussreich, die bürgerliche Familien- und Weiblichkeitsnormen propagierten oder die mit biologistischen Argumenten die Abwertung von Frauen betrieben.

Im Übrigen waren Frauenfragen nicht als Rechtsfragen anerkannt. Die Parteien, mit Ausnahme der Sozialdemokratie, und der Staat bildeten keine Adressaten für die Rechtskämpfe der Frauenrechtlerinnen des 19. Jahrhunderts. Das hatte neben dem Kampf um politische Rechte der mehr als zwei Jahrzehnte lang geführte Kampf um die Gleichberechtigung der Frauen im Ehe- und Familienrecht gezeigt, der sich auf das 1900 reformierte Bürgerliche Gesetzbuch in keiner Weise ausgewirkte.

Der Ausschluss der Frauen aus der politischen Inklusion sowie aus Gesetzgebungsprozessen, die vor allem auf Schichtung beruhende Spaltung der Frauenbewegung und ein staatlicher Förderung noch entzogener und entsprechend konkurrenzgeprägter Arbeitsmarkt – dies zusammen forcierte im 19. Jahrhundert ein Gleichheitsverständnis, das sich an Differenz, an Unterschieden zwischen den Geschlechtern anlehnte. Mit dem Argument der Ergänzung der Gesellschaft durch einen weiblichen Kulturanteil ließen sich Frauen mobilisieren, die sich in eigenen Organisationen zusammenschlossen und die jene Modernisierung der Frauen-

18 Die Schwäche liberaler Positionen in der ersten deutschen Frauenbewegung bzw. ihre mangelnde Integrationskraft dann auch angesichts der ideologischen Strömungen des Nationalsozialismus und des Kommunismus in den 1920er und 1930er Jahren ist herausgearbeitet worden von Beyer (1933). Der Vergleich mit dem Gleichheitsverständnis der ersten englischen Frauenbewegung im vorliegenden Buch zeigt, dass Schichtkonflikte in der deutschen Frauenbewegung die allgemeine Akzeptanz eines liberalen Gleichheitskonzepts mit behinderten.

inklusion voranbrachten, die bis in das 20. Jahrhundert hinein prägend sein sollte: die Schaffung weiblicher Aufgabenbereiche und Berufe.

(3) Die bürgerliche Frauenbewegung als Kulturbewegung: Differenzansatz als Mobilisierung- und Legitimationsstrategie

Indem die „Gemäßigten" in der bürgerlichen Frauenbewegung dazu aufriefen, weiblich-mütterliche Werte in die Gesellschaft zu integrieren, reklamierten sie die Rolle einer Kulturbewegung, wenn nicht die Repräsentation der Frauen. Ihrer auf die „weibliche Eigenart" gestützte Vorstellung einer gleichwertigen Verschiedenheit der Geschlechter lag eine enge Verknüpfung der kommunikativen Sinnbezüge von Körper, Person und Werten bzw. Werteinstellungen zugrunde. Darin glich das Frauenbild der „Gemäßigten" jenem in der bürgerlichen Familienkonzeption enthaltenen Frauenbild. Im Fall der bürgerlichen Familienkonzeption war aber außerdem die *Sinndimension sozialer Rollen* ausgebildet, bestehend aus der Ehefrauen-, Hausfrauen- und Mutterrolle als Bestandteil des Sozialsystems Familie. Erziehungsliteratur und Ratgeber als Sprachrohr wissenschaftlicher Autoritäten und Experten bildeten wichtige Transporteure dieses Rollenensembles.

Die Protagonistinnen der ersten Frauenbewegung behaupteten mit der „weiblichen Eigenart" ein ‚Sosein' von Frauen, ein gegebenes „weibliches Prinzip". Darüber ließen sich neuartige Frauenbilder anstoßen bzw. „Selbstgefühle" (Peters 1984: 76), die unter den Teilnehmerinnen der Frauenbewegung zugleich ein „Wir" herstellten. Frauen wurden als *Personen* mit besonderen *Werthaltungen* angesprochen und als solche zur Teilnahme an der Sozialbewegung aufgefordert. Ein anthropologisches, von Verbindungen zwischen weiblicher Körperlichkeit und Mentalität ausgehendes Frauenbild ermöglichte es, von einem einheitlichen, jedenfalls große Teile der Frauen umfassenden Bewusstsein auszugehen, so als würden die Vielen in ihren Haltungen und Wertungen übereinstimmen. Dieser Teil der ersten Frauenbewegung konturierte die Geschlechterdifferenz über ein wertebezogenes und moralisch unterlegtes Gattungsbild. So gelang es, mit dem Gewicht des weiblichen Teils der Gesellschaft zu argumentieren und die Asymmetrie der Geschlechterunterscheidung mit einem Vorrang der Frauen auszustatten. Männliche Eigenschaften oder männliche Defizite wurden gleichwohl nicht benannt.

Die Bezugnahme auf hochrangige Werte und die ‚ganze' Gesellschaft verlieh den Frauenkontexten Relevanz, auch in der Selbstwahrnehmung, und wertete ihre Teilnehmerinnen auf. Die kritische Haltung der gemäßigt-bürgerlichen Frauenbewegung gegenüber einem Modernisierungsprozess, dem es aus ihrer Sicht an Sozialität und Sittlichkeit mangelte, schuf Argumente, die es Frauen erlaubten, sich von der abwertenden antifeministischen Kritik abzugrenzen. Sie ermöglichte positive Selbstbetrachtungen neben dem anerkannten Frauenbild als Ehefrau und Mutter.

Stabilität bezog die Konzeption des Weiblichen als gesellschaftlichem Korrekturfaktor dann auch aus der Definition von Frauenaufgaben *jenseits* von Ehe und Familie, nämlich durch die Institutionalisierung von Bildungseinrichtungen für Frauen und neuen weiblichen Berufsbereichen und -rollen. Das In-Bewegung-Bleiben der Frauenbewegung wurde durch Institutionalisierungserfolge abgestützt, die auf gesellschaftliche Veränderung und Zukunftsgestaltung abzielten, auf die Mitwirkung an der Lösung sozialer Probleme.

Die Frauenkontexte vermittelten soziale und zwischenmenschliche Interpenetration unabhängig von der Inklusion in das Intimsystem von Ehe und Familie. Sie bezogen die Teilnehmenden über Erwartungen ein, die auf der sozialen Sinndimension Person basierten und zwar über den Anspruch eigener moralischer Standards der Frauen. Sie opponierten *gegen* die – aus ihrer Sicht zu stark männlich geprägte – Gesellschaft, um sich *darin* zu behaupten. Das Konzept der Ergänzung der Gesellschaft durch einen weiblichen Teil war eines, das im Hinblick auf die Ausdifferenzierung eines kollektiven Engagements für Frauenrechte über einen längeren Zeitraum erfolgreich war (vgl. Albisetti 1982). Die personnahe und werthafte Argumentation verlieh überregionalen Frauenorganisationen über drei Jahrzehnte eine programmatische Legitimation.

(4) Brückenfunktion für die Fraueninklusion in Erwerbsarbeit: Qualifizierte Frauenbildung

Das Engagement für Frauenrechte erhielt in der Phase des Umbruchs der Gesellschaft zur funktionalen Differenzierung wesentliche Impulse aus der Notwendigkeit der Inklusion von Frauen in den Erwerbsbereich, d.h. aus der „Brotfrage“. Es entstand mit Bezug auf einen Bereich der *direkten* Konkurrenz um Existenzgrundlagen zwischen Frauen und Männern. Dies zog den Geschlechtervergleich unter dem Gesichtspunkt körperlicher Leistungsfähigkeit nach sich, und zwar entlang männlicher Maßstäbe, d.h. der Einsatzfähigkeit von Arbeitskräften unabhängig von (möglichen) Schwangerschaften und Kinderbetreuungspflichten. Die Geschlechterkonkurrenz war eine historisch neue Erscheinung und wesentliches Merkmal der Mobilisierungsbedingungen der ersten Frauenbewegung. Frauen wurden in schlecht bezahlte und unsichere Arbeitsbereiche abgedrängt. Ökonomische und soziale Notlagen wurden individuell zugerechnet und nicht einem Mangel staatlichen Eingreifens.

Die Bedingungen der Frauenerwerbsarbeit, der Ausschluss der Frauen aus der Individualisierung von ökonomischen, politischen und sozialen Rechten plausibilisierte eine Strategie der Fraueninklusion, die direkten Konflikten zwischen den Geschlechtern um Teilnahmechancen jedenfalls zum Teil auswich und die zugleich die allgemeine und berufliche Qualifikation von Frauen vorantrieb. Die Verbesserung der Frauenbildung wurde zum Hebel, um Frauen Aufgabenbereiche jenseits von Ehe und Familie zu erschließen und damit auch Erwerbsmöglichkeiten jenseits randständiger Bereiche des Arbeitsmarktes wie der Fabrikarbeit. Frauen beanspruchten die Unterrichtung und Ausbildung von Frauen und schufen darüber weibliche Arbeitsmarktbereiche jenseits der gering qualifizierten und sozial marginalisierten Erwerbsarbeit. Die wirtschaftliche Inklusion der Frauen wurde seitens der Vertreterinnen einer „weiblichen Eigenart" im Aufbau eigener weiblicher Tätigkeitsfelder und Berufe, nicht primär im Eindringen in die Bereiche von Männern gesehen. Über die Schaffung von Bildungseinrichtungen für Frauen entstanden dann auch Frauen vorbehaltene Tätigkeitsfelder und Professionen (vgl. Stoehr 1983: 231ff.).

(5) Entstehende sozialpolitische Verantwortung des Staates und weibliche Professionalisierung

Diese Ausrichtung korrelierte mit der Ausweitung staatlicher Zuständigkeiten im Bereich des Ausbaus des (höheren) Bildungswesens unter der Einbeziehung von Mädchen sowie innerhalb der Fürsorge- und Sozialarbeit. Weite Teile der ersten Frauenbewegung waren Wegbereiterinnen von Teilbereichen des modernen Wohlfahrtsstaates, neu entstehender staatlicher Institutionen und der sie tragenden Berufe (vgl. Peyser 1958; Stoehr 1983; Bock/Thane 1991a: 1ff.). Es wurde eine Inklusionsstrategie verfolgt, die sich auf die Besetzung neuer und expandierender Arbeitsbereiche konzentrierte. Dieses ‚Nischenkonzept' baute auf der Argumentation weiblicher Sonderqualifikationen auf und war insofern erfolgreich, als Frauen vorbehaltene Arbeitsmarktsegmente entstanden, die qualifizierte und vergleichsweise angesehene Berufe umfassten (vgl. Olk 1991). Eine Ausweitung der Fraueninklusion wurde durch die Etablierung von Leistungsrollen herbeigeführt, die sich durch ein weibliches Gestaltungsvermögen auszeichnen sollten.

Das auf eine Verschiedenheit der Geschlechter bzw. auf *Differenz* gestützte Engagement für die Ausweitung gesellschaftlicher Teilnahmechancen von Frauen lief darauf hinaus, innerhalb von Funktionsbereichen *Teilsegmente* für Frauen zu reklamieren. Dies geschah innerhalb des Bildungssystems vor allem dort, wo es um die Vermittlung von Wissen an (weibliche) Kinder und heranwachsende Frauen ging. Erfolge wurden außerdem in einem anderen Bereich staatlicher Aufgaben erzielt, nämlich der sozialen und caritativen Hilfsarbeit. In beiden Fällen korrespondierte der Besetzung von Leistungsrollen mit Frauen die Zusammensetzung des Publikums aus Frauen. In anderen Bereichen staatlichen Handelns blieb die Verankerung von Frauen vorbehaltenen Rollen und Kontexten aus. Zentrale Ressorts der Exekutive wie z.B. die Wirtschafts-, die Außenpolitik oder die Haushaltspolitik ließen sich nicht so untergliedern, als müsse es darin eigens Frauen vorbehaltene Leistungsrollen geben (vgl. Schüller 2000: 64ff.).

Der Versuch weiter Teile der ersten Frauenbewegung, die Ausweitung der Fraueninklusion aus einem Gleichheitsverständnis der *Differenz* abzuleiten, ließ sich nur bedingt in funktionsspezifische Rollen umsetzen. Die Anschlussfähigkeit an Rollen und Rollenerwartungen war eng begrenzt.

(6) Schichtspezifischer Bias

Mit der Schaffung *weiblicher Professionen* gelang dem Engagement der „bürgerlich-gemäßigten" Frauenrechtlerinnen ein Zugriff auf die mittlere Ebene der Sinnebenen von Erwartungsbildung – der Rollen – und damit eine (Selbst-)Zuordnung von Frauen der bürgerlichen Schicht zu Kreisen und Berufen des Bildungsbürgertums, d.h. zu so genannten Mittelschichtberufen. Die Verknüpfung von kulturellen Mitwirkungsrechten mit ökonomischen Rechten war ein schichtspezifisches Konzept und erst in dieser Kombination Motor für eine Frauenbewegung, die sich über mehrere Jahrzehnte auf ein Gleichheitsverständnis der Verschiedenheit der Geschlechter berief. Auf diese Weise konnten vor allem Frauen der eigenen Schicht gewonnen werden (vgl. Beyer 1933: 25).

Die Erwerbsbedingungen von Arbeiterinnen fanden durch dieses Konzept beruflicher Fraueninklusion kaum Berücksichtigung. Die an Vorstellungen besonderer Aufgaben und Fähigkeiten von Frauen angelehnte Konzeption zur Ausweitung der Fraueninklusion hatte einen schichtspezifischen Bias. Als Teil bildungsnaher Schichten beanspruchten bürgerliche Frauen statusgemäße Berufe. Diese Strategie war nur bedingt tauglich, die geschlechtsspezifischen Asymmetrien des Arbeitsmarktes und die Randstellung der großen Masse der Frauen darin zu beseitigen.

Die Separierung der höheren Frauenbildung in Mädchen und Frauen vorbehaltenen Schulen einschließlich der Unterrichtung von Mädchen durch Lehrerinnen als pädagogisches Konzept hat sich historisch nicht durchgehalten. Seit den 1960er Jahren ist sie der Koedukation gewichen. Die höhere Bildung von Mädchen gilt seitdem auch nicht mehr als Frauenaufgabe (vgl. Faulstich-Wieland 1991). Die Ausweitung der Fraueninklusion durch Frauenaufgaben und -berufe hatte im Bildungsbereich nur eine begrenzte historische Reichweite.

Das Konzept pädagogischer und sozialer Frauenberufe schloss ein gleichwertiges und solidarisches Nebeneinander lediger Frauen und verheirateter Frauen bzw. Mütter aus. Familie und Berufstätigkeit etwa als Lehrerin wurden seitens der „Gemäßigten" als nicht vereinbar angesehen. Der halb verborgene, halb offene Anspruch lediger berufstätiger Frauen (der ‚sozialen Mütter'), die ‚ungeteilteren' Frauen zu sein, deutet darauf hin, dass es gegen das dominante Bild einer natürlichen Bestimmung der Frau zur Ehe und zur Mutterschaft Durchsetzungschancen nur um den Preis einer alternativen Überhöhung gab. Dies war zugleich Ausdruck des Mangels einer anerkannten Frauenrolle *jenseits* von Ehe und Familie sowie einer weitgehend tabuisierten Konfliktlinie innerhalb der ersten Frauenbewegung, nämlich der zwischen verheirateten und nicht verheirateten Frauen.

(7) Verknüpfung der Sinndimensionen Körper, Person, (sittliche) Werte: Weibliches Normalitätsmuster und Moralisierung

Erfolge der Frauenbewegung im Bereich der Frauenbildung, die Verbesserung der Frauenerwerbschancen durch die Schaffung von Frauenberufen sowie die Mitwirkung von Frauen in den Parteien und den Parlamenten im Anschluss an die Verankerung des Frauenwahlrechts – diese Faktoren riefen in den 1920er Jahren ein Abebben der ersten Frauenbewegung hervor. Der Ansatz der Differenz der Geschlechter erfuhr durch seine Vertreterinnen eine Zuspitzung auf Fragen der gesellschaftlichen Sittlichkeit und der „sexuellen Ethik". Damit trat noch deutlicher hervor, dass dieser Ansatz an Frauen adressiert war, sie unmittelbar als Personen ansprach und ihren (Selbst-)Wert aus der Beziehung zum eigenen Körper bzw. dem Umgang mit der eigenen Sexualität im Verhältnis zu Männern ableitete. Die Auffassung, dass mit der weiblichen Körperlichkeit auch bestimmte (Lebens-)Haltungen verbunden sein sollten, lief tendenziell auf eine moralische Überlegenheit von Frauen gegenüber Männern bzw. eine Repräsentation sittlicher Werte durch das weibliche Geschlecht hinaus.

Mit dieser Sichtweise reagierten bürgerliche Vertreterinnen der abebbenden Frauenbewegung auf die Liberalisierung von Lebensstilen und Sexualbeziehungen in den 1920er Jahren. Jüngere Frauengenerationen konnten damit nicht erreicht werden. Der Anspruch einer besonderen Moralität des Weiblichen kollidierte mit modernen Entdifferenzierungsprozessen, d.h. der Trennung von Sexualität und Ehe, von Sexualität und Mutterrolle. Es setzte eine Abkopplung der sozialen Sinndimension Person von den Dimensionen Körper und Rolle ein, die allerdings erst in den 1970er Jahren enttabuisiert bzw. normalisiert werden sollte. Die einst durch eine moralisch-anthropologisch gefärbte Semantik getragene Vermittlung zwischen sozialer und zwischenmenschlicher Interpenetration zeichnete sich mehr und mehr durch einen Mangel an Spielräumen für die Kommunikation von Abweichungen und Verbotsüberschreitungen aus.

Die erste Frauenbewegung gelangte in den 1930er Jahren an ihr Ende. Wie wenig es letzthin gelungen war, die Unterscheidung von Frauen und Männern überzeugend als Differenz zweier Menschheitsgattungen und als Differenz zweier Kulturelemente zu codieren, zeigt sich augenfällig an der Selbstzuordnung von Frauenrechtlerinnen zu den politischen Richtungen und Parteien im Zuge der Durchsetzung des demokratischen parteiengestützten Parlamentarismus. In der Konkurrenz um politische Macht forderten die Parteien von Politikerinnen in erster Linie eine Identifikation mit ihren Zielen bzw. mit denen ihrer (männlichen) Anhängerschaft. Die Polarisierung zwischen dem Nationalsozialismus und den sozialdemokratischen bzw. kommunistischen Strömungen brachte die Diskussion um Frauenrechte in den Parteien in der ersten deutschen Republik schließlich ganz zum Verschwinden.

Kapitel 4 Wohlfahrtsstaatliche Vollinklusionsansprüche, individuell gleiche Rechte und die geschlechtsunabhängige Inklusion (1970-1998)

Anfang der 1970er Jahre bildete sich in Deutschland eine zweite Frauenbewegung aus, deren Engagement sich bis zum Ende der 1990er Jahre erstreckte. Die Ausführungen in den ersten Teilen von Kapitel 4 befassen sich mit den beiden Jahrzehnten, die ihrem Entstehen vorausgingen. Sie berücksichtigen zunächst, dass sich Ehe und Familie nach dem Zweiten Weltkrieg über zwei Jahrzehnte lang durch eine hohe soziale Bedeutung auszeichnen und nun fast von einer Vollinklusion der Bevölkerung in Familien ausgegangen werden kann (4.1). In den 1960er Jahren wurden bereits Einflussfaktoren relevant, durch die die Ausbildung und der Verlauf der zweiten Frauenbewegung eine andere Rahmung erhielten als das Engagement ihrer Vorläuferin im 19. und frühen 20. Jahrhundert. Die moderne Kleinfamilie verlor aufgrund der Ausbreitung hormonaler Kontrazeptiva die Funktion der Kopplung von sexueller Beziehung und Ehe. Im bürgerlichen Recht wurden in den 1950er Jahren erste Ansätze zur Umsetzung des Gleichberechtigungsgebots des Grundgesetzes von 1949 sichtbar (4.2). Im politischen System bildeten sich Parteien, die alle Bevölkerungskreise ansprechen wollten und mit allgemeinen Werten warben. Veränderungen im Selbstverständnis der Parteien führten zusammen mit sozialpolitischen Orientierungen im Recht zum Ausbau wohlfahrtsstaatlicher Inklusionsverpflichtungen. Der Staat baute seine Verpflichtungen zur Garantie von Teilnahmerechten an qualifizierter Bildung und sozialen Versorgungsleistungen umfassend aus (4.3). Im Bildungssystem entstand mit der Studentenbewegung die Vorläuferbewegung der Neuen Sozialen Bewegungen. Aus ihr ging auch die zweite Frauenbewegung hervor. In den Anfängen zielten ihre Forderungen nicht primär auf Gleichheit im Sinn der Ausweitung weiblicher Beteiligungsrechte in wichtigen gesellschaftlichen Teilbereichen. Ihre Herausbildung vollzog sich über die Mobilisierung mit tabubelasteten Themen und war durch eine ausgesprochene Distanz gegenüber etablierten Institutionen gekennzeichnet (4.4). Die zunehmende Beteiligung von Frauen an höheren Bildungseinrichtungen seit den 1960er Jahren begünstigte die Anfänge der Institutionalisierung der Frauen- und Geschlechterforschung in den 1970er Jahren innerhalb der Wissenschaft (4.5). In der Auseinandersetzung um die Frage, ob der zeitgenössische Feminismus sich an zwei Postulaten, nämlich Gleichheit und Differenz, orientieren solle, blieben Argumente für einen neuen Differenzfeminismus ohne programmatische Umsetzungsmöglichkeiten (4.6). Die weitere Durchsetzung des Gleichheitspostulats stand im Zusammenhang mit der Institutionalisierung der Frauen- und Geschlechterforschung sowie der inhaltlichen und personellen Verankerung frauenpolitischer Themen in Parteien und Verwaltungen. Der Anspruch der Gleichheit erfuhr eine Verankerung in rechtlichen Normen und materiellen Programmen des Wohlfahrtsstaates (4.7). Das Kapitel findet seinen Abschluss in der Zusammenführung seiner Ergebnisse unter dem Gesichtspunkt der mobilisierenden Wirkungen des Gleichheitsansatzes und seiner Bedeutung für die Entwicklung der Fraueninklusion in der zweiten Hälfte des 20. Jahrhunderts (4.8).[1]

4.1 Das „Golden Age of Marriage“: Vollinklusion in Ehen und Familien in den 1950er und 1960er Jahren

Bevor der Entstehungskontext der zweiten Frauenbewegung Ende der 1960er Jahre beschrieben wird, richtet sich die Aufmerksamkeit zunächst auf das Geschlechterverhältnis in den 1950er und 1960er Jahren. Ehe und Familie bildeten in jener Zeit unangefochtene Institutionen des privaten Lebens. Die Frauenerwerbsarbeit wurde durch Schutzgesetze

1 Auf die Forderungen und das Gleichheitsverständnis der zweiten englischen Frauenbewegung wird – wie schon in Kap. 3 für die erste englische Frauenbewegung – durch Exkurse im Anhang eingegangen. Im Text wird wiederum durch Fußnoten auf diese Exkurse verwiesen. Die Untersuchungen zur englischen Frauenbewegung beruhen ausschließlich auf der Analyse von Sekundärliteratur.

eingeschränkt, die in Frauen primär (zukünftige) Ehefrauen und Mütter sahen. Trotz eines Wahlrechts, das Frauen und Männer gleichberechtigt behandelte, galten Staat und Politik nahezu unangefochten als Entscheidungsbereiche des Mannes.

Gegenüber dem 19. und frühen 20. Jahrhundert stößt man in den 1950er und 1960er Jahren auf eine fast vollständige Inklusion der deutschen Bevölkerung in Familien. In den beiden Nachkriegsjahrzehnten schlossen über 90 Prozent der Frauen und Männer innerhalb der einzelnen Jahrgänge zumindest einmal eine Ehe. Diese Jahrzehnte werden deshalb auch als „Golden Age of Marriage" bezeichnet (vgl. Tyrell 1988: 151). Über 90 Prozent der Kinder bis zum schulfähigen Alter lebten bis in die 1960er Jahre hinein in Familien mit beiden Elternteilen zusammen (ebd.). An Frauen richtete sich die Erwartung, sich vollständig der Rolle als Ehefrau und Mutter zuzuwenden und eine „Hausfrauenehe" zu führen. Die Berufstätigkeit der Ehefrau und Mutter galt als mit familialen Aufgaben nicht vereinbar. Diese Auffassung entsprach nach damaligen Erhebungen einer zentralen gesellschaftlichen Norm (vgl. Pfeil 1961: 48; Beck-Gernsheim 1994: 115). Untersuchungen zur Lage von Müttern in den 1960er Jahren zeichnen ein deutliches Bild vom beruflichen Abstieg verheirateter Frauen. Nach der Geburt von Kindern kehrten sie nicht in den erlernten Beruf zurück, sondern nahmen, sofern sie hinzuverdienten, geringer qualifizierte Arbeit an (vgl. Junker 1968). Die Hochrangigkeit, die Ehe und Familie im 19. Jahrhundert zugewiesen wurde, fand für (nur) zwei Jahrzehnte eine faktische Umsetzung.

Diese Entwicklung wurde durch die (Wieder-)Einführung von Arbeitsschutzmaßnahmen und Arbeitsverboten für Frauen flankiert. Der Krieg und die Nachkriegszeit hatten dazu geführt, dass Frauen auch in so genannten Männerberufen eine Erwerbsarbeit aufnahmen. In der Wiederaufbauphase wurden im gesamten Baugewerbe und in einer breiten Palette handwerklicher und technischer Berufe Schutzmaßnahmen verankert, die die Berufschancen von Frauen in diesen Bereichen schmälerten. Andere Beispiele sind das Verbot des Schaffnerinnenberufs in mehreren deutschen Städten und das Nachtarbeitsverbot für Frauen (vgl. Niehuss 1994: 750ff.).

1952 wurde das „Gesetz zum Schutz der erwerbstätigen Mütter" verabschiedet. Gegenüber den Novellen der Vorläufergesetze von 1927 und 1942 erweiterte es den erfassten Personenkreis. Der Gesetzgeber befreite Frauen beim Einstellungsgespräch nicht von der Pflicht, eine Schwangerschaft mitzuteilen, und räumte Arbeitgebern Kündigungsrechte nach dem fünften Schwangerschaftsmonat ein. Regionale Gesetze sahen vor, dass Frauen, die als Lehrerinnen in einem der wenigen akademischen Berufe arbeiteten, nach der Beendigung des sechsten Schwangerschaftsmonats beurlaubt werden mussten (vgl. ebd.: 757ff.).

4.2 De-Institutionalisierung von Ehe und Familie

4.2.1 Beginn der Umsetzung des Gleichberechtigungsanspruchs des Grundgesetzes

Im Recht gab es in den 1950er Jahren aber auch die ersten Ansätze zur Realisierung der Gleichberechtigung der Geschlechter, und zwar infolge der Umsetzung des Grundgesetzartikels Art. 3 Abs. 2 („Männer und Frauen sind gleichberechtigt"). Das Bürgerliche Gesetzbuch (BGB) behielt bis 1953 ganz überwiegend die rechtlichen Regelungen von 1900 zur Stellung von Mann und Frau in Ehe und Familie bei. Bis dahin war ein Ehemann berechtigt, das Arbeitsverhältnis seiner Ehefrau zu kündigen und über ihre Geldgeschäfte zu verfügen. So war es möglich, dass eine Frau im Beruf mit der Verwendung hoher Geldbeträge befasst war, privat dafür aber den Ehemann um Erlaubnis fragen musste. Die Rollen von Frauen im Sozialsystem Familie und im Wirtschaftssystem konnten erheblich auseinander klaffen (vgl. Weinbach/Stichweh 2001: 34).

In der ersten Hälfte der 1950er Jahren zeigte der Gleichheitsanspruch des 1949 verabschiedeten Grundgesetzes erste Wirkungen. Es brachte emanzipatorische und liberalisierende Elemente in den Rechtsdiskurs jener Zeit, insbesondere durch das Prinzip der Gleichberechtigung der Geschlechter. Die ersten Impulse zur Umsetzung der Verfassungsnorm gingen nicht vom Parlament aus, sondern von Gerichten bzw. Klägerinnen. Den Grundstein für Reformen des Rechts legte eine Entscheidung des Bundesverfassungsgerichts von 1953 (vgl. BVerfGE Bd. 3: 227). Das Gericht war nach Ablauf der Übergangsfrist von Art. 117 Abs. 1 GG (Übergangsregelung für Art. 3 Abs. 2 GG) mit der Frage angerufen worden, ob diese Norm das bürgerliche Recht auf dem Gebiet von Ehe und Familie mit Ablauf des 31.3.1953 außer Kraft setze. Das Gericht stellte fest, dass „Art. 3 Abs. 2 GG eine zwar allgemeine, aber der unmittelbaren Anwendbarkeit fähige Rechtsnorm (ist)" (BVerfGE Bd. 3: 240). Der Sinn des allgemeinen Gleichheitssatzes liege zu einem wesentlichen Teil darin, dass nicht alle tatsächlichen Verschiedenheiten zu unterschiedlichen Behandlungen im Recht führen dürften. Ungleichbehandlungen dürften nur aus Erwägungen der Gerechtigkeit und der Zweckmäßigkeit Bedeutung erlangen (ebd.). Das erste Bundesverfassungsgerichtsurteil zu Art. 3 Abs. 2 GG im Jahr 1953 beinhaltete eine

Grundsatzentscheidung für den Bereich des Ehe- und Familienrechts, aufgrund derer viele einer Gleichberechtigung der Frau entgegenwirkende patriarchale Rechtsnormen beseitigt werden mussten. Ein Beispiel dafür ist die 1957 mit dem „Gesetz über die Gleichberechtigung von Mann und Frau auf dem Gebiete des bürgerlichen Rechts" (vgl. Massfeller/Reinicke 1958) eingeführte Gütertrennung mit Zugewinnausgleich. Zwar entsprach sie weiterhin dem Typus der Hausfrauenehe, gewährte einer Ehefrau im Scheidungsfall aber einen angemessenen güterrechtlichen Anteil an dem während der Ehe gewonnenen Vermögen (ebd.).

Zusätzliche Einschränkungen erfuhr die rechtliche Ungleichbehandlung der Geschlechter in Ehe und Familie in jenem Jahr durch eine weitere Entscheidung des Bundesverfassungsgerichts. Es erklärte das subsidiäre Entscheidungsrecht des Vaters in der Kindererziehung und die Zuweisung des Vertretungsrechts an ihn für verfassungswidrig (vgl. Ramm 1996: 276). Die Durchsetzung von Gleichberechtigungsnormen wurde nach 1949 von der Rechtsprechung vorangetrieben und an den Gesetzgeber adressiert. Sie ging weniger auf parlamentarische Initiativen zurück (vgl. Leicht-Scholten 2000: 94).

Nach 1953 erfolgten rechtliche Gleichstellungen der Geschlechter im Verbands-, im Arbeits- und Wirtschaftsrecht sowie hinsichtlich des Zugriffs auf Sozialleistungen. Damit war auch Frauen das Recht zur Teilnahme an allen Institutionen der höheren Bildung garantiert (vgl. Beitzke 1954: 211; Böttger 1990).

Dass die Rechtsprechung die gesetzliche Verankerung der Gleichberechtigung von Frauen und Männern anmahnen konnte, war eine Folge der Anstrengungen *von Frauen aus der ersten Frauenbewegung*. Ehemalige weibliche Abgeordnete der Weimarer Republik waren nach dem Zweiten Weltkrieg erneut politisch aktiv geworden. Sie hatten in den Beratungen des Parlamentarischen Rates zur Ausarbeitung des Grundgesetzes in den Jahren 1948/49 erreicht, dass die Gleichberechtigung der Geschlechter in den Rang einer Verfassungsnorm erhoben und mit Art. 3 Abs. 2 im Grundgesetz der Bundesrepublik Deutschland festgeschrieben wurde (vgl. Lauterer 2002: 351ff.; Fülles 1969).

Der Einfluss der Kirchen auf die rechtlichen Regelungen zu Ehe und Familie war in den 1950er und 1960er Jahren noch immer ausgeprägt. Das zeigt sich insbesondere an Maßstäben zum Ehescheidungsrecht, wie sie in jener Zeit von Entscheidungen des Bundesgerichtshofs vorgegeben wurden. Hierin wurden religiöse Vorstellungen über die Unauflöslichkeit der Ehe übernommen, die mit dem Prinzip der weltanschaulichen Neutralität des Staates nicht vereinbar waren (vgl. Zeidler 1994: 560f.).

Das Eherechtsreformgesetz von 1977 brachte grundlegende Veränderungen. Das Bundesverfassungsgericht stellte mehrfach klar, dass der Verfassung das Bild einer verweltlichten, bürgerlich-rechtlichen Ehe zugrunde liege und dass die von Art. 6 Abs. 1 GG gewährleistete Freiheit der Eheschließung nicht durch eine einmal eingegangene Ehe konsumiert ist. Seit der ersten Reform des Eherechts sind auch beide Ehegatten berechtigt, erwerbstätig zu sein. Die Erwerbstätigkeit von Ehefrauen unterliegt seitdem nicht mehr der Zustimmung des Mannes (vgl. ebd.). Diese Liberalisierung des Ehe- und Familienrechts ging in den 1970er Jahren nicht vorrangig auf Forderungen der zweiten Frauenbewegung zurück. Sie war vielmehr Folge juristischer Auseinandersetzungen über Gegensätze zwischen dem Status von Frauen als Erwerbstätige und als Ehefrauen sowie über eine mangelnde Anwendung des Gleichheitsgrundsatzes auf die Regelungen im Ehe- und Familienrecht. Diese Auseinandersetzungen waren schon durch das 1957 verabschiedete „Gleichberechtigungsgesetz" eingeleitet worden (vgl. Knöpfel 1960). Mit den zuvor skizzierten Reformen des Ehe- und Familienrechts vollzogen sich in den 1950er und 1960er Jahren im Recht erste Ansätze zur Erosion der Vorstellung, dass Ehefrauen über keine eigenen ökonomische Rechte verfügen sollten. Die Vorrangstellung des Vaters gegenüber der Mutter wurde ebenfalls geschwächt.

4.2.2 Inklusion in medizinische Versorgung, Verbreitung hormonaler Kontrazeptiva, freie Partnerschaften

Blieb es im Ehe- und Familienrecht zunächst noch bei der besonderen Anerkennung der Einheit von Ehe und Elternschaft, leitete die medizinische Forschung aufgrund der Entwicklung hormonaler Kontrazeptiva die De-Institutionalisierung der modernen Kleinfamilie ein. 1961 kam in der Bundesrepublik Deutschland die „Pille" auf den Markt, die als Verhütungsmittel rasch Verbreitung fand. Trotz des Widerstandes der katholischen Kirche und Diskussionen über gesundheitliche Risiken nahm sie unter den verwendeten Verhütungsmitteln schon bald den ersten Platz ein (vgl. Gräser-Bachmann 1995: 2). Nach Schätzungen von Medizinern hat kaum eine andere Medikamentenklasse so weit reichende soziale Bedeutung erlangt wie dieser Empfängnisschutz. Die Massenverbreitung der „Pille" ging auch darauf zurück, dass Verordnungen durch Krankenkassen mitfinanziert wurden (vgl. Zylka-Menhorn 1991: 1788) – Verhütung und Familienplanung wurden als Teil sozialstaatlicher Leistungen anerkannt. Als nahezu zuverlässige Methode der Empfängnisverhütung ermöglichten die hormonalen Kontrazeptiva die Trennbarkeit von Sexualität und Fortpflanzung. Schätzungen zufolge resultierte daraus eine erhebliche Zunahme vor- und nicht ehelicher Sexualbeziehungen (vgl. Schenk 1987: 181).

Die neue Verhütungsmethode verschaffte Frauen einen Selbständigkeits- und Entscheidungszuwachs und trug erheblich zur Veränderung des Geschlechterverhältnisses bei. Durch die Vermeidbarkeit von Schwangerschaften konnten Frauen Alternativen zur Ehe und zur ‚biologisch vorgegebenen' Rolle als Ehefrau und Mutter entwickeln. Freie Partnerschaften gewannen an Bedeutung. Biografische Verläufe veränderten sich, weil junge weibliche Erwachsene Prioritäten auf eine (längere) Ausbildung und auf eine volle Berufstätigkeit legen konnten (vgl. MacKaughan 1990). Eheähnliche, ehelose und nicht eheliche Lebensgemeinschaften wurden bereits in den 1970er Jahre zu „einem Alltagsproblem der Justiz", wo eine „flutartig einsetzende Behandlung des Themas" in der Literatur und ein Ansteigen einschlägiger Entscheidungen zu dieser Thematik festgestellt wurden (Zeidler 1984: 574).

Für die Individualisierung von Biografien wurde aber auch ein sich durchsetzendes Verständnis von Familie entscheidend, das deren Einheit nicht mehr „oberhalb der Individuen" ansiedelte (Tyrell 1993: 143). Diese traditionelle Konstellation trat unter dem Einfluss moderner Erziehungskonzepte der Pädagogik in einen Gegensatz zu den Interessen der einzelnen Familienmitglieder. Das Eltern-Kind-Verhältnis sollte sich nicht mehr auf Gehorsamsforderungen stützen, sondern auf Verständnis und der Gewährung eigener kindlicher Entscheidungsrechte gleichberechtigt zu denen der Erwachsenen (vgl. von Trotha 1990: 461ff.). Die Familie konnte sich nicht mehr über das Bild von der Kleinsteinheit der Gesellschaft mit dem Mann und Vater als Oberhaupt und Haushaltsvorstand definieren. Die Inklusion ihrer Mitglieder als Personen, als Individuen mit je eigenen Belangen (vgl. Luhmann 1990: 196ff.), trat in den Vordergrund und begünstigte neben Kindern auch Frauen. An die Stelle hierarchischer Familienbeziehungen bzw. von Frauen getragener Empathieansprüche traten konkurrierende Ansprüche unter den Familienmitgliedern im Hinblick auf Rücksicht und Entscheidungsrechte (vgl. Kaufmann 1996: 12f.).

Gegenüber dem „Golden Age of Marriage", d.h. den 1950er und 1960er Jahren (vgl. Kap. 4.1), verringerte sich die Inklusion in vollständige Familien seit den 1970er Jahren drastisch – die Scheidungsrate in Deutschland ist seitdem kontinuierlich angestiegen:

Tabelle2: Scheidungsraten 1973-2000 in Prozent (per 1000 Bewohner zur Jahresmitte)

Jahr	1973	1985	1994	1996	1997	1998	2000
	1.46	2.10	2.04	2.14	2.29	2.30	2.40

Quelle: Daten nach Lewis 2004; 1973 und 1985 nur Westdeutschland

Die Zahl lediger Elternschaften erhöhte sich seit den 1980er Jahren ebenfalls fast kontinuierlich:

Tabelle 3: Nicht eheliche Geburten 1988-2000 (als Anteil an allen Geburten in Prozent)

Jahr	1988	1994	1998	2000
	16	15	20	23

Quelle: Daten nach Lewis 2004

In dieser Zeit setzte tendenziell eine Normalisierung des Alleinerziehens und die Akzeptanz der ledigen Mutterschaft ein (vgl. Stein-Hilbers 1994: 141f.). Ehe und Elternschaft wurden zu disponiblen Möglichkeiten im Rahmen unterschiedlicher biografischer Optionen (vgl. Biermann 1995). Die „Hausfrauenehe" hatte als allgemein gültiger weiblicher Lebensentwurf nur eine kurze Blüte von knapp 20 Jahren erfahren und war nun nicht mehr selbstverständlicher Bestandteil des weiblichen Lebensentwurfs.

Die soziale Anerkennung von „alternativen Lebensformen" und „Wahlverwandtschaften" rückte neben Ehe und Familie (vgl. Beck-Gernsheim 1994: 115). War es in den 1950er und 1960er Jahren nur unter sozialer Missbilligung möglich gewesen, dass Paare zusammenlebten, ohne zu heiraten, kam dieser Ausschließlichkeitsanspruch seit den 1970er Jahren mehr und mehr zu Fall. Moralisch unterlegte Bewertungsschemata wie konform/abweichend verloren auch mit Auswirkungen auf diesen Lebensbereich an Bedeutung (vgl. Tyrell 1993: 142).

Das Religionssystem war neben der Familie der andere ‚Verlierer' im Prozess der Modernisierung der modernen Gesellschaft, wobei beide Entwicklungen miteinander verflochten sind. Der Monopolanspruch der Kirchen auf Vorgaben zu einer moralisch gerechtfertigten Lebensführung konnte sich zunehmend weniger gegen Ansprüche individueller Lebensgestaltung behaupten (vgl. Kaufmann 2000: 113f.). Der Bereich privater Beziehungen büßte einen Teil seiner Rolle als Transporteur von

Glaubensüberzeugungen und als Vermittler kirchlicher Mitgliedschaften ein (vgl. Tyrell 1982: 67f.).

4.2.3 Veränderungen im Frauenerwerbsverhalten

In der Hundertjahresperiode von 1882[2] bis 1982 erhöhte sich die Erwerbsquote der Frauen, d.h. der Anteil innerhalb der Gruppe der Frauen, die im erwerbsfähigen Alter von 15 bis 60 Jahren auch erwerbstätig waren, von 37,5 auf 53 Prozent (vgl. Sommerkorn 1988: 116). Ein Anstieg ist ebenfalls beim Anteil der verheirateten Frauen an den weiblichen Erwerbstätigen zu verzeichnen. Hatte er 1882 bei 9,5 Prozent gelegen, so betrug er 100 Jahre später fast 50 Prozent (vgl. ebd.). War die Einstellung gegenüber der Berufstätigkeit von Müttern in den 1960er Jahren noch ablehnend gewesen, wurden die Haltungen dazu gegen Ende der 1960er Jahre toleranter. Das belegen Befragungen, die nicht mehr nur die ökonomische Notwendigkeit der Frauenerwerbstätigkeit, sondern auch soziale und psychologische Gründe dafür erhoben, wie z.B. das Interesse an qualifizierter Arbeit und an gesellschaftlicher Mitgestaltung (vgl. Pfeil 1968: 90). In der Zeit von 1950 bis 1980 verdoppelte sich der Anteil der verheirateten erwerbstätigen Frauen. War 1950 nur ein gutes Viertel aller verheirateten Frauen erwerbstätig, so war es im Jahr 1980 fast die Hälfte (vgl. Sommerkorn 1988: 116). Der Trend zu einem erhöhten Interesse von Frauen an Erwerbsarbeit hielt auch in der Folgezeit an. Zwischen 1980 und 2000 stieg die Erwerbsquote der Frauen von 56,2 auf 62,2 Prozent an (vgl. Lewis 2004: 68).

Die Berufe, die Frauen in den 1970er Jahren ausübten, konzentrierten sich allerdings noch auf das untere Ende beruflicher Hierarchien. Gemessen an Prestige, Einkommen und Grad der Qualifikation galten sie als wenig attraktiv. Der Arbeitsmarkt war geschlechtsspezifisch segregiert (vgl. Beck-Gernsheim 1976). Frauen arbeiteten vor allem in den Wirtschaftsbereichen „Organisationen ohne Erwerbscharakter und private Haushalte“, „Dienstleistungen“ sowie „Handel“. Die häufigsten Berufsgruppen und Berufsbereiche der Frauen waren Bürokräfte, Warenkaufleute, landwirtschaftliche Arbeitskräfte, Reinigungsberufe, Gesundheitsdienstberufe und Berufe in der Textilverarbeitung (vgl. Nauhaus 1979: 14f.). Wirtschaftliche Krisen gefährdeten Frauenarbeitsplätze in besonderem Maße – dies zeigt ein Vergleich der Arbeitslosenquote beider Geschlechter, die im Zeitraum von 1973 bis 1977 bei Frauen durchweg und zum Teil gravierend höher als bei Männern lag. Bei-

2 1882 wurde erstmals eine amtliche Berufsstatistik erstellt (vgl. Handl et al. 1979: 8).

spielsweise stand 1977 einer Arbeitslosenquote von 6 Prozent bei Frauen eine Quote von 3,1 Prozent bei Männern gegenüber (ebd.: 38f.).

Die Folgezeit war durch ein Auseinanderklaffen der Bildungsanstrengungen von Frauen und ihren im Vergleich zu Männern schlechteren Chancen im Erwerbssystem gekennzeichnet. Sozialstaatliche Qualifizierungsangebote und Beschäftigungsprogramme zur Bekämpfung der Arbeitslosigkeit überbrückten diese Kluft nur teilweise und führten zu dem, was die zweite Frauenbewegung dann als „widersprüchliche Lebenserfahrungen von Frauen" thematisierte (siehe dazu Kap. 4.5).

4.3 Politische Verankerung allgemeiner Teilnahmeansprüche und Wohlfahrtsstaatlichkeit

4.3.1 Von Klientel- und Milieu- zu modernen Volksparteien

Veränderungen im Bereich des privaten Zusammenlebens liefen seit den 1960/1970er Jahren parallel zu den Anfängen einer Modernisierung der politischen Kultur. In deren Verlauf entwickelten sich die christdemokratische und die sozialdemokratische Partei dem Selbstverständnis nach zu Parteien der Mitte bzw. zu Volksparteien – ein neuer Parteientypus, der sich seit den 1970er Jahren als besonders resonanzfähig für die Themen und Forderungen der Neuen Sozialen Bewegungen erwies. Es gelangten Themen auf die politische Agenda und dann auch in die Programme der Parteien, die quer zu Strukturen gesellschaftlicher Schichtung lagen, darunter Bildung, Umweltschutz, Garantie der Menschenrechte und die Gleichberechtigung der Geschlechter.

Die Nachkriegsjahrzehnte hatten den Übergang von Klientel- und Milieuparteien, von Honoratioren- und Klassenparteien zu modernen Volksparteien eingeleitet. Die Zersplitterung des deutschen Parteiensystems der Weimarer Republik war 1945 durch eine restriktive Zulassungspolitik der Alliierten eingedämmt worden. Die Konzentration führte dazu, dass sich zwei große Parteien bildeten, die in den Wahlkämpfen aber ungleich abschnitten. Seit den 1950er Jahren bemühte sich die SPD durch die Ausweitung ihres Wählerpotenzials über die Arbeiterschicht hinaus um einen politischen Machtgewinn: Sie wollte Wähler der Mittelschicht gewinnen. Seit dem Ende der 1950er Jahre vollzog sie nach und nach eine Abwendung von sozialistischen und marxistischen Positionen und leitete ihre Umbildung zur modernen Volkspartei ein. Damit glich sich die SPD der CDU an. Um sich aber gleichzeitig auch abzusetzen, bezeichnete sie sich in den Folgejahrzehnten als Partei der „Reformpolitik" und des „Fortschritts" (vgl. Dittberner 1976: 144ff.).

Das 1967 verabschiedete Parteiengesetz sicherte den Parteien eine Finanzierung durch öffentliche Mittel zu. Innerhalb des politischen Systems entstanden so in den 1960er Jahren Parteiorganisationen mit einer differenzierten Binnenstruktur. Deren Programme erhielten einen symbolischen Bedeutungsgehalt und profilierten sich über allgemeine Werte. Wahlkämpfe wurden zunehmend personalisiert; politische Leitfiguren beanspruchten eine schichtübergreifende politische Repräsentation und mussten diese auch verkörpern können (vgl. Kirchheimer 1965). Im Kampf um knappe politische Mehrheiten wurden Reformthemen, darunter der Ausbau des Bildungssystems, zu propagandistischen Mitteln, um möglichst viele Bevölkerungskreise anzusprechen (vgl. Zeuner 1976: 192f.).

Mit dem Wandel des Parteientypus ging die Aufgabe von Vorrangansprüchen politischer Richtungen, Parteien und Bevölkerungsschichten einher. Die Überformung des hierarchisierten Machtcode als binärer Code Regierung/Opposition erzielte allgemein Akzeptanz. Dazu trugen Werteversprechen, die sich an alle Bevölkerungsschichten richteten und allen Verbesserungen versprachen, entscheidend bei (vgl. Mintzel 1984: 44ff.).

4.3.2 Sozialstaatspostulat, soziale Ungleichheit und der Ausbau des Bildungssystems

In Art. 20 des Grundgesetzes war die Bundesrepublik Deutschland 1949 als „sozialer Bundesstaat“ definiert worden. Der Verfassungsartikel enthielt nur vage Vorgaben zur Ausgestaltung der neuen Sozialordnung. Damit oblag dem Gesetzgeber die Aufgabe, den Rahmen für wohlfahrtsstaatliche Aufgaben und Leistungen abzustecken. In der zunächst offenen Diskussion um den Sozialstaatsgrundsatz bildeten sich im Laufe der Zeit zwei Interpretationsstränge heraus: zum einen die Auffassung, das Sozialstaatspostulat des Grundgesetzes verpflichte den Gesetzgeber lediglich zu einer Politik des sozialen Ausgleichs und dem Schutz der sozial Schwachen, zum anderen die viel umfassendere Auslegung des Sozialstaatspostulats als Aufforderung an den Gesetzgeber, bestehende soziale Ungleichheiten, darunter die Schicht- und Klassengegensätze, zu beseitigen, um eine Teilnahme aller Bevölkerungsgruppen an der Gesellschaft und ihren Teilbereichen zu ermöglichen (vgl. Hartwich 1970: 281ff.). Obgleich der sozialpolitische Handlungsbedarf nach 1945 groß war, war die staatliche Sozialpolitik zunächst pragmatisch ausgerichtet. Die Zunahme der wirtschaftlichen Leistungskraft der Bundesrepublik Deutschland führte seit den 1950er Jahren dazu, dass das Parlament seine sozialpolitischen Aufgaben ausweitete. Zunächst wurden Regelungen im Bereich der Versicherung der Arbeitnehmer und der Unterstützung von Beihilfeabhängigen novelliert.[3]

In der Folgezeit bildeten sich die Parteien zu Massenorganisationen im Sinn organisierter Mitgliederparteien um und erhielten technisch und personell relativ gut ausgestattete Apparate. Sie wurden zu Entwicklern einer breiten Palette politischer Themen. Der neue Parteientypus trug dazu bei, dass das im Grundgesetz offen gestaltete Sozialstaatspostulat eine Auslegung hin zu einer umfassenden staatlichen Verantwortung für gesellschaftliche Probleme erfuhr (vgl. Mintzel 1976: 170ff.). In den späten 1960er und in den 1970er Jahren vollzog sich ein enormer Zuwachs der Staatsaufgaben, was sich auch in einer Vergrößerung des öffentlichen Dienstes und einer Erhöhung des Staatsanteils am Bruttosozialprodukt niederschlug. Die Einbeziehung der gesamten Bevölkerung in die Leistungen aller gesellschaftlichen Teilsysteme zur Gewährleistung gleicher Lebensverhältnisse wurde zur Aufgabe staatlichen Handelns (vgl. Grimm 1994: 613ff.). Die Staatsorganisation erhielt schließlich die Funktion, der Universalisierung der Politik, d.h. der wachsenden Zuständigkeit des Staates für gesellschaftliche Probleme, durch Programme Rechnung zu tragen. Der Staat wandelte sich zum modernen Wohlfahrtsstaat mit umfassenden Versorgungsstrukturen (vgl. Luhmann 2002: 214f.).

Zu den Themen, die in der Zeit des wirtschaftlichen Aufschwungs der 1960er Jahre rasch hohe Aufmerksamkeit erzielten, gehörte die Reform des Bildungswesens. Die Kritiker des deutschen Bildungssystems argumentierten ökonomisch bzw. mit der „deutschen Bildungskatastrophe“ (Picht 1964): Einem zunehmend hoch industrialisierten und technisierten Wirtschaftssystem stünde ein Bildungssystem gegenüber, das nur Teile der Bevölkerung in die höhere Bildung einschließe. Die mangelnde Inklusion großer Bevölkerungsteile in qualifizierte Bildung würde mittelfristig die wirtschaftliche Existenz der Gesellschaft gefährden (vgl. ebd.: 12).

Die Bildungsdiskussion wurde bald durch eine soziale Ausrichtung ergänzt: Im Reformklima der 1960er und 1970er Jahre entstand die Unterscheidung von formaler Gleichheit und sozialer bzw. faktischer Ungleichheit (vgl. Zacher 1968: 341ff.). Verschiedene Akteure, neben der Studentenbewegung die Gewerkschaften und die linken Flügel der Parteien, forderten, dass der Zugang zu höheren Schulen aus sozialen Gründen nicht mehr besonderen Schichten vorbehalten sein dürfe. Qualifi-

3 Vgl. Arbeiterrentenversicherungsneuregelungsgesetz vom 23.2.1957; Angestelltenversicherungsneuregelungsgesetz vom 23.32.1957; Bundessozialhilfegesetz vom 30.6.1961.

zierte Bildung müsse allen zur Verfügung stehen, sonst entstünden nicht nur wirtschaftliche, sondern auch politische bzw. demokratische Defizite, ein „neuer Klassenstaat" (vgl. Hondrich 1984: 13). Die Bemühungen um die Ausschöpfung von Begabungsreserven aus ökonomischen Interessen korrelierten mit dem demokratischen Anspruch auf Chancengleichheit für alle jenseits von Herkunft und Schichtzugehörigkeit (vgl. Krüger 1992: 13). Bildung, wirtschaftlicher Fortschritt und soziale Gerechtigkeit wurden als ein Bedingungszusammenhang interpretiert. Die Bildungspolitik rückte in den Kernbereich staatlichen Handelns (vgl. Bundesministerium für Bildung und Wissenschaft 1977).

Diese Entwicklung war durch neue Protestpotenziale, darunter die Studentenbewegung, vorangetrieben worden. Nach der Wiederaufbauphase wuchs in den 1960er Jahren in Teilen der Bevölkerung die Bereitschaft zur politischen Interessenartikulation und zum Konflikt. In der Industriearbeiterschaft hatte die passive Haltung gegenüber der Niedriglohnpolitik der Gewerkschaften abgenommen. Streikende Arbeiter forderten eine gerechte Verteilung der Zuwächse des Sozialprodukts. Ökonomische Krisentendenzen und Arbeiterproteste führten die beiden großen Volksparteien in eine Große Koalition. Von 1966-1969 regierten CDU und SPD gemeinsam. An den Rändern der Großen Koalition bildeten sich radikale politische Strömungen, darunter die Studentenbewegung (vgl. Zeuner 1976: 177f.).

Innerhalb der Studentenschaft vollzog sich in den 1960er Jahren ein Bewusstseinswandel gegenüber der Ordinarienuniversität, der die Bildung einer außerparlamentarischen Protestbewegung nach sich zog. Die Studentenbewegung bildete eine Reaktion auf den Modernisierungsrückstand der Hochschulen. Sie entwarf Mitbestimmungsforderungen und gab Ende der 1960er Jahre wesentliche Anstöße zur Veränderung der Organisation und der Inhalte des Bildungswesens (vgl. ebd.: 183ff.). Die von ihr geforderte Anerkennung eines allgemeinen Rechts auf Bildung stieß in den Parteien auf Resonanz. Dies dokumentiert das Bundesausbildungsförderungsgesetz, das im Zuge der Anfang der 1970er Jahre von der sozial-liberalen Koalition begonnenen „Bildungsreform" verabschiedet wurde. Es basiert mit § 1 auf dem Grundsatz: „Auf individuelle Ausbildungsförderung besteht für eine der Neigung, Eignung und Leistung entsprechende Ausbildung ein Rechtsanspruch [...], wenn dem Auszubildenden die für seinen Lebensunterhalt und seine Ausbildung erforderlichen Mittel anderweitig nicht zur Verfügung stehen."[4] Der Staat verpflichtete sich zur materiellen Ansicherung der Gewährleistung eines individuellen Rechts auf Bildung. Wenig später erweiterte das Bundes-

4 Vgl. Bundesausbildungsförderungsgesetz vom 26.8.1971.

verfassungsgericht in seinem ersten Numerus-clausus-Urteil vom 18.7.1972 den Grundrechtsschutz in Ausbildungsfragen von einem Abwehrrecht gegen staatliche Eingriffe zu einem Teilhaberecht. Das Urteil kam zu dem Ergebnis, dass je mehr sich der moderne Staat der sozialen Sicherung und kulturellen Förderung der Bürger zuwende, neben das Postulat grundrechtlicher Freiheitssicherung vor dem Staat die Forderung nach grundrechtlicher Verbürgung der Teilhabe an staatlichen Leistungen trete (vgl. Glotz/Faber 1994: 1370ff.).

Bildung wurde in den 1970er Jahren zum Schlüsselrecht für gesellschaftliche Teilnahme, d.h. für die Partizipation am Prozess politischer Willensbildung ebenso wie für den ungehinderten Zugang zum Arbeitsmarkt. Gesetzliche Normen und richterliche Urteile zogen Verpflichtungen des Staates im Bereich der Bildungs- und der Hochschulförderung nach sich, die Anschlussstellen für die Institutionalisierung der Frauenbewegung aufweisen sollten.

4.3.3 Die Neuen Sozialen Bewegungen und die Radikalisierung von Werten

Der Bedeutungsverlust herkömmlicher Bindungen und der Anspruch auf individuelle Lebensgestaltung, der sich Mitte der 1960er Jahre abzeichnete, schwächte seit den 1970er Jahren die Anerkennung der etablierten politischen und sozialen Akteure. Nicht nur die Kirchen, sondern auch Parteien und Gewerkschaften verzeichneten seitdem einen Zustimmungsrückgang (vgl. Guggenberger 1982). Die aus der Studentenbewegung hervorgehenden Neuen Sozialen Bewegungen verstanden sich nicht wie die älteren Sozialbewegungen als Anwärter gesellschaftlicher Interessengruppen oder Kollektive. Ihr Politikverständnis orientierte sich am Recht der Einzelnen. Neue Formen des Protests sollten dem Anspruch basisdemokratischer Beteiligungsrechte Ausdruck geben (vgl. Mintzel 1976; Rucht 1994).

Als Alternativ-, Ökologie-, Friedens- und Frauenbewegung setzten die Neuen Sozialen Bewegungen neue Themen auf die politische Agenda. Um Zustimmung zu erlangen, mobilisierten sie mit Begriffen wie Betroffenheit, Benachteiligung, Diskriminierung oder natürliche Lebensgrundlagen – und zwar in Verbindung mit der Forderung nach der Einlösung wichtiger *Werte*. Den Werten der Sozialbewegungen des 19. Jahrhunderts, also bürgerliche Freiheiten und Gleichheit, wurden neue Werte wie Leben, Zukunft, Erhalt intakter Umwelten oder Achtung der Menschenrechte hinzugefügt. Aus den neuen politischen Themen entstanden Forderungen, die jeden betreffen sollten. Die kommunikative Sinndimension Werte wurde mit der Dimension Person verknüpft. Zu dieser Entwicklung trug die „Anti-Atomkraft-Bewegung" als Teil der Ökologiebewegung maßgeblich bei. Mit der Kritik an möglicher Massenvernichtung bzw. der Auslöschung ganzer Landstriche durch Atomunfälle erzeugte sie die Entgegensetzung von wirtschaftlichen Interessen kleiner gesellschaftlicher Gruppen („Atomlobby") und (Über-)Lebensinteressen einer großen Anzahl von Einzelnen. Die Neuen Sozialen Bewegungen entwickelten ein Gleichheitsverständnis, das von Artikulationschancen und Möglichkeiten politischer Einflussnahme eines jeden Mitglieds der Gesellschaft ausging (vgl. Huber 1980: 24f.). Vorstellungen über die Inklusion in das politische System verschoben sich in Richtung einer Aufhebung der Differenz zwischen Publikums- und Leistungsrollen. Die Sozialbewegungen versuchten dies durch basisdemokratische Abstimmungsverfahren und rotierende Mandate selbst zu praktizieren. Sie betrachteten sich als Gegenkultur zu den etablierten politischen Organisationen und den Institutionen des Staates (vgl. Rucht 1980).

Ihre Kritik eines „industriellen Fortschrittsmythos" und eines „instrumentellen Politikverständnisses" richtete sich gegen alle Parteien und den Staat (vgl. Brand 1982: 18). Das Politikverständnis der Parteien, so die Argumentation, würde die subjektiven Bedürfnisse der Einzelnen den Machtimperativen der politischen Organisationen unterordnen (ebd.). Die Neuen Sozialen Bewegungen bildeten Forderungen nach politischer Partizipation in Form direkter Mitwirkungsmöglichkeiten heraus (wie z.B. die Einführung von Volksbegehren; vgl. Kaase 1982). Die Begründung dazu lautete, dass die Souveränität des Volkes durch ein ausschließlich repräsentatives System politischen Entscheidens nicht ausreichend gewährleistet sei; es müssten verstärkt Elemente direkter Demokratie in das politische System integriert (vgl. Ritterbach 1976) und größere Spielräume für „basisdemokratisch" herbeigeführte Entscheidungen geschaffen werden (vgl. Brand 1982: 17f.).

Die Neuen Sozialen Bewegungen wollten an die Stelle der Parteien- und Interessenvertreterpolitik die direkte Artikulation und Vertretung von Interessen, die „Politik der ersten Person" (ebd.), setzen. Dieses Politikverständnis, das sich an den Rechten und Chancen der Einzelnen ausrichtet, wurde auch entscheidend von der neuen Frauenbewegung vorangebracht.

4.4 Die Anfänge einer zweiten Frauenbewegung: Tabuthemen und Autonomieansprüche

4.4.1 Körper und Sexualität als mobilisierungsfähige Themen

Zwar hatte sich der Protest der Studentenbewegung gegen mangelnde Freiheitsrechte der Einzelnen, gegen doppelte moralische Standards und gegen einen autoritären Staatsapparat gerichtet (vgl. Rucht 1988), die Kritik autoritärer Strukturen und Verhaltensweisen aber nicht auf die Geschlechterbeziehungen in den eigenen Reihen angewandt. Frauen hatten in dieser Sozialbewegung einen von Männern abgeleiteten Status und agierten assistierend „in zweiter Reihe“ (Nave-Herz 1988: 65ff.). Dieser ideelle Widerspruch führte Ende der 1960er Jahre zur Abgrenzung der Frauen von der Studentenbewegung und zur Bildung ausschließlich Frauen vorbehaltener Gruppen und Aktionen (vgl. ebd.). An der Schwelle zu den 1970er Jahren bildete sich in Deutschland eine zweite Frauenbewegung aus, die die Neuen Sozialen Bewegungen thematisch und ideell beeinflusste. Sie ging Teilbündnisse mit der dann auch entstehenden Ökologie- und der Friedensbewegung ein, blieb aber durchgängig eine eigenständige Sozialbewegung (vgl. Brand 1982).

Für die zweite Frauenbewegung machen die Theorien über die Neuen Sozialen Bewegungen einen phasenartigen Verlauf aus. Die erste Phase – beginnend mit Aktionen gegen den „Abtreibungsparagraphen“ (§ 218 StGB) – markierte den Übergang des Protests vom studentischen Milieu in die politische Öffentlichkeit. Verschiedene Gruppen und Initiativen gingen nunmehr in einer Bewegung auf. Diese Phase war von der Abgrenzung von (männlichen) Institutionen und dem Anspruch auf autonome Frauenräume (Frauenzentren, Frauenkonferenzen etc.) geprägt (vgl. Roth 1985: 56f.). Die zweite Phase zeichnete sich durch die Entwicklung einer feministischen Gegenkultur aus, die ihre Umsetzung in Frauenprojekten außerhalb von Institutionen fand (vgl. ebd.: 57). Die ersten beiden Phasen, die hier zunächst behandelt werden, spiegeln die Distanz der zweiten Frauenbewegung gegenüber etablierten Institutionen und bestehenden Organisationsformen wider. Die dritte Phase, die in einem eigenen Abschnitt untersucht wird (vgl. Kap. 4.7), führte zur Institutionalisierung der Frauenbewegung bzw. zur Verankerung ihrer Themen in der Wissenschaft und der Politik (vgl. für die Phasen Rucht 1994: 192ff.).

Aufgrund der Erosion traditioneller Bindungen und der von den Parteien forciert betriebenen Politik der Mitte und des sozialen Ausgleichs waren die entstehenden Frauenproteste von anderen gesellschaftspolitischen Konflikten entlastet. Im Kontext gesellschaftlicher Öffnungsprozesse waren Themen, die unmittelbar das Geschlechterverhältnis betrafen, wie „Sexualität“ und „körperliche Selbstbestimmung“, ausgesprochen mobilisierungsfähig. Über die Formel „Das Private ist politisch“ wurden Themen wie das Verbot des Schwangerschaftsabbruchs durch den § 218 StGB oder die Gewalt an Frauen aus dem Verborgenen in den Bereich des Öffentlichen gerückt. Über spektakuläre Aktionen in der Öffentlichkeit erzielten die Frauenproteste mediale Aufmerksamkeit (vgl. Nedelmann 1986).

Die Proteste wandten sich zunächst vor allem gegen die im § 218 StGB geregelte Strafbarkeit des Schwangerschaftsabbruchs (vgl. Schwarzer 1986). Sie forderten für Frauen das Recht, „selbst entscheiden zu können, ob und unter welchen Umständen (sie) Kinder haben wollen“ (Jahrbuchgruppe des Münchener Frauenzentrums 1976: 78). Die Strafbarkeit des Schwangerschaftsabbruchs wurde als „Fremdbestimmung“ zurückgewiesen, die „die Frau auf eine tierhafte Stufe“ drücke (ebd.: 42). Die Würde der Frau bestehe nicht darin, dass sie zwangsweise Mutter werden müsse, sondern „wie die Würde des Mannes darin, Mensch zu sein“ (ebd.).

Lange tabuisierte Themen wie die außer- und innereheliche Vergewaltigung, eheliche Gewalt und sexistische Vermarktungen des weiblichen Körpers erfuhren aufgrund des Protests der zweiten Frauenbewegung eine öffentliche Behandlung. Die Verwendung von abstrakten Symbolen, darunter das Frauenzeichen, unterstrich den Allgemeinheitsgrad der von den Frauengruppen aufgegriffenen Themen bzw. die (potenzielle) Betroffenheit *aller* Frauen unabhängig von Herkunft und Schichtung. Der Geschlechterkonflikt rückte in den Deutungsrahmen eines eigenständigen und sozial allgemein relevanten Konflikts.

4.4.2 Distanz gegenüber Institutionen

Die zweite Frauenbewegung gelangte Mitte der 1970er Jahre in ihre zweite Phase und wurde zu einer Bewegung autonomer Frauenprojekte (vgl. Bock/Witych 1980: 154ff.). Die Frauengruppen betrachteten sich als Gegenwelten zur „männlich geprägten Gesellschaft“ und wollten sich an den „Bedürfnissen und Erfahrungen der einzelnen Frau orientieren“ (Bürger 1987: 11). Stereotype Erwartungen einer weiblichen Lebensgestaltung verliehen ausschließlich Frauen vorbehaltenen Zusammenschlüssen über einige Jahre hohe Anziehungskraft. Um Abgrenzungen von etablierten Organisationen hervorzuheben, bezeichneten sie sich als Teile einer „autonomen Frauenbewegung“ (Nienhaus 1981: 118). Die meist informell organisierten und zahlenmäßig kleinen Gruppen und

Projekte betrachteten sich als Gestaltungsräume weiblicher Entfaltungschancen jenseits traditioneller Rollenerwartungen (vgl. Sichtermann 1986: 107). Profil und Aufmerksamkeit erlangten die neuen Frauenproteste aufgrund ihrer ausdrücklichen Abkehr von fest umrissenen Weiblichkeitsvorstellungen, die sie auf eine männlich geprägte Sicht des Weiblichen zurückführten.

Rigide Organisationsstrukturen und Hierarchien wurden in den Frauengruppen und -projekten ebenso abgelehnt wie Führungsansprüche Einzelner. Sie lehnten sich an ein Verständnis politischen Handelns an, das individuelle Emanzipation und kollektives politisches Engagement miteinander verbinden sollte. Ihr Aktions- und Politikverständnis entsprach damit dem der anderen neuen Sozialbewegungen. Gegenüber Organisationen wie Parteien und Gewerkschaften sowie gegenüber staatlichen Institutionen blieb die neue Frauenbewegung auf Distanz. Bundesweit entstanden Frauenhäuser, Frauennotrufe, Beratungsstellen, Frauenverlage und Frauenbildungseinrichtungen (vgl. Roth 1985: 57).

Neben dem Ziel der Gewährleistung individueller Freiräume bildeten sich in den autonomen Frauenkontexten aber auch Vorstellungen eines gemeinsamen Andersseins bzw. einer „Frauenkultur" heraus. In den Anfängen der zweiten Frauenbewegung deutete sich bereits eine Frage an, die in ihrem weiteren Verlauf noch Kontroversen hervorrufen sollte: Wie Weiblichkeit beschrieben und definiert werden könne, ohne dass diese Definition auf eine Neuauflage traditioneller Weiblichkeitsideologien hinausläuft (vgl. Bovenschen 1979). Aussagen über eine „weibliche Kultur der Emotionen, der Intuition, der Liebe, der menschlichen Beziehungen" (Burris et al. 1974: 58) wurden einstweilen noch als „‚neue' alte Weiblichkeit" (Giesen 1979: 274) zurückgewiesen. Vielmehr müsse es darauf ankommen, „für eine Konzeption des Weiblichen (einzutreten), für die es so viele ‚Weiblichkeiten' gibt, wie es Frauen gibt" (Kristeva 1979: 82).

Die Anfänge der zweiten Frauenbewegung waren durch Forderungen nach individuellen Entscheidungsfreiheiten für Frauen, nach ihrer ökonomischen Unabhängigkeit von Männern und dem Recht auf körperliche und persönliche Selbstbestimmung gekennzeichnet (vgl. Janssen-Jurreit 1979; Ferree 1990: 290ff.). Aussagen über Eigenschaften und Aufgaben von Frauen, über Weiblichkeit und Unterschiede zwischen den Geschlechtern wurden als Entwürfe des Mannes zurückgewiesen. Die männliche Perspektive könne keine gerade Achse anlegen und betrachte Frauen vorrangig als „Geschlechtswesen", als das „Andere", das „bloß Spezielle" (Sichtermann 1986: 107). So lange sich das „Frauentum" weiter fortsetze, bestünde keine Aussicht, dass Mann und Frau sich als „ihresgleichen" anerkennen (Beauvoir 1997: 582, 670). Die autonomen Proteste leiteten im Hinblick auf die Geschlechterdifferenz eine konstruktivistische Perspektive ein, die später zu einem zentralen Paradigma der Frauen- und Geschlechterforschung wurde und ihre Institutionalisierung mitbegründen sollte.

4.5 Frauenstudium und Wissenschaftskritik

Der Frauenproteste der zweiten Hälfte des 20. Jahrhunderts waren in arbeitsmarktpolitische Wachstumsprozesse, einen Einstellungswandel bei nach dem Zweiten Weltkrieg geborenen Generationen hin zu postmaterialistischen Werthaltungen (vgl. Brand 1996: 337ff.; Roth 1985: 60) *und* in die Öffnung des Bildungssystems für breite Bevölkerungsschichten eingebettet.

Die Bildungsreform der 1960er und 1970er Jahre hatte ein Schulsystem mit einfachen, mittleren und höheren Schulstufen, mit neuen Schultypen und mit durchlässigen Aufstiegs- und Quereinstiegsmöglichkeiten geschaffen (Stichwort: „Zweiter Bildungsweg"). Die Ausweitung der Partizipation an höherer Bildung wurde vor allem auf Benachteiligungen aufgrund der sozialen Herkunft bezogen („Arbeiterkinder an die Hochschule", Altendorf 1978: 24). Obgleich noch keine Zielgruppe politischer Programme, stießen die Bildungsangebote bei Mädchen und heranwachsenden Frauen auf hohe Resonanz. Zwischen 1965 und 1976 stieg der Anteil von Mädchen an Gymnasien von 39,9 auf 48,4 Prozent und an Hochschulen von 23,5 auf 33,5 Prozent an (ebd.: 62f.). Dieses Bildungsinteresse weiblicher Nachkriegsgenerationen ist auch als „Stille Revolution" bezeichnet worden.

Die Unterrichtung von Mädchen in Mädchenschulen war seit den 1960er Jahren stark rückläufig (vgl. Faulstich-Wieland 1991). Die dann auf alle Schultypen zutreffende und massenhafte koedukative Schulausbildung hatte zusammen mit den wachsenden Anteilen von Frauen an höherer schulischer Bildung wesentlichen Anteil an der Angleichung männlicher und weiblicher Bildungsbestrebungen und dem Anstieg des Anteils von Frauen unter den Studierenden (vgl. Hepting 1978: 114ff.).

Hervorgegangen aus der Studentenbewegung, hatte sich die neue Frauenbewegung zum Teil auch im universitären Kontext weiter entwickelt (vgl. Roth 1985: 56f.; Knafla/Kulke 1987: 96f.). Als sie Ende der 1970er Jahre in die Phase der Institutionalisierung in der Wissenschaft überging, konnte sie Teilnehmerinnen rekrutieren, die relativ gut ausgebildet waren bzw. an Hochschulen studierten und den neuen Mittelklassen angehörten (vgl. Roth 1985: 60).

Im seit den 1970er Jahren expandierenden Hochschulbereich gelang die Verankerung erster Frauenforschungskontexte und -einrichtungen, die gegenüber mehreren Disziplinen den Anspruch einer „feministischen Wissenschaftskritik“ formulierten (vgl. Duelli-Klein/Nerad/Metz-Göckel 1982: 50ff.). „Frauenarbeit“ und „Frauenbildung“ wurden zentrale Themen der entstehenden Frauenforschung, die mit dazu beitrug, dass sich die Vorstellungen über weibliche Berufstätigkeit und weibliche Karriereansprüche veränderten.

Ansätze, die Benachteiligung von Frauen in einem gesellschaftstheoretischen Kontext zu behandeln, entstanden zunächst in einer kritischen Auseinandersetzung mit der marxistischen Gesellschaftstheorie. Als deren „blinder Fleck“ wurde die „unbezahlte Hausarbeit“ (von Werlhof 1978: 18) herausgearbeitet. Auch der nicht kapitalistische Sektor der Familie beruhe auf einem Herrschafts- und Ausbeutungsverhältnis, nämlich dem zwischen einem Lohnarbeiter und einer unbezahlt arbeitender Hausfrau.

Die Beschreibungen des Geschlechterverhältnisses als „Herrschafts- und Ausbeutungsverhältnis“ (ebd.: 26ff.; ähnlich Beer 1990: 47ff.) erfolgten zwar über Anleihen bei der Klassentheorie, setzten den Klassenwiderspruch aber hintan. Über den Begriff der Hausfrau bzw. der unbezahlten Arbeit wurden Frauen mit einer Rolle in Zusammenhang gebracht, von der sich behaupten ließ, dass sie alle betreffe, „weil keine Gesellschaft ohne diese Arbeit auskommt“ (Kontos/Walser 1978: 72). Die Hausarbeit von Frauen wurde als „Basis der Reproduktion, nicht nur der Arbeitskraft, sondern auch des Lebens“ (von Werlhof 1978: 29) betrachtet. Aus den Arbeiterinnen der Klassentheorie wurden Reproduktionsarbeiterinnen in Familien. Unterscheidungen wie die von Haus- und Erwerbsarbeit (vgl. Ostner 1979), privater und öffentlicher Sphäre (vgl. Hausen 1990: 268ff.) sowie der Begriff der geschlechtsspezifischen Arbeitsteilung (vgl. Beck-Gernsheim 1976) wurden zu leitenden Kategorien feministischer Gesellschaftsanalyse und verstärkten das Bild von der Geschlechterdifferenz als markantem sozialen Differenzierungskriterium.[5]

Der Begriff der „geschlechtsspezifischen Arbeitsteilung“ entwickelte sich zu einer zentralen analytischen Kategorie der Frauenforschung. Die Situation von Frauen als Erwerbstätige, Frauenberufe und die Doppelbelastung der Frauen durch Beruf und Hausarbeit wurden nunmehr Gegenstand zahlreicher Forschungsarbeiten. Sie richteten den Blick auf Ungleichheitsstrukturen auf dem Arbeitsmarkt, d.h. auf die Ungleichheit

5 Vgl. den Exkurs (8) „Zur Entstehung der zweiten englischen Frauenbewegung“, im Anhang, S. 171.

der Männer- und Frauenlöhne, geschlechtsspezifisch geprägte betriebliche Hierarchien, die Konzentration von Frauen auf wenige Berufsfelder und die Abschottung beruflicher Männerdomänen aufgrund stereotyper Rollenbilder (vgl. ebd.).

In der Psychologie und der Pädagogik wurden unter dem Einfluss der Frauenforschung Fragestellungen ausgearbeitet, die Geschlechtsunterschiede nicht mehr aus der Prägung der Person der Frau durch ihre Fortpflanzungsfunktion herleiteten, also das Geschlecht selbst als Ursache für Unterschiede zwischen Frauen und Männern anführten, sondern die das Verhältnis zwischen sozialen Einflussfaktoren und Verhalten untersuchten (vgl. Sherif 1979). Die Familie und die Schule wurden als Sozialisationsinstanzen identifiziert, in denen Erwachsene unterschiedliche Wahrnehmungen und Erwartungen gegenüber weiblichen und männlichen Kindern bildeten. Erziehungsverhalten, etwa durch das Drängen auf die Anpassung an Geschlechterstereotypen, wurde als Ursache geschlechtsspezifisch unterschiedlichen Verhaltens herausgestellt (vgl. Hagemann-White 1984). Mit Aussagen über eine „geschlechtsspezifische Sozialisation" gingen Aufforderungen an Familien sowie an Schulen als staatliche Erziehungsinstanzen einher, Mädchen gleichberechtigt zu fördern (vgl. Scheu 1986).

Die Unterrepräsentanz von Frauen in der Wissenschaft – trotz steigender Frauenanteile unter den Abiturienten – und mangelnde Karrierechancen für Hochschulabsolventinnen bildeten einen weiteren Schwerpunkt der Frauenforschung. Mit dem Begriff der „Bildungspyramide" wurde gezeigt, dass der Anteil von Frauen immer geringer wurde, je höher es auf der wissenschaftlichen Karriereleiter hinauf ging. Die Wissenschaft wurde zum anschaulichen Beispiel für die Existenz gesellschaftlicher Bereiche, die Frauen sehr weitgehend ausgrenzten. Der Anspruch einer drastischen Ausweitung der Beteiligung von Frauen an hoch qualifizierter Ausbildung über ihren traditionellen Fächerkanon hinaus und die Öffnung wissenschaftlicher Leistungsrollen für Frauen wurden zu zentralen Forderungen der Frauenproteste innerhalb der Wissenschaft (vgl. Mohr 1987).

In den 1980er Jahren stieg der Anteil von Frauen an den Studierenden an deutschen Hoch- und Fachhochschulen in nahezu allen Disziplinen an. Sowohl an Universitäten wie an Fachhochschulen wählten Frauen in den Jahren 1980-1988 stärker als zuvor (1976-1979) solche Fächer, die von Männern bevorzugt wurden (vgl. Wermuth 1992: 37ff.).

Das Bild von Frauen als Hausfrau und Mutter erwies sich in den 1970er und 1980er Jahren aber als veränderungsresistent. Die qualifizierte Ausbildung und die Planbarkeit einer Mutterschaft durch moderne Verhütungsmethoden führten für viele Frauen nicht zur qualifizierten

Berufstätigkeit, sondern fanden ihre Schranken oftmals an traditionellen Normen und Einstellungspraxen. Hier griffen Vorbehalte, die auf traditionelle Rollenbilder zurückgingen (vgl. Biermann/Schmerl/Ziebell 1985). Die in der Wissenschaft Fuß fassende Frauenbewegung griff mit ihren Forschungsarbeiten widersprüchliche Lebenserfahrungen von Frauen und Erfahrungen begrenzter Veränderungsmöglichkeiten auf (vgl. Knafla/Kulke 1987: 93; Riedmüller 1988). Ungleichheiten zwischen den Geschlechtern wurden zur bestimmenden Beobachtungsperspektive des Engagements für die Ausweitung der Teilnahmechancen von Frauen.

4.6 Gleichheit als Mobilisierungsstrategie der zweiten Frauenbewegung

4.6.1 Gleichheit als Gleichstellung und Parität

Die 1980er Jahre bildeten einen Wendepunkt im Selbstverständnis der Frauenbewegung. Die Strategie der Abgrenzung von staatlichen Institutionen und politischen Organisationen durch die Bildung autonomer Frauengruppen wurde nun aufgegeben. Visionen wie die eines „Frauenstaates" oder eines „Frauenlands" hatten nur noch als Stoff utopischer Romane Bestand (vgl. Perkins Gilman 1980 [1915]). Die Institutionalisierung der Frauenbewegung in der Wissenschaft stärkte aufgrund neuer feministisch orientierter Theorien und empirischer Studien, die die Geschlechterdifferenz zugrunde legten, die Perspektive des *Vergleichs* männlicher und weiblicher Beteiligungschancen. Dabei wurden immer weitere Bereichen der Gesellschaft beleuchtet. In den 1980er Jahre wuchs die Zahl der Initiativen, die wissenschaftliche Argumente mit politischen Forderungen verknüpften und rechtliche und materielle Programme zur Förderung und Gleichstellung von Frauen entwarfen. Der Ausgleich der Unterrepräsentanz von Frauen in außerhäuslichen Arbeits- und Entscheidungsbereichen bildete sich fortan zum Kernstück feministischer Politik heraus. Mit Vorschlägen von Maßnahmen zur Frauenförderung durch materielle Programme und durch Gleichstellungsgesetze (vgl. Pfarr 1985) wurden gleiche, dem Anteil der Frauen an der Bevölkerung entsprechende Verteilungen („Halbe/Halbe", „Die Hälfte von allem den Frauen", „Dual Participation", „Parity") zum Leitmaß für die Aufhebung der Benachteiligungen von Frauen. Sie standen für den gesellschaftlichen und politischen Willen, „Gerechtigkeitsdefizite" (Stackelbeck/Kiewel/Stiegler 1989: 8) auszugleichen, dafür, von einer nur „formalen" zur „faktischen Gleichberechtigung" der Geschlechter zu gelangen (Ortner 1992: 253ff.; Biermann 1993: 63ff.).

Das den Forderungen und Programmen zugrunde liegende Gleichheitsverständnis zielte darauf ab, Frauen in der Konkurrenz mit Männern bessere Chancen zu verschaffen und die Bewertung ihrer Leistung von Weiblichkeitsklischees zu entlasten. Aufforderungen wie „Her mit der Hälfte" (Kötteritzsch 1986: 27) sowie „Wir wollen nur was uns zusteht" (Lommer 1987: 9) waren Ausdruck einer zunehmenden Ungeduld von Frauen gegenüber herkömmlichen Verteilungsregeln und des wachsenden politischen Gewichts des Gleichheitspostulats. Sie richteten sich gegen eine Arbeits- und Einkommensverteilung, die einseitig dem weiblichen Geschlecht die schlechter qualifizierte und schlechter entlohnte Erwerbsarbeit *und* die unbezahlte Hausarbeit zuwies (vgl. Janssen-Jurreit 1979). Buchtitel und Slogans wie „Macht macht Frauen stark" (Weg 1988) oder „Die Macht ist falsch verteilt" (Wetter 1989: 10) gaben dem Willen Ausdruck, auch im Bereich der Politik auf eine Umverteilung von Ämtern und Mandaten zwischen Frauen und Männern zu drängen.

An den Forderungen und Slogans der zweiten Frauenbewegung fällt eine deutliche Akzentverschiebung gegenüber dem Emanzipationsverständnis der ersten Frauenbewegung und selbst gegenüber der Anfangsphase der zweiten Frauenbewegung auf. Darin dokumentiert sich die Bereitschaft, den Kampf um Rechte und Chancen auch als einen „Verteilungskampf" (Slupik 1982: 352) zu führen. Dies belegen ebenfalls Aussagen, die ein „Ende der katastrophalen Bescheidenheit der deutschen Frau" (Janssen-Jurreit, zitiert nach Lang 1989: 11) konstatierten oder darauf hinwiesen, dass Frauen (in den Arbeitsmarkt) „reindrängen" (Rühmkorf 1989: 11). Frauenförderung wurde als „Wiedergutmachung für gesellschaftliches Unrecht" und für „vorenthaltene Möglichkeiten und Chancen" (Stackelbeck/Kiewel/Stiegler 1989: 8) betrachtet. Seit den 1980er Jahren spitzte die zweite Frauenbewegung die Forderung nach Zugangsrechten und nach Chancenerweiterung zum Anspruch nach „gleichen Anteilen für Frauen" (ebd.) zu.

Parallel zur Forderung einer gleichberechtigten Verteilung von Bildungs- und Berufschancen sollten auch die Hausarbeit und die Kindererziehung zu gleichen Anteilen zwischen Frauen und Männern verteilt werden. „Den Männer die Hälfte der Familie, den Frauen mehr Chancen im Beruf" – diese Forderung wurde zum wesentlichen Bestandteil des Bildes einer gesamtgesellschaftlichen Gleichberechtigung von Frauen (vgl. Busch/Hess-Diebäcker/Stein-Hilbers 1988). Daran schlossen sich Forderungen an die Parteien und den Staat an, die Rahmenbedingungen für eine gleichberechtigte Elternschaft durch sozialpolitische Maßnahmen zu verbessern, z.B. durch flexiblere Arbeitszeitmodelle, die Verbesserung außerhäuslicher Betreuungsmöglichkeiten und die Anerkennung von Erziehungszeiten. Es erging aber auch die Forderung an Männer als Lebenspartner von Frauen, weibliche Interessen an einer familienunabhängigen Lebensführung anzuerkennen und durch eigene Einschränkungen zu unterstützen (ebd.: 131ff.).[6]

4.6.2 „Gleichheit und Differenz"? – Neuer Differenzfeminismus ohne programmatische Anschlüsse

In den 1980er Jahren machte sich aber auch Enttäuschung über die geringen Erfolge breit, die die Frauenbewegung bis dahin mit ihren Gleichheitsforderungen erzielt hatte (vgl. Gerhard 1990a; Klinger 1988: 41f.) Diese Enttäuschung verschränkte sich mit zivilisationskritischen Protesten in anderen Teilen der Neuen Sozialen Bewegungen. Beides zusammen führte in der zweiten Hälfte der 1980er Jahren zu kritischen Stellungnahmen gegenüber dem Gleichheitspostulat (vgl. Spender 1982: 737; Birk/Stoehr 1987: 61). Die Maßstäbe für die Gleichheit von Frauen und Männern, so der Einwand, hätten sich historisch einseitig über männliche Normen und Biografiemodelle ausgebildet (vgl. MacKinnon 1990: 205ff.). Mit den Ansprüchen nach Gleichheit und Gleichstellung werde die Gleichsetzung von allgemeinen und männlichen Werten und Lebensvorstellungen weitgehend übernommen und die Ausblendung weiblicher Fähigkeiten und Leistungen fortgeschrieben. Angesichts einer Lebens- und Produktionsweise, die die natürlichen Lebensgrundlagen zerstöre und die Menschen in die Konkurrenz um immer knapper werdende Arbeitsplätze und natürliche Ressourcen dränge, sei ein Emanzipationsverständnis bedenklich, das die Befreiung der Frau vorrangig am Eintritt in den Erwerbsprozess und in männliche Machtsphären festmache. Dies gelte erst recht angesichts der besonders drastischen Ausbeutung der Lohnarbeit in Ländern der „Dritten Welt" und selbst in Teilen der USA und Europas (vgl. Bennholdt-Thomsen 1990: 128ff.). Die eigentliche Diskriminierung der Frau beruhe auf der mangelnden Achtung der weiblichen Arbeit und weiblicher Wertmaßstäbe, der fortgesetzten Anerkennung des (weißen) Mannes als dem Menschen par excellence (vgl. Döhmann 1990: 123ff.).

Mit dieser Kritik nahm der Einfluss jener Richtung in der zweiten Frauenbewegung zu, welche die Rolle und die Arbeit von Hausfrauen und Müttern als besondere gesellschaftliche Ressource anerkannt wissen

6 Vgl. den Exkurs (9) „Zu gleichstellungspolitischen Maßnahmen in Großbritannien", im Anhang, S. 172.

wollte. Bis dahin als „traditionell" zurückgewiesene Weiblichkeitsmerkmale wurden als „Potentiale und Tugenden" (Maren-Griesebach 1982: 12; Hagemann-White 1986: 38ff.) hervorgehoben. Zahlreiche Schriften betonten nunmehr ausdrücklich, dass die Forderung nach Gleichberechtigung und Gleichstellung auch die „positive Anerkennung der Geschlechterdifferenz einschließen müsse" (Maihofer 1991a: 38), dass damit auch gemeint sei, dass sich „Frauen und Männer als gleichwertige Andere definieren können" (Böttger 1991, 28). Das Recht auf „Gleichheit und Differenz" (Gerhard et al. 1990) schien sich zu einem neuen Postulat feministischer Diskurse zu entwickeln.

Das Echo war jedoch geteilt. Gegenargumente lauteten, die Frauenbewegung liefe mit der Forderung nach der Anerkennung von Frauen als gleichwertigen Anderen Gefahr, selbst zur Festschreibung von Weiblichkeitsbildern beizutragen. Wo die einen den Aufbruch zu einem kulturellen Feminismus erhofften, erblickten andere die Rückkehr zu konservativen Leitbildern und die Desavouierung des Gleichheitspostulats. Aussagen über Unterschiede der Frau zum Mann haben vor allem die Befürchtung hervorgerufen, sie könnten zu Vorstellungen einer natürlichen und angeborenen Differenz und zu einem anthropologischen Weiblichkeitsverständnis zurückführen. Diese Befürchtung ist insbesondere in der deutschen Kontroverse unterstrichen worden. Viele Beiträge distanzieren sich hier ausdrücklich von einem „biologistischen" oder „ontologisch-essentiellen" Differenzverständnis und kennzeichnen eigene Positionen der Verschiedenheit als „historisch" und „soziokulturell" (Gerhard 1991: 16) begründet. Nicht bereits der physische Unterschied der Geschlechtsorgane würde Unterschiede des Verhaltens und der Einstellungen erzeugen, sondern erst die historisch entstandene und tradierte Teilung weiblicher und männlicher Arbeitsbereiche (ebd.).

Die nachstehenden Ausführungen untersuchen die Frage, woran innerhalb der zweiten Frauenbewegung Auffassungen über Unterschiede zwischen den Geschlechtern festgemacht wurden. Sie wird anhand von Aussagen zum „weiblichen Arbeitsvermögen" geprüft, über dessen „Konstitution" und „Qualität" es beispielsweise hieß: „So sind eine Orientierung an der Gegenwart, am Konkreten, Vorfindbaren, am Erfolg, der unmittelbar aus der jeweiligen Aufgabe kommt, [...] so sind Empathie und Intuition, Erfahrung und divergentes Denken vor allem Qualitäten des weiblichen Arbeitsvermögens, auch in der Berufsarbeit. Sie verweisen zurück auf die Hausarbeit." (Ostner 1979: 189) Mit Zusatzbemerkungen wurden allerdings auch Hinweise gegeben, die dieses Arbeitsvermögen auf andere Körpererfahrungen der Frau zurückführten: „Vielleicht ist das weibliche Arbeitsvermögen auch mitbestimmt durch die größere Naturgebundenheit weiblicher Existenz – z.B. durch

Schwangerschaft, antizipiert oder real erfahren." (Ebd.: 193f.) Die Gebärfähigkeit ermögliche es der Frau, eine „stärker tauschbezogene" Erfahrungswelt zu entwickeln (ebd.: 194). Andere formulierten es noch pointierter. Sie werteten die sozialen und mitmenschlichen Fähigkeiten von Frauen gleichsam als eine Fortsetzung der Fähigkeit des Gebärens: „Neues Leben schaffen durch Gebären ist das Prinzip, das Frauen auch auf alle anderen Tätigkeiten anwenden. [...] Die Frauen haben daher ein spezifisches Arbeitsvermögen entwickelt. Es orientiert sich an der Fruchtbarkeit ihres Leibes." (Von Werlhof 1983: 128f.) Ein androzentristisch verkürzter Arbeitsbegriff betrachte nur Hand und Kopf als menschliche Arbeitsinstrumente, „nicht aber (den) Uterus oder die Brust der Frau" (Mies 1983: 166). Schwangerschaft, Gebären und Mutterschaft, mithin der weibliche Körper, blieb auch hier ein Bezugspunkt, um Unterschiede zwischen den Geschlechtern zu bestimmen. Der Versuch, den Körper zum „Produktionsmittel" aufzuwerten, hob dies nicht auf.

Knapp gebündelt wurden Unterschiede zwischen den Geschlechtern an einem anderen Verhältnis der Frau zur sozialen und natürlichen Umwelt festgemacht. Es zeichne sich durch „Empathie", „Intuition", „ganzheitliche Wahrnehmung" (Ostner 1979: 194) sowie durch „Tauschbezogenheit" und „Kooperation" (Mies 1983: 166) aus und sei auf „Fürsorge" und „Sozialität" (Gilligan 1984: 12; vgl. Mulack 1990: 120ff.) ausgerichtet. Weiblichkeit, zunächst als offenes, individuell bestimmtes Schema postuliert, wurde nunmehr fester umrissen und zum Ausdruck besonderer Formen des (Er-)Lebens von Sozialität, von wertvollen Verhaltensweisen und moralisch guten Einstellungen.

Programmatische Umsetzung fand der Differenzfeminismus der zweiten Frauenbewegung in Plädoyers für eine Verbesserung der Lebenssituation von Müttern durch sozialstaatliche Maßnahmen (vgl. „Müttermanifest" Teile I-III[7]). Sie sollten dem Umstand Rechnung tragen, dass sich die geschlechtsspezifische Arbeitsteilung „nur zäh verschiebt" (Müttermanifest Teil III).

Als ausschließliches Plädoyer für eine veränderte Sozialpolitik wollte sich der Aufruf aber gleichwohl nicht verstanden wissen. Mit Blickrichtung auf die Frauenbewegung wurde darin zugleich die Forderung nach einem „Emanzipationsbild" (Müttermanifest Teil II) formuliert, das „die Impulse traditioneller Frauenarbeit, d.h. die Versorgung von Perso-

7 Das „Müttermanifest" wurde 1986 auf dem „Bonner Mütterkongreß" eearbeitet und 1987 einer breiten Frauenöffentlichkeit zugänglich gemacht. Innerhalb der zweiten Frauenbewegung stieß es auf hohe Resonanz, die z.T. in heftigem Widerspruch bestand. Abgedruckt ist das dreiteilige Manifest in Ostwaldt (1989), die auch Reaktionen darauf darstellt.

nen, die Wahrnehmung sozialer Bezüge, die Hinterfragung von so genannten Sachzwängen als legitime Werte integriert und entsprechend wertemäßig, sozial, politisch (anerkennt)" (Müttermanifest Teil II).[8] Faktisch unterschied sich diese Richtung kaum von den Forderungen, die schon von Vertreterinnen des Gleichheitsfeminismus zur besseren Vereinbarkeit von Berufstätigkeit und Mutterschaft vorgebracht worden waren.

Zentrale Forderungen der Frauenbewegung wie institutionalisierte Förderregeln zur Hebung der Anteile von Frauen in Leistungsrollen wurden nicht mit Aussagen über Unterschiede der Frau vom Mann begründet. Die geschlechterparitätische Besetzung aller politischen Institutionen und Gremien und aller Gerichte zum Zweck einer „geteilten Repräsentation" (Pechriggl 1992; vgl. Pinl 1993: 8) wurde nicht zu einer zentralen Forderung der Frauenbewegung. Das hätte bedeutet, die Frauenförderung an das Argument einer positiven Differenz der Frau zum Mann zu koppeln bzw. auf wertvolle weibliche Wert- und Moralhaltungen zu stützen. Dieser Schluss wurde aber nicht gezogen. Wer für Gleichheit und gleiche Anteile (z.B. Quotenregelungen) eintrat, aber deshalb nicht auf die Forderung nach der Anerkennung eigener Fähigkeiten und Werthaltungen von Frauen verzichten wollte, beließ es bei vagen Aussagen. So hieß es z.B. bei Maihofer: „daß nicht (gemeint ist), daß es nur zwei Geschlechter, es wohl aber sehr schillernde Übergänge gibt, aber doch, daß es vor allem zwei Geschlechter gibt" (Maihofer 1991b: 51). Und weiter: Der Begriff der „Geschlechterdifferenz zielt nicht nur auf Differenzen zwischen Frauen und Männern, sondern ausdrücklich auch auf Differenzen zwischen Frauen ab" (ebd.). Verallgemeinerungen und individuelle Besonderheiten müssten ständig im Blick bleiben. Nur wenige Zeilen später wurde geschrieben, dass es „für die weibliche Welt durchaus Sinn (mache), davon zu sprechen, daß Frauen andere Moralauffassungen [...] besitzen als Männer" (ebd.). Worin die Verschiedenheit moralischer Auffassungen zum Ausdruck komme und Gründe haben könnte, blieb im Text jedoch offen. Inhaltliche Bestimmungen einer Differenz der Frau zum Mann wurden abgelehnt (ebd.).[9] Offenbar gelang es nur so, der Kritik der Nähe zu traditionellen Geschlechterkonzepten auszuweichen, ohne dass daraus geschlossen werden könnte, jede

8 Vgl. den Exkurs (10) „Zum Diskurs über „Equality and Difference" in der englischen Frauenbewegung, im Anhang, S. 172.

9 Dies geschah in Anlehnung an Argumente von Teilen der Mailänder Frauenbewegung (vgl. Liberia delle donne di Milano 1988; Diotima 1989).

Distanzierung vom Mann aufzugeben, ohne dass letztlich ausgesagt wird, es komme einzig auf individuelle Unterschiede an.[10]

Schließlich hieß es, der Gleichheits- wie der Differenzfeminismus enthalte zutreffende Forderungen, aber „keine Richtung (sei) ganz überzeugend" und beide seien „schwer miteinander versöhnbar" (Klinger 1995: 802). Andere Autorinnen formulierten deutlicheren Widerspruch. Der Differenzfeminismus stehe in auffälligem Gegensatz zur feministischen Forderung nach der individuellen Selbstbestimmung von Frauen und nach verbesserten weiblichen Inklusionschancen. Ein solches Bild des Weiblichen laufe Gefahr, Frauen wiederum als das Andere, das Geschlechtliche zu markieren, und ermögliche es, zwischen weiblichen und unweiblichen, wenn nicht zwischen guten und schlechten Frauen zu unterscheiden (vgl. Pinl 1993: 174ff.).

Die Aussichtslosigkeit, einen neuen Differenzfeminismus zu verankern, ging nicht nur auf dessen Kollision mit Ansprüchen auf ein Selbstbestimmungsrecht der Frau zurück. Ebenso bedeutsam war, dass sich daraus keine Forderungen und Maßnahmen ableiten ließen, um die Teilnahmechancen von Frauen in den Bereichen Bildung, Wissenschaft, Erwerbsarbeit und Politik auszuweiten. Gegenüber dem 19. und dem frühen 20. Jahrhundert ließen sich darüber keine Einbeziehungsmuster in gesellschaftliche Teilbereiche mehr begründen.

4.6.3 Der Gleichheitsanspruch und soziale Unterschiede zwischen Frauen

Die Kontroverse über die Berechtigung von „Gleichheit und Differenz" verstärkte in den 1990er Jahren die Aufmerksamkeit feministischer Diskurse für soziale Unterschiede *zwischen* Frauen. Wichtige Impulse dafür gab ein neues Paradigma der Frauen- und Geschlechterforschung, d.h. der Ansatz der sozialen Konstruktion der menschlichen Zweigeschlechtlichkeit, der Aussagen über Geschlechterstereotypien und soziale Normierungen von Weiblichkeit und Männlichkeit radikalisierte (vgl. Butler 1991; Gildemeister/Wetterer 1992). Dieser Ansatz wurde auch auf die Gleichheitsforderung der Frauenbewegung bezogen. Die Kritik ging neben der dekonstruktivistischen Strömung in der feministischen Theoriebildung auch auf die Zurückweisung eines „Mainstream-Feminismus" durch nicht weiße, nicht heterosexuelle und nicht bürgerliche Frauen zurück (Reinsch 1999: 3f.).

10 Vgl. den Exkurs (11) „Zur Kontroverse über „Equality and Difference" in der englischen Frauenbewegung, im Anhang, S. 173.

Auf die Forderungen der Frauenbewegung angewandt, hatte der Ansatz der sozialen Konstruktion des Geschlechts folgende Aussage zum Inhalt: Diese gingen von einer „nicht weiter hinterfragbaren, weil von der Natur bereitgestellten Zweigeschlechtlichkeit" aus (vgl. Gildemeister/Wetterer 1992: 208f.). Ihnen liege „die heterosexuelle Matrix" zugrunde (ebd.). Es habe aber Kulturen gegeben, die ein „drittes Geschlecht" anerkannten oder Menschen zugestanden, „ihr Geschlecht zu wechseln", so dass Individuen mit einem männlichen Körper weibliche Rollen bzw. Individuen mit einem weiblichen Körper männliche Rollen übernahmen (ebd.). Auch in der Biologie und der Endokrinologie würden die Körper nicht als zwei entgegengesetzte Kategorien betrachtet, vielmehr werde von einem Kontinuum ausgegangen bzw. von individuell unterschiedlichen Ausprägungen (ebd.). Vorstellungen von (Frauen- und Männer-)Körpern und von Körperstilen entstünden erst innerhalb spezifisch historisch-gesellschaftlicher Kontexte (ebd.).

Die Diskussionsbeiträge beriefen sich teilweise auf Schriften aus den Anfängen der Frauenbewegung, namentlich auf die bereits beschriebene These Simone de Beauvoirs, dass es kein Frausein gibt, das im biologischen Körper gründet, sondern Frauen ihr Geschlecht werden. Dieser Ansatz müsse aber – so die Forderung dekonstruktivistisch argumentierender Autorinnen – radikalisiert werden: Auch die Körper selbst seien soziale Produkte. Körper könnten jeden möglichen Körperstil agieren und müssten als Modalität betrachtet werden (vgl. Butler 1987: 64f.). Deshalb sei nicht nur von zwei, sondern von vielen Geschlechtern bzw. Geschlechtsidentitäten auszugehen.

Die konstruktivistische Kritik eines unzureichend reflektierten Gleichheitspostulats wurde durch soziale und politische Argumente ergänzt. Die Einwände lauteten, dass der Blick auf Ungleichheiten im Geschlechterverhältnis den Blick für andere gesellschaftliche Konfliktlinien verstelle, d.h. für Diskriminierungen, die Frauen aufgrund ihrer sozialen Herkunft, ihrer Hautfarbe, ihrer ethnischen Zugehörigkeit und sexuellen Orientierung erfahren. Den Geschlechterkonflikt primär zu setzen, bedeute, einer dualisierten, unterkomplexen Sicht der Gesellschaft zu folgen. Damit würden Frauen als Opfer und Männer als Täter dargestellt. Dabei seien Machtverhältnisse polivalent und auch Teil der Beziehungen zwischen Frauen (vgl. De Lauretis 1990: 131). Selbst wenn jedes Individuum Frau oder Mann sei, sei seine soziale Existenz durch weitere Faktoren geprägt, die zu Ausgrenzungen und Diskriminierungen führen könnten (vgl. Grimshaw 1986: 84f.). Bei genauem Hinsehen zeige sich, dass der Gleichheits- wie der Differenzfeminismus an historisch, sozial und kulturell partikulare Erfahrungen weniger, vor allem weißer Frauen bürgerlicher Herkunft anknüpfe, diese aber als Erfahrungen von Frauen schlechthin, als Erfahrungen *der* Frauen verallgemeinert würden. Jede Identitätsfixierung im Rahmen einer Politik der Gleichheit, der Integration und des Aufholens produziere Weiblichkeitsentwürfe und damit Ausschlüsse (vgl. Fraser/Nicholson 1990: 27). Offen blieb, wie die Unterschiedlichkeit von Geschlechtsidentitäten und die Diversität der sozialen Zugehörigkeit von Frauen in programmatischen Forderungen abgebildet werden könnte.[11]

Wenig berücksichtigt blieb auf Seiten der Kritikerinnen eines Mainstream-Feminimus auch, dass die Frauenbewegung an der Geschlechterdifferenz anknüpfen muss, will sie sich über eine eigene soziale Konfliktlinie als Soziale Bewegung behaupten.

Die Kritik einer einseitigen Orientierung feministischen Engagements an weißen Mittelschichtnormen blieb nicht unwidersprochen. Der damit verbundene Anspruch auf theoretische Überlegenheit und eine radikalere Aufklärung über Diskriminierungs- und Ausgrenzungsformen wurde von Verfechterinnen des Gleichheitspostulats mit dem Hinweis zurückgewiesen, das Gespür für den besonderen Einfluss der Geschlechtszugehörigkeit auf die Rechte, die körperliche Selbstbestimmung, das Ansehen und die Entwicklungschancen von Frauen verloren zu haben (vgl. Klinger 1995: 812). Wer nach anderen sozialen Unterschieden frage, dürfe darüber nicht Gemeinsamkeiten zwischen Frauen und nicht Formen der Diskriminierungen außer Acht lassen, die Frauen erfahren, „weil sie Frauen sind“ (Nussbaum 1999: 450f.). Dies könne zur Entpolitisierung der Frauenbewegung führen, anstatt die nach wie vor bestehenden sozialen Ungleichheiten und Ungerechtigkeiten zwischen den Geschlechtern, die Doppelbelastung von Frauen und ihre Ausgrenzung aus der Politik, den Parteien, der Wissenschaft, den angesehenen Positionen der Wirtschaft anzugreifen.

Die an das ethische Postulat angelehnte Argumentation mangelnder Gerechtigkeit gegenüber Frauen wurde durch neue Begriffe und Konzepte bekräftigt, die mit der fortschreitenden Institutionalisierung der Frauenbewegung in Verbindung standen. Neben die Forderung nach „Gleichheit“ und „Gleichstellung“ trat in den 1990er Jahren jene nach der Durchsetzung von „Geschlechtergerechtigkeit“ und „Geschlechterdemokratie“ (Lukoschat 1997: 7). Die neuen Wertformeln sollten ein erweitertes Gleichheitsverständnis im Sinne einer umfassenden Demokratisierung der Lebensverhältnisse zwischen Frauen und Männern, für eine gerechte Ressourcenverteilung und für Geschlechterparität zum Ausdruck bringen (vgl. Wedl/Bieringer 2002: 9ff.).

---

11 Vgl. den Exkurs (12) „Soziale Heterogenität in der englischen Frauenbewegung“, im Anhang, S. 173.

Die weiteren Ausarbeitungen zeigen, wie die Durchsetzungsfähigkeit des Gleichheitspostulats von fortschreitenden Institutionalisierungsprozessen der Frauenbewegung in Hochschulen und politischen Organisationen sowie von der Tendenz des Gleichheitswertes zur universalen Anwendbarkeit profitierte.

4.7 Fortschreitende Institutionalisierungsprozesse in der Wissenschaft und der Politik

4.7.1 Wissenschaft: Ausweitung des frauenpolitischen Themenspektrums, neue Berufschancen, wissenschaftliche Expertise

Der in den 1980er Jahre einsetzende Prozess der Einbindung von Geschlechterthemen in Forschung und Lehre und die damit verbundene Forderung nach der Anhebung des Anteils von Frauen an den Leistungsrollen der Wissenschaft verlief nicht ohne Widerstände. Im Zuge des staatlich betriebenen Ausbaus und der Modernisierung der Hochschulen erzielten Forderungen nach der Einrichtung von Forschungszentren und Frauenforschungsprofessuren aber Resonanz. Daraus resultierten weitere Forderungen an die staatliche Hochschulpolitik, Wissenschaftlerinnenkarrieren zu fördern (vgl. Bock 1993: 66ff.). Eckpunkte des rechtlichen Rahmens zur Verbesserung der Chancen von Frauen in der Wissenschaft setzte das für alle Hochschulen gültige Bundesrecht. Meilensteine der Gleichstellungspolitik an Hochschulen bildeten „Empfehlungen zur Förderung von Frauen an Hochschulen" einer Bund-Länder-Kommission von 1989, ferner die Anerkennung der Frauenförderung als Teil der Führungsaufgabe von Hochschulen und außeruniversitären Forschungseinrichtungen durch den Bund und die Länder 1997 sowie die Verankerung der Gleichstellung an hochrangiger Stelle in der Novelle des Hochschulrahmengesetz 1998.[12] Es wurden Berichtssysteme eingeführt, um den Fortgang der Frauenförderung kontrollieren zu können (vgl. Blome et al. 2005: 73ff.).

Der Ausbau der Frauen- und Geschlechterforschung[13] umfasste bundesweit die Einrichtung von Lehrstühlen, Forschungseinrichtungen, Frauenförderprogrammen und Studiengängen und entsprach dem inter-

12 § 2 Abs. 2 des HRG fordert die Beseitigung der für Wissenschaftlerinnen bestehenden Nachteile.

13 Aus *Frauenforschung* wurde *Frauen- und Geschlechterforschung*. Die Geschlechtdifferenz sollte als für alle Gesellschaftsbereiche gültige analytische Kategorie Anerkennung finden.

nationalen Trend. Zusätzlich entstanden Netzwerke, die Scharniere zwischen Wissenschaft und Politik bildeten und der Karriereförderung von Wissenschaftlerinnen dienten (vgl. Neusel/Voth 1992: 169ff.).

Weil das Geschlecht alle Lebensbereiche berührt, formulierte die Frauen- und Geschlechterforschung den Anspruch der Interdisziplinarität. Die Forschungsaktivitäten weiteten sich aus und erfassten damit auch neue Themen. Seit Beginn der 1990er Jahre dokumentiert der Sozialwissenschaftliche Fachinformationsdienst jährlich in eigenen Bänden die Publikationen der Frauen- und Geschlechterforschung. Deren Register belegen das breite Themenspektrum dieses Forschungsbereichs (vgl. für ein Beispiel: Sozialwissenschaftlicher Fachinformationsdienst, Frauen- und Geschlechterforschung 2006). Es dokumentiert sich auch in Bibliografien zu spezifischen Themen wie „Frauen in Naturwissenschaft, Technik und Medizin“ (vgl. Maurer 1993), „Frauen in Führungspositionen“ (vgl. Schultz-Gambard 1991) oder „Frauenforschung in der Kunstgeschichte“ (vgl. Forschungsgruppe Marburg 1993).

Die Untersuchungen befassten sich mit Ungleichheitsrelationen auch in jenen Bereichen, die sich durch ihre historische Entwicklung hindurch in besonderer Weise als Domäne von Männern verstanden hatten, wie Teile des Sports, das Polizeiwesen und das Militär (vgl. Seifert 1998: 5ff.; Kraake 1992; Mackerodt 1999: 44ff.; Fechtig 1998: 100ff.; Müller 2004). Nach Geschlechtern differenzierende Statistiken wurden zu einem wichtigen Mittel der Datenerhebung; Ungleichverteilungen zwischen den Geschlechtern wurden weiter wissenschaftlich untermauert. Das öffentliche Interesse an Frauenfragen wuchs. Insbesondere die Politik und die Parteien stellten Anfragen und holten wissenschaftliche Expertisen ein (vgl. Nave-Herz 1994: 95). Die Wissenschaft verlieh Frauenfragen in der Politik weiter Legitimation, die darüber neue politische Themen generieren konnte. Aus wissenschaftlicher Expertise und staatlichen Programmen in Form von Modellversuchen, Integrations- und Fördermaßnahmen entstand die „Frauenpolitik“ als neuer und z. T. eigenständiger Politikbereich.

An allen Hochschulen wurden Einrichtungen wie hochschulinterne Frauenbeauftragte oder Gleichstellungseinrichtungen dauerhaft installiert. Sie bildeten Zusammenschlüsse als Landeskonferenzen der Hochschulbeauftragten, die als Interessenvertretungen von Wissenschaftlerinnen gegenüber den Landesregierungen auftraten. Es differenzierte sich eine eigene Hochschulfrauenpolitik aus, die Fördermaßnahmen erarbeitete und Politikberatung auf Länderebene vornahm. Der Grad der Ausgestaltung der einzelnen Einrichtungen war gleichwohl unterschiedlich und reichte von einer Minimalausstattung in Form einer zentralen Hochschulbeauftragten mit einer Zuständigkeit für alle weiblichen Mitglieder einer Hochschule bis zu differenzierten Organisationsmodellen mit einer zentralen Institution und Unterinstitutionen in den Disziplinen. Oberhalb der Landeskonferenzen wurde eine Bundeskonferenz eingerichtet, die die Interessen von Frauen auf Bundesebene und gegenüber der Europäischen Union vertritt. Erfolge in der Frauenförderung sind zu einem Qualitätskriterium von Hochschulen geworden und haben seit den 1990er Jahren Eingang in die Beimessung staatlicher Mittelzuweisungen gefunden (vgl. Mühlenbruch 1998).[14]

4.7.2 Politisches System: Parteienkonkurrenz und die Integration frauenpolitischer Themen

Anfang der 1980er Jahre erweiterte die Gründung der Ökologiepartei „Die Grünen" das deutsche Parteienspektrum. Die neue Partei zog in die Kommunal- und Landesparlamente ein und beendete das auf Bundesebene seit 1963 bestehende Dreiparteiensystem 1983 durch ihre Wahl in den Bundestag. 1980 war die Partei „Die Grünen" aus den Neuen Sozialen Bewegungen hervorgegangen. War die Gründungsphase noch von Auseinandersetzungen darüber geprägt, welchen Stellenwert der Frauenpolitik beigemessen werden sollte, gewann dieser Politikbereich mit dem Aufbau der Parteiorganisation und dem Einzug der Partei in Kommunal- und Landesparlamente Mitte der 1980er Jahre eine programmatische Verankerung. Neben der Aufnahme von Frauenrechten in die Parteistatuten auf Länder- und Bundesebene wurde 1986 die geschlechterparitätische Besetzung aller Gremien (50%-Quote) beschlossen. Die Wahllisten sollten alternierend mit Männern und Frauen besetzt werden, was reine Frauenlisten nicht ausschloss. Die neue Partei integrierte ‚private' Themen wie Kinder, Lebensformen, Sexualität oder (Frauen-) Arbeit. Zusätzlich zu ihrer ökologischen Programmatik erlangte sie über die Aufnahme von Forderungen der Frauenbewegung ein eigenes, d.h. gegenüber den etablierten Parteien alternatives Profil (vgl. Brüssow 1996: 70ff.).

Die durch die Alternativpartei vertretenen Frauenthemen verstärkten deren Bedeutung auch für die Volksparteien. In den 1970er Jahren waren die Frauenorganisationen von SPD und CDU, d.h. die Arbeitsgemeinschaft Sozialdemokratischer Frauen und die Frauen-Union, in ihren Parteien noch relativ isoliert gewesen und verfügten über wenig Einfluss. Mitte der 1980er Jahre setzte jedoch ein Bedeutungszuwachs beider Organisationen in ihren Parteien ein. Sie weiteten das Spektrum der

14 Vgl. den Exkurs (13) „Zur Gleichheitsforderung der englischen Frauenbewegung seit den 1990er Jahren", im Anhang, S. 175.

von ihnen behandelten Frauenthemen aus und wurden durch innerparteiliche Maßnahmen der Frauenförderung personell gestärkt (vgl. Hoecker 1995: 103). Frauenthemen wurden zu Wahlkampfthemen aller Parteien, die nunmehr auch mit weiblichen (Spitzen-)Kandidatinnen um Wählerinnenstimmen warben. Frauen wurden erstmals im politischen System als Wählerinnen mit eigenem Repräsentationsanspruch relevant.

Die Beteiligungsforderungen der neuen Frauenbewegung wirkten über die Ausweitung des Parteienspektrums und die dadurch forcierte Parteienkonkurrenz auf die Zusammensetzungen und Strukturen der Parteien und Parlamente ein. Die Parteien verpflichteten sich, wenngleich unterschiedlich verbindlich, zur Stärkung des Frauenanteils in ihren Reihen. Mitte der 1990er Jahre verfügten neben der Partei „Die Grünen" die SPD und die PDS über satzungsmäßig verankerte Quotierungsregelungen. Die CDU führte 1995 ein Quorum ein, wonach ein Drittel aller Parteiämter und Mandate von Frauen besetzt werden sollten. Die CSU hob die Quotierungsregelungen für Frauen allerdings wieder auf, die FDP lehnte eine verbindliche innerparteiliche Frauenförderung ab (vgl. ebd.: 105ff.)

Mussten Politikerinnen der ersten Frauenbewegung und der Nachkriegsära noch aus der Mitte ihrer Partei kommen (vgl. Fülles 1969), gewannen Teile der Politikerinnengenerationen der 1980er und 1990er Jahre politisch dadurch Terrain, dass sie der zweiten Frauenbewegung angehörten und sich ausdrücklich für Frauenthemen engagierten (vgl. Ballhausen et al. 1986: 42f.).

Die Kommunalpolitik bildete aufgrund ihrer spezifischen Themenstellung (wie Nahversorgung, Kindergärten, Schule) ein besonderes ‚Einfallstor' für Frauen in die Politik. Der Anteil von Frauen in Kommunalparlamenten stieg von 1983 bis 1993 um fast 10 Prozent und lag damit 1993 bei 22,4 Prozent (vgl. Hoecker 1995: 111). Mit dieser Entwicklung korrespondierte die Einrichtung von Frauenbüros sowie von Frauenbeauftragten- und Gleichstellungsstellen, die die Kommunen gegenüber den Ländern und dem Bund am zügigsten vorantrieben. Bis 1991 entstanden im gesamten Bundesgebiet (einschließlich der neuen Länder) 700 kommunale Gleichstellungsstellen und Frauenbüros (vgl. Gröning 1992: 20ff.).

Auch in den Länderparlamenten holten Frauen auf. Hatte ihr Anteil an den Landtagsabgeordneten 1984 noch bei 10 Prozent gelegen, so war 1994 fast jeder vierte Landtagsabgeordnete weiblich (vgl. Boos-Nünning 1987: 115). Seit den 1980er Jahren verzeichnete auch der Anteil von Frauen im Bundestag einen stetigen Anstieg. In der zehnten Wahlperiode (1983-1987) zog die Partei der Grünen in den Bundestag ein, was ein Anwachsen des Anteils der weiblichen Abgeordneten nach sich zog.

Hatten Frauen in der achten Wahlperiode (1976-1980) 7,3 Prozent der Abgeordneten gestellt, machten sie nun einen Anteil von 9,8 Prozent aus. Ihr Anteil stieg bis zur 15. Wahlperiode (2002-2005) auf 32,5 Prozent (vgl. Looman 2007: 78).

Seit Mitte der 1980er Jahre entstanden ebenfalls in der Exekutive der Länder und des Bundes fachministerielle Zuständigkeiten für Frauenpolitik und Referate für Frauenfragen. Überdies waren in den Bundesländern Mitte der 1980er Jahre Leit- und Zentralstellen für die Gleichberechtigung der Frauen gegründet und Frauenbeauftragte ernannt worden. Trotz unterschiedlicher Organisationsformen stimmten sie in der Zielsetzung überein, politische Maßnahmen zur Förderung der Gleichberechtigung und Gleichstellung der Frauen zu entwickeln und zu initiieren (vgl. Krautkrämer-Wagner 1985: 13ff.).

Das Engagement der zweiten Frauenbewegung fand seit den 1980er Jahren vor allem in der Wissenschaft, der Politik und der öffentlichen Verwaltung eine institutionelle Verankerung. Dies führte zur Ausweitung der Anteile von Frauen in den Leistungsrollen dieser Bereiche, die ohne die stärkere Beteiligung von Frauen an der universitären Ausbildung nicht möglich gewesen wäre. Dieser Prozess führte zu einer Überlappung von Zugehörigkeiten von Frauen zur Frauenbewegung, zur Wissenschaft, den Parteien, Verbänden und staatlichen Institutionen (vgl. Nave-Herz 1994: 93ff.; Lauterer/Penrose 1995: 52f.).

Untersuchungen zum Anteil von Frauen in leitenden und entscheidungsbefugten Positionen lassen auch eine deutliche Diskrepanz zwischen politischem und wirtschaftlichem Sektors erkennen. Machten Frauen 1981 noch einen Anteil von 2,8 Prozent an der gesamten gesellschaftlichen Elite aus, so lag ihr Anteil 1995 bei 13 Prozent. Dieser Zuwachs geht maßgeblich auf den politischen Sektor zurück. In diesem Bereich stieg der Anteil der Frauen von 6 auf 40 Prozent an, während er in den höheren Positionen der Wirtschaft stagnierte (vgl. Looman 2007: 74). Die Nähe der Frauenbewegung zum Bereich der Politik und zu angegliederten Institutionen, deren Regelungen und Selbstverpflichtungen zur Erhöhung der Frauenbeteiligung sowie die kommunikative Zugkraft von Werten, darunter Gleichheit, haben darauf Einfluss genommen.

4.7.3 Rechtliche und materielle Programme zur Ausweitung der Teilnahmechancen von Frauen

Der folgende Abschnitt beschäftigt sich mit rechtlichen Normen und wohlfahrtsstaatlichen Programmen, die in den 1980er und 1990er Jahren zur Ausweitung weiblicher Teilnahmechancen vor allem im Erwerbsbereich entwickelt worden sind. Die rechtlichen Programme, die hier zunächst skizziert werden, zielen auf die Erhöhung der Frauenanteile über Quotierungsverfahren bei Einstellung und Beförderung im öffentlichen Dienst ab. Die materiellen Programme dienen der beruflichen Qualifizierung von Frauen und der besseren Vereinbarkeit von Familie und Berufstätigkeit. Daran anschließend werden sozialpolitische Reformen zur Gleichstellung von Frauen im Bereich der sozialen Sicherheit skizziert. In allen Fällen zeigt sich, dass der Wohlfahrtsstaat nicht mehr an das traditionelle Geschlechtermodell anknüpft, sondern mit seinen Programmen die Erosion des Ernährermodells und die Anerkennung der Vereinbarkeit von Familie und Berufstätigkeit unterstützt hat.

(1) Quotierungsregelungen und konkurrierende Gerechtigkeitsansprüche

Politisch und juristisch besonders kontrovers behandelte Maßnahmen zur Frauenförderung stellten Quotierungsregelungen dar. In den 1960er Jahren hatte der verfassungsrechtliche Gleichberechtigungsgrundsatz aus Art. 3 Abs. 2 GG eine Auslegung als *Differenzierungsverbot* erfahren. Untersagt war die Ungleichbehandlung von Frauen und Männern in der Rechtsordnung. Man stritt in jener Zeit lediglich darum, ob und inwieweit Ausnahmen von dem grundsätzlich geltenden Differenzierungsverbot zulässig waren.

In den 1980er Jahren änderte sich das Bild unter dem Einfluss der Frauenbewegung und Ausarbeitungen feministischer Rechtswissenschaftlerinnen. Die Gleichberechtigung der Frauen wurde zu einem zentralen rechtspolitischen Thema. Dabei ging es nicht mehr um Regelungen, die zwischen Frauen und Männern differenzierten. Diese waren weitgehend aus den Rechtsnormen beseitigt. Nunmehr wurde gefragt, ob eine Auslegung von Art. 3 Abs. 2 GG als Differenzierungsverbot angemessene Lösungen garantiere, wenn die *faktische Gleichbehandlung* von Frauen politisch zur Debatte stehe. Verbietet die Norm, so die Frage, die zu einer Flut von juristischen Beiträgen führte, die *positive* Diskriminierung von Frauen in Bereichen, in denen sie unterrepräsentiert sind oder deckt sie sie mit ab? Kontrovers war, ob das Grundgesetz über das individuelle Grundrecht des Schutzes vor Benachteiligungen aus geschlechtsspezifischen Gründen hinaus den Auftrag zur Realisierung der Gleichberechtigung der Geschlechter in der gesellschaftlichen Wirklichkeit beinhaltet (vgl. Sacksofsky 1996: 172ff.).

Die von Frauenrechtlerinnen geforderten Quotierungsregelungen sollten dazu beitragen, einen rechtlich verbindlichen Rahmen für eine Anhebung von Frauenanteilen in qualifizierten Bereichen der Erwerbsarbeit im öffentlichen Dienst zu schaffen. Unterschieden wurde zwischen „Entscheidungsquoten“ und „Ergebnisquoten“. Die „Entscheidungsquote", die auch als leistungsbezogene Quote bezeichnet wurde, sollte vorsehen, dass in Bereichen, in denen weniger Frauen als Männer beschäftigt waren, Frauen bei gleicher Eignung, Befähigung und fachlicher Leistung bevorzugt eingestellt oder befördert werden sollten, sofern nicht in der Person eines Mitbewerbers liegende Gründe überwogen. „Ergebnisquoten" sollten zur Aufstellung von Frauenförderplänen verpflichten. Sie sollten verbindliche Zielvorgaben bezogen auf den Anteil von Frauen bei Einstellungen und Beförderungen erhalten, in denen Frauen unterrepräsentiert waren. Grundsätzlich sollte in jedem Frauenförderplan mehr als die Hälfte der zu besetzenden Personalstellen zur Besetzung durch Frauen vorgesehen sein (vgl. ebd.: 405ff.).

Realisiert wurden für den öffentlichen Dienst Frauenfördermaßnahmen und Quotenregelungen, wonach zunächst ohne Rücksicht auf das Geschlecht die oder der besser Qualifizierte die Position erhält. Erst unter der Voraussetzung gleicher oder gleichwertiger Qualifikation erhält die Frau den Vorrang (vgl. Böhmer 1994: 39).

Mit der Ausarbeitung einer neuen Verfassung im Zuge der Deutschen Einheit wurde erneut die Frage aufgeworfen, ob das Grundgesetz lediglich einen Auftrag zur Verbesserung der Ausgangschancen von Frauen vorsehen solle oder auch eine rechtliche Absicherung von Maßnahmen, die die tatsächliche Teilnahme von Frauen an Zielpositionen verbessern. Die Formulierungen des Gesetzgebers in der veränderten Verfassung von 1993 vermieden jede ausdrückliche Bezugnahme auf eine benachteiligte Gruppe bzw. die Gewährung von Gruppenrechten. Eine Verbesserung der Situation von Frauen durch explizit hervorgehobene Möglichkeiten der Bevorzugung wurde durch Art. 3 Abs. 3 nicht verbindlich gemacht (vgl. di Luzio 2002: 130ff.). 1994 lagen für den Bund und für alle 15 Bundesländer Gesetze oder Leitlinien vor, die die Förderung von Frauen in den staatlichen Verwaltungen zum Ziel haben (vgl. Böhmer 1994).

Die Anwendung von Quotenregelungen zugunsten von Frauen führte auch dazu, dass abgewiesene männliche Bewerber gerichtliche Auseinandersetzungen anstrengten und gegen ihre Benachteiligung klagten. Die Urteile mehrer Gerichte wiesen auf das in Quoten enthaltene Problem *konkurrierender Gerechtigkeitsansprüche* hin (vgl. z.B. OVG Lüneburg, DÖV 1995: 962-964). Das Ziel, einer benachteiligten Gruppe Gleichheit zu gewähren, kollidierte mit dem Anspruch der Leistungsgerechtigkeit, damit, Individuen ausschließlich an ihren fachspezifischen Leistungen zu messen und nur diese zu vergleichen (vgl. Ebsen 1994: 273ff.). Die Wirksamkeit der Quotenregelungen blieb hinter den von Frauenrechtlerinnen gehegten Erwartungen zurück (vgl. Sacksofsky 1996: 405f.).

Gleichwohl stellten die rechtlichen Regelungen einen Bruch mit dem traditionellen Verständnis der Rolle von Frauen und der Rolle der Frauenerwerbsarbeit dar. Das den Regelungen der Gesetze bzw. Leitlinien für die Bundesländer und den Bund zugrunde liegende Gleichheitsverständnis zielte darauf ab, Frauen in der Konkurrenz mit Männern bessere Chancen zu verschaffen, indem die Bewertung ihrer Leistung von Weiblichkeitsklischees entlastet wurde. So sehen die verschiedenen Gesetze und Leitlinien vor, dass Auswahlverfahren auch mit Frauen besetzt, diskriminierende Fragen vermieden werden und Frauen als Bewerberinnen Berücksichtigung finden, mithin auch Chancen erhalten, in das engere Auswahlverfahren zu gelangen. Stellenausschreibungen sollen männliche und weibliche Berufsbezeichnungen enthalten und auf die Gleichstellungsabsicht des Stellenanbieters hinweisen. Mehrere Gesetze und Leitlinien formulieren ausdrücklich den Anspruch, zur Verbesserung der beruflichen Situation und der beruflichen Entwicklungsmöglichkeiten von Frauen beizutragen und die Vereinbarkeit von Familien und Beruf zu fördern (vgl. Böhmer 1994).

(2) Staatliche Inklusionsprogramme zur Förderung der Frauenerwerbsarbeit in den 1980er und 1990er Jahren

Seit den 1980er Jahren legten Bundes- und Landesministerien besondere Programme zur Förderung der beruflichen Teilnahmechancen von Frauen auf. Anfang der 1990er Jahre wurde die berufliche Frauenförderung im Arbeitsförderungsgesetz (AFG), der Grundlage für berufliche Fördermaßnahmen auf Bundesebene, reformiert. In der Fassung vom 1.7.1969 hatte § 2 Abs. 5 AFG vorgesehen, dass „Frauen, deren Unterbringung unter den üblichen Bedingungen des Arbeitsmarktes erschwert ist, weil sie verheiratet oder aus anderen Gründen durch häusliche Pflichten gebunden sind oder waren, beruflich eingegliedert werden." Gut 20 Jahre später wurde diese Norm sehr viel weiter gefasst. Der Gesetzgeber führte nunmehr das berufliche Eingliederungsproblem von Frauen nicht mehr allein auf die häuslichen Bindungen zurück, sondern auch auf Benachteiligungen, die aus der Struktur des Arbeitsmarktes resultieren. Die Reform von § 2 Abs. 5 AFG sah vor, dass Fördermaßnahmen dazu beizutragen, dass „der geschlechtsspezifische Ausbildungsstellen- und Arbeitsmarkt überwunden wird und Frauen, deren Unterbringung unter den üblichen Bedingungen des Arbeitsmarktes erschwert ist, beruflich eingegliedert und gefördert werden" (neu gefasst durch Gesetz von 18.12.1992). Die Neuregelungen erstreckten sich nun auch auf die Förderung der Erwerbstätigkeit der Frauen im Allgemeinen, nicht nur auf die Frauen, die das Arbeitsamt aufsuchten, und sie sollte unabhängig von konjunkturellen Bedingungen erfolgen (vgl. Stamer 1994: 63ff.).

Diese Absicht ging auch in die Programme ein, mit denen Bundesministerien in den 1990er Jahren zur beruflichen Frauenförderung beitrugen. Die Programme umfassten die Förderung und die finanzielle Unterstützung des Wiedereinstiegs in den Beruf nach der Familienphase, ferner die Einrichtung verschiedener Modellversuche, darunter Beratungsstellen, die Frauen beim Wiedereinstieg in den Beruf unterstützten, und Einarbeitungsmaßnahmen nach der Familienpause. Es wurden Modellversuche gestartet, die zur Ausweitung des Berufsspektrums von Frauen („Mädchen in Männerberufe"), zur Anhebung des Anteils von Frauen in Führungspositionen betragen und Existenzgründungen von Frauen unterstützten sollten. Darüber hinaus wurden geschlechtsunabhängige Programme finanziert, die auf die Bereiche der beruflichen Fortbildung, der Förderung des beruflichen Aufstiegs, des Nachholens von Berufsabschlüssen und auf Umschulungen ausgerichtet waren und denen aufgrund des großen finanziellen Fördervolumens ebenso Bedeutung für die berufliche Frauenförderung beigemessen werden muss (vgl. für eine detaillierte Auflistung der Programme: Ihlefeld-Bolesch 1994: 27ff.).

Alle 15 Bundesländer finanzierten ebenfalls Maßnahmen, um die Teilnahme von Frauen am Arbeitsmarkt zu stärken. Auch auf Länderebene zielten die Maßnahmen auf die Wiedereingliederung von Müttern in den Erwerbsbereich ab sowie auf die Fortbildung und Umschulung von Frauen zur Verbesserung ihrer Arbeitsmarktchancen (vgl. für eine detaillierte Auflistung der Programme ebd.: 39ff.).

(3) Familien- und sozialpolitische Reformen seit den 1970er und 1980er Jahren

Seit der Mitte der 1970er Jahre waren der Familienlastenausgleich durch die Anhebung des Kindergeldes sowie Entlastungen von Eltern bei der Lohn- und Einkommenssteuer sukzessive verbessert worden. Zudem wurde ein erweiterter Mutterschaftsurlaubs in Verbindung mit der Zahlung eines Mutterschaftsgeldes eingeführt. Hinzu trat der Ausbau von Ausbildungs- und Erziehungshilfen. Als Reaktion auf die ansteigende Zahl nicht ehelicher Geburten wurde 1980 der *Unterhaltsvorschuss* eingeführt, der den Ausfall von Unterhaltszahlungen durch einen Elternteil ausgleichen sollte. Anfang der 1980er Jahre führte die Wirtschafts- und Finanzkrise aber wieder zu Sparmaßnahmen durch Einschränkungen des Familienlastenausgleichs, die u.a. Kürzungen des Kindergeldes und des Mutterschaftsgelds umfassten. Hinzu traten Begrenzungen der öffentlichen Zuschüsse für Kindergärten (vgl. Frerich 1990: 484ff.).

Ein erkennbares Umdenken in der Familienpolitik und ein Ausbau wohlfahrtsstaatlicher Leistungen setzte in jener Zeit ein, in der politische Forderungen der Frauenbewegung in die Parteien, deren Frauenorganisationen und in die Parlamente Eingang fanden. Die durch Ausbildung und Erwerbsarbeit hervorgerufenen Veränderungen in den biografischen Modellen von Frauen hatten die Konkurrenz zwischen Mutterschaft und Erwerbstätigkeit und einen Geburtenrückgang zur Folge. Diese Entwicklung wurde durch rechtliche Regelungen und Programme der Familien- und Sozialpolitik berücksichtigt, die eine bessere Vereinbarkeit von Erziehungsaufgaben und Berufstätigkeit ermöglichen sollten. Mitte der 1980er Jahre wurde der Familienlastenausgleich wieder verbessert. 1986 wurden das *Erziehungsgeld* und der *Erziehungsurlaub* eingeführt. Das Erziehungsgeld betrug bis zu 300 Euro und konnte bis zu 24 Monate bezogen werden. Beide Maßnahmen zielten auf die Honorierung der Erziehungsarbeit von Frauen und die Aufwertung der Familienarbeit ab. Sie sollten mehr Wahlfreiheit für die Entscheidung zwischen der Tätigkeit in der Familie und außerhäuslicher Erwerbsarbeit schaffen und standen Müttern und Vätern offen (vgl. Stamer 1994: 30ff.). Der gesetzliche *Erziehungsurlaub* sollte gewährleisten, dass die Erwerbsarbeit nach der Geburt eines Kindes von Mutter oder Vater bis zu drei Jahren unterbrochen werden konnte und der Arbeitsplatz erhalten blieb.

Die Regelungen zum Erziehungsgeld und zur Freistellung von der Erwerbsarbeit zur Erfüllung von Erziehungsaufgaben wurden im Jahr 2000 durch die Reform des Bundeserziehungsgeldgesetzes weiter umgestaltet. Diese Neuregelung sprach nicht mehr vom Erziehungsurlaub, sondern von der *Elternzeit*, die die Möglichkeiten der Verwendung des Erziehungsurlaubs erheblich flexibilisierte, wobei rechtlich ein Kündigungsschutz garantiert wurde. Die neuen Regelungen schlossen eine Kombination von Elternzeit und Teilzeitbeschäftigung ein. Sie erwähnten ausdrücklich „Arbeitnehmerinnen und Arbeitnehmer", um zu verdeutlichen, dass der Gesetzgeber die Inanspruchnahme der Elternzeit sowohl durch Mütter als auch durch Väter ausdrücklich fördern wollte. Die Einkommensgrenzen für den Bezug von Erziehungsgeld wurden angehoben und der Kreis der Anspruchsberechtigten ausgeweitet (vgl. Hönsch 2001).

Das *Elterngeld*, das 2007 eingeführt wurde, steht allen Eltern zu, die ein Kind betreuen, unabhängig von Familienstand. Es ersetzt den vorherigen Lohn zu 67 Prozent und beträgt maximal 1800 Euro. Vor der Geburt nicht erwerbstätige Mütter oder Väter erhalten einen Mindestbetrag. Die Bezugsdauer erstreckt sich auf ein Jahr, bei Alleinerziehenden auf 14 Monate (vgl. Bäcker et al. 2008: 282ff.).

Seit 1992 begründet die Erziehung von Kindern *Rentenansprüche*. Nunmehr wurden Regelungen zur Anrechnung von Kindererziehungszeiten in der Rentenversicherung eingeführt. Pro Kind werden seitdem drei Kindererziehungsjahre bewertet und mit 100 Prozent des Durchschnittsverdienstes aller Versicherten angerechnet. Für Geburten vor 1992 wurde die Anrechnung auf ein Jahr je Kind begrenzt.

Ein Jahr später führte die Bundesregierung einen Rechtsanspruch auf einen *Kindergartenplatz* ein, der zumindest eine Halbtagsbetreuung sicherstellen sollte. Seit 1999 besteht ein uneingeschränkter Rechtsanspruch auf einen Kindergartenplatz für Kinder vom vollendeten dritten Lebensjahr an bis zum Eintritt in die Schule. Für Kinder unter drei Jahren und Kinder im schulpflichtigen Alter sind Tageseinrichtungen entsprechend dem Bedarf vorzuhalten (vgl. ebd.: 331).

Die skizzierten rechtlichen Regelungen verweisen auf einen Mitte der 1980er Jahre in der Familienpolitik einsetzenden Wandel. Zunächst erfolgte eine Aufwertung der Familien- und Erziehungsarbeit durch staatliche Transferleistungen und die Gewährung von Erziehungszeiten. Weitere Maßnahmen zielten auf eine bessere Vereinbarkeit von Familie und Beruf bzw. auf die Erhaltung von (Frauen-)Beschäftigung durch flexible Vereinbarkeitsregelungen. Die Absicht, die beruflichen Chancen von Frauen durch familienpolitische Regelungen zu fördern, entzog im privaten Lebensbereich einem Rollenkonzept die Grundlage, das auf der Status*ungleichheit* der Geschlechter, traditionellen Rollenausprägungen und der ökonomischen Abhängigkeit der Frau beruht hatte. Das Ernährermodell als präferiertes Modell privaten Lebens hatte nicht nur als Leitbild von Frauen verloren, sondern auch als Leitbild wohlfahrtsstaatlicher Politiken (vgl. Leitner/Ostner/Schratzenstaller 2004). Anders als in den 1960er und 1970er Jahren wurde die Frauenerwerbstätigkeit in staatlichen Programmen nicht mehr als Familienzuverdienst und als Reservepotenzial des Arbeitsmarktes betrachtet. Zusätzlich bildet sich in den Reformen die Anerkennung der Gleichheit unterschiedlicher Familienformen einschließlich der Einelternschaft durch den Staat ab. Diese Entwicklung lässt sich auch als ein konstitutives Zusammenspiel zwischen Sozialbewegung, sozialwissenschaftlicher Expertise unter Geschlechtergesichtspunkten, deren Transfer in die Parteien und in wohlfahrtsstaatliche Inklusionsprogramme beschreiben, die den Gleichheitsstandard seit den 1970er Jahren zum Maßstab haben.

4.8 Zusammenfassung

(1) Ausgangskonstellationen: „Stille Revolution" im Bildungsbereich und die Erosion der traditionellen Frauenrolle

Am Ausgang der 1960er Jahre nahm die Forderung nach einem Recht auf Bildung maßgeblich Einfluss auf eine wachsende Zuständigkeit des politischen Systems für die Gewährleistung von Teilnahmechancen an wichtigen Funktionsbereichen der modernen Gesellschaft. Die Öffnung der höheren Bildung und die qualifizierte Berufsausbildung für breite Bevölkerungskreise veränderten die Erwartungen an die Erwerbsarbeit als Möglichkeit zum sozialen Aufstieg. Die Aufwertung von Bildung und qualifizierter Erwerbsarbeit flankierte die Erosion traditioneller Bindungen und die Nivellierung sozialer Unterschiede.

Dass Frauen an der Öffnung des Bildungssystems teilnahmen, ging auf mehrere und sich wechselseitig fördernde Faktoren zurück. Ihrer zunehmenden Beteiligung an öffentlichen Bereichen waren in den 1950er bis 1970er Jahren Reformen der gesetzlichen Normen zur Stellung von Frau und Mann in Ehe und Familie vorangegangen. Im Ehe- und Familienrecht wurden weibliche von männlichen Entscheidungsbefugnissen entkoppelt. Die Entscheidung von Ehefrauen, eine Erwerbsarbeit aufzunehmen, war nun nicht mehr von männlicher Zustimmung abhängig. Infolge der Anwendung des Art. 3 GG auch in Bereichen des Arbeits-, Wirtschafts- und Sozialrechts wurden Zugangsbarrieren für Frauen abgebaut und erste Angleichungen vorgenommen. Zugleich vollzog sich im Bildungssektor eine „Stille Revolution". Die nach dem Zweiten Weltkrieg geborenen Frauengenerationen entwickelten ein wachsendes Interesse an höheren Bildungsabschlüssen, waren aber noch nicht Adressatinnen staatlicher Inklusionsprogramme.

Seit den 1970er Jahren führte die wohlfahrtsstaatlich gewährleistete Vollinklusion in medizinische Versorgung zu einem allgemeinen Zugriff auf verlässliche Verhütungsmittel. Die generative Folgenlosigkeit von Sexualität wurde innerhalb weiter Bevölkerungskreise möglich. Die damit verbundene Trennung von Sexualität und Mutterschaft unterstützte die Erosion der Unterscheidung von normaler und abweichender weiblicher Lebensführung, die im 19. Jahrhundert die Moralisierung von Frauenbildern gestützt hatte. Rigide Weiblichkeitsnormen kollidierten mit dem Anspruch individuell zustehender Beteiligungsrechte und individuell gestalteter Lebensplanung. Die weibliche Biografie wurde nicht mehr automatisch in einen Zusammenhang mit Eheschließung und Mutterschaft gebracht. Qualifizierte Ausbildung und Berufstätigkeit wuchsen in der Wertschätzung durch Frauen. Der Trend zu individualisierten Formen weiblicher Lebensgestaltung erhielt durch die in den 1970er

Jahren entstehenden Neuen Sozialen Bewegungen, darunter die neue Frauenbewegung, weitere Schubkraft.

(2) Ausdifferenzierung von Frauenprotesten: Mobilisierung über tabuisierte Themen

Die zweite Frauenbewegung ging Ende der 1960er Jahre aus der Studentenbewegung hervor, die die traditionellen Geschlechterrollen nicht eigens in Frage gestellt und Frauenrechte nicht thematisiert hatte. Neben der Frauenbewegung entstanden die Ökologie-, die Friedens- und die Alternativbewegung. Trotz thematischer Überschneidungen war die Eigenständigkeit der zweiten Frauenbewegung nicht gefährdet. Sie erzielte zunächst Beteiligungsbereitschaft und Aufmerksamkeit über bis dahin gesellschaftlich tabuisierte Themen wie weibliche Selbstbestimmungsrechte, weibliche Sexualität, Verhütung, das Verbot des Schwangerschaftsabbruchs und Gewalt gegen Frauen. Sie profitierte vom Nachlassen primärer Bindungen durch Familie, Verwandtschaft, weltliche oder religiöse Gemeinschaften sowie von deren mangelnder Auseinandersetzung mit den Bedingungen moderner Inklusion (vgl. Beck 1983: 35ff.). Das je Private und Persönliche wurde durch dessen Thematisierung in organisatorisch offenen Frauengruppen zur kollektiven Erfahrung und offensiv dem Bereich politisch relevanter Themen zugeordnet. Die Abgrenzung von etablierten Institutionen und das Infragestellen von Weiblichkeitsnormen hatten zur Folge, dass diese Sozialbewegung sich anfangs nicht über Mitgliedsregeln und Organisationsstrukturen konstituierte. Sie hielt für ihre Teilnehmerinnen auch keine Karrieremöglichkeiten offen. Kommunikation in Form von kompakten Forderungen und Slogans machte sich an persönlicher Betroffenheit und am Anspruch individuell zustehender Rechte fest. Sie verlief über die Sinndimensionen *Person* und *Werte* und setzte sich von weiblichen Rollenerwartungen als vorgegeben und eng geschnitten ab. Diese Frauenbewegung mobilisierte zunächst über spezifische Themen und hielt sich über spektakuläre Aktionen in Gang.

Wohlfahrtsstaatliche Inklusionspolitiken – darunter die Förderung der Bildungsbeteiligung breiter Bevölkerungskreise – und die Erosion traditioneller Bindungen rahmten ihr Aufkommen. Anders als ihre Vorläuferin war sie von Beginn an weitgehend von sozialen, konfessionellen und politischen Trennungslinien entlastet. Die abnehmende Eingebundenheit von Frauen in primäre und asymmetrisch angelegte Beziehungs- und Erwartungsstrukturen, die soziale Nivellierung und die Themen der neu entstehenden Frauenproteste bildeten wichtige Voraussetzungen, damit Interessengegensätze zwischen Frauen und Männern als *eigenständige Konfliktlinie* gedeutet werden konnten. Über die kritische Thematisierung der Funktion des weiblichen Körpers und der Gebärfähigkeit für rigide Erwartungen an Frauen und für die Begründung von Ansprüchen männlicher Bevorrechtung entstand jene Beobachtungsweise, die für diese Frauenbewegung bezeichnend werden sollte: das Aufzeigen von Vorstellungen über Frauen und Weiblichkeit als Stereotypien bzw. als soziale Konstruktionen. Damit war auch für die Perspektive sozialer Ungleichheit aufgrund der Ungleichbehandlung von Gleichen der Weg gebahnt.

(3) Historische Durchsetzung des Gleichheitsanspruchs gegen Auffassungen der Verschiedenheit der Geschlechter

Die Institutionalisierung der Frauenbewegung innerhalb der Wissenschaft führte in den 1980er Jahren zur Herausbildung von analytischen Begriffen und Kategorien, mit denen die Gesellschaft in die Perspektive geschlechtsspezifischer Differenzierungslinien und Hierarchien gerückt wurde. Empirische Forschungsarbeiten, darunter statistische Erhebungen, zeichneten für zentrale Bereiche der Gesellschaft geschlechtsspezifische Ungleichheitsstrukturen nach. Gleichheit und Ungleichheit wurden unter dem Einfluss wissenschaftlicher Expertisen zum entscheidenden Beobachtungsschema feministischen Engagements.

Innerhalb der Politik vollzogen sich in jener Zeit weiter Veränderungen im Selbstverständnis der Parteien weg von Milieu- und Klientelparteien hin zu Volksparteien (vgl. Neidhardt 1985: 193ff.). Wie die Wissenschaft stellten auch die Parteien und die Staatsorganisationen Männerdomänen dar. Das veränderte Erwerbsinteresse von Frauen, knappe politische Mehrheiten zwischen den Volksparteien und der politische Druck der Neuen Sozialen Bewegungen verliehen dem Gleichheitsanspruch der Frauenbewegung weitere Legitimation. Die Frauenproteste argumentierten mit dem Gewicht einer großen gesellschaftlichen Gruppe, mit der Ungleichbehandlung der „Hälfte“ und der Ungleichbehandlung von Gleichen.

Die Parteien erwiesen sich als resonanzfähige Adressaten für neue Themen und für Forderungen nach umfassender Gleichheit. Die Kritik des Auseinanderklaffens von formaler und faktischer Gleichheit zur Einlösung des Sozialstaatspostulats erfuhr mit Vorschlägen zu Quotenregelungen eine thematische Konkretisierung, die die Rechtswissenschaften sowie gesellschaftliche Organisationen im politischen System und in der Wissenschaft gleichermaßen herausforderte.

Durchsetzungsschwierigkeiten des Gleichheitsanspruchs hatten in den 1980er Jahren auch in der zweiten Frauenbewegung zur Folge, Gleichheit unter dem Gesichtspunkt einer Verschiedenheit der Geschlechter zu thematisieren. Auch der Differenzansatz der zweiten Frauenbewegung ging mit der Beschreibung eines „weiblichen Arbeitsvermögens" von einem eigenen weiblichen Sozialverhalten aus. Danach verfügten Frauen ausgeprägter als Männer über Eigenschaften wie „Empathie", „Intuition" oder „ganzheitliche Wahrnehmung". Diese Eigenschaften wurden in den Texten der zweiten Frauenbewegung vor allem aus der Praxis bzw. der Lebenssituation vieler Frauen als Mütter und Hausfrauen hergeleitet, d.h. also soziokulturell, begründet. Die damit (latent) einhergehende Verknüpfung der Sinndimensionen weiblicher Körper, Person, Rollen(teilungen) widersprach aber der Deutung der Geschlechterdifferenz als sozialer Konstruktion und dem Anspruch einer umfassenden gesellschaftlichen Teilnahme der Frauen. Es standen auch keine Entwürfe ausschließlich Frauen vorbehaltener Aufgaben im Sinn von Frauenberufen mehr zur Debatte.

Bei genauerem Hinsehen gelang es dem Differenzfeminismus der zweiten Frauenbewegung nicht, ein eigenes Werteprofil der Frauenbewegung zu begründen. Für humane Werte engagierten sich in den 1980er und 1990er Jahren auch die Friedensbewegung und die Ökologiebewegung. Diese Bewegungen nahmen dafür keine Anleihen am Differenzdiskurs der Frauenbewegung – sie beriefen sich nicht auf eine weibliche Moral oder eine feministische Ethik, sondern auf allgemeine Menschenrechte (vgl. Brand 1982). Für Vorstellungen besonderer Frauenaufgaben in der Gesellschaft gab es unter der Bedingung der erweiterten Fraueninklusion in qualifizierte Bildung und der Institutionalisierungs- und Professionalisierungserfolge der zweiten Frauenbewegung in der Wissenschaft und der Politik keine Plausibilität mehr. Der Versuch in Teilen der Frauenbewegung, einen neuen Differenzansatz zu entwickeln, kollidierte nicht nur mit dem Anspruch des zeitgenössischen Feminismus, über Geschlechterkonstruktionen aufzuklären, sondern auch damit, Geschlechterkonflikte als Verteilungskonflikte zu führen. Die Benennung eigens Frauen vorbehaltener Eigenschaften ließ sich nicht mit der Ablehnung der Unterscheidung von konformer und abweichender Weiblichkeit durch die zweite Frauenbewegung in Einklang bringen. Vor allem eigneten sich Aussagen, wonach die Geschlechter verschieden seien, nicht mehr dazu, Strategien zur Ausweitung der Fraueninklusion zu entwickeln. Der Differenzansatz hatte sich historisch erschöpft.

(4) Soziale Ungleichheit zwischen Frauen

Die zweite Frauenbewegung hat sich weitaus unabhängiger als die erste Frauenbewegung vom Einfluss sozialer Konfliktlinien entlang von Schicht- und Konfessionszugehörigkeit ausbilden können. Erst mit der Ausbildung von Organisations- und Netzwerkstrukturen, von Professionalisierungs- und Karriereerfolgen wurde die postulierte Gleichheit der

Frauen als Benachteiligte brüchig. Die Perspektive der sozialen Konstruktion der Geschlechterdifferenz wurde nun auch auf den Gleichheitsfeminismus angewandt, der, so die Kritik, an die soziale Lage weißer Mittelschichtfrauen anknüpfe. Erst in den 1990er Jahren wurde thematisiert, dass in die Diskriminierung von Frauen soziale Merkmale wie Hautfarbe, Herkunft, ethnische Zugehörigkeit und sexuelle Orientierung hineinspielen, soziale Ungleichheit zwischen Frauen und Mehrfachdiskriminierungen im Feminismus aber nicht ausreichend wahrgenommen wurden. Der Diskurs über „Differenzen zwischen Frauen" führte aber nicht zu organisatorischen Abgrenzungen und ideologischen Spaltungen. Darin unterschied sich die zweite auffällig von der ersten Frauenbewegung. Dafür fehlte es den anderen gesellschaftlichen Konfliktlinien an einem eigenen ideologischen Profil. Das individuelle Gleichheitspostulat war auch rechtlich und institutionell zu weit verankert, als dass es durch andere Konfliktlinien hätte gebrochen werden können.

(5) Institutionalisierung und Verfestigung des Gleichheitspostulats: Zur Rolle des Wissenschaftssystems und des politischen Systems

Mit der Gleichheitsforderung hat die zweite Frauenbewegung vor allem in zwei Funktionssystemen der modernen Gesellschaft Resonanz erzeugen können: im Wissenschaftssystem und im politischen System. Im Bereich der Wissenschaft profitierte die Forderung nach der Institutionalisierung der Frauen- und Geschlechterforschung vom Ausbau der Hochschulen durch staatliche Programme, die Offenheit für neue Themen und Theorien mit hervorbrachte. Es konnten Theorie- und Forschungsdefizite unter Geschlechteraspekten benannt und Förderprogramme initiiert werden, die zur Verankerung neuer Lehr- und Forschungsinhalte führten. Die Transformation von Frauenfragen in die Wissenschaft über die Verankerung von Leistungsrollen und von Forschungs- und Lehrprogrammen stellte historisch ein Novum dar und erweitere die *Legitimationsgrundlagen* des auf die Geschlechter bezogenen Gleichheitsanspruchs. Wissenschaftliche Expertisen mit appellativem Charakter zur Herstellung von Gleichheit wurden von den Parteien und dem Staat aufgegriffen. Sie überführten Frauen- und Geschlechterthemen in die Politik.

Im politischen System forcierte die Konkurrenz zwischen den Parteien um die Stimmen von Wählerinnen die Bereitschaft, Frauen- und Geschlechterthemen in die Parteiprogramme aufzunehmen. Der Anspruch der Frauenbewegung, mehr Frauen an der politischen Macht zu beteiligen, erzeugte in den politischen Parteien Resonanz, die nahezu alle Regeln zur Erhöhung ihrer Frauenanteile in ihre Statuten übernahmen.

Wohlfahrtsstaatliche Inklusionspolitiken reagierten auf das wachsende Erwerbsinteresse von Frauen und auf Forderungen der Frauenbewegung nach der Anerkennung der ökonomischen Selbstständigkeit von Frauen. Der Staat vollzog die Pluralisierung privater Lebensmodelle nach und löste sich vom männlichen Ernährermodell.

In den 1990er Jahren bildeten die Familien-, die Arbeitsmarkt- und die Gleichstellungspolitik Schnittpunkte heraus. Dabei wirkten mehrere Faktoren zusammen: die Verankerung von Gleichstellungsstellen in den Kommunen und den Verwaltungen des Staates sowie in den Hochschulen in Folge frauenpolitischer Initiativen, Kontroversen über Geschlechtergerechtigkeit aufgrund der Frage der rechtlichen Zulässigkeit von Quotenregelungen sowie der Rückgang der Geburten. Rechtliche und materielle Programme zielten auf eine bessere Vereinbarkeit von Familie und Beruf ab. Programme zur Arbeitsförderung führten die begrenzten Erwerbschancen von Frauen auf einen geschlechtsspezifisch segregierten Arbeitsmarkt zurück. Sie weiteten ihre Zuständigkeit über unmittelbar Arbeit suchende Frauen aus und zielten auf die Ausweitung der Erwerbs- und Karrierechancen von Frauen ab.

(6) Entdifferenzierung der Sinndimensionen Körper, Person, Rollen

In der zweiten Hälfte des 20. Jahrhunderts hat die Unterscheidung von Frauen und Männern eine sinnhafte Kopplung mit dem Schema gleich/ungleich erfahren, so dass die Benachteiligung von Frauen in die Perspektive der *Normverletzung* gelangt ist. Aufgrund des in frauenpolitischen Forderungen mitlaufenden Hinweises auf die andere Hälfte der Gesellschaft als bevorrechtigt, gelangte die Geschlechterdifferenz in den Deutungsrahmen einer ausgleichsbedürftigen Struktur.

Plausibilität und Legitimation konnte diese Argumentation aus dem Anstieg der Beteiligung von Frauen an höherer Bildung ziehen, der die Vorstellungen einer Geschlechterverschiedenheit in der zweiten Hälfte des 20. Jahrhundert massenhaft (zertifiziert) widerlegte, sowie aus der Anerkennung der Erwerbsinteressen von Frauen durch die Parteien und den Staat.

Mit der Pluralisierung von Frauenbildern, auch aufgrund erleichterter Zugriffsmöglichkeiten auf Verhütungsmittel als Teil medizinischer Versorgung, ging in der Frauen- und Geschlechterforschung die Deutung der Geschlechterdifferenz als sozialer Konstruktion einher. Diese Deutung beeinflusste vor allem die geistes- und sozialwissenschaftlichen Disziplinen und deren Beschreibung der modernen Gesellschaft in Forschungsarbeiten und Publikationen nachhaltig.

In der Argumentation der zweiten Frauenbewegung bildeten die sozialen Sinndimensionen *Körper, Person, Rollen* keinen Verweisungszusammenhang mehr wie noch in der Argumentation ihrer Vorläuferin. In der zweiten Hälfte des 20. Jahrhunderts zerbrach dieser Konnex. Die Entdifferenzierung dieser sozialen Sinndimensionen ist historisch bedeutsam, weil das zeitgenössische Gleichheitsverständnis Anschluss an moderne Inklusionsbedingungen herstellt und auf die Öffnung aller wichtigen gesellschaftlichen Teilbereiche bzw. Leistungsrollen auch für Frauen zielt. Die häusliche Arbeitsteilung ist durch wissenschaftliche Aussagen ihrer Naturhaftigkeit entzogen worden; die weibliche Erwerbstätigkeit hat eine eigene Berechtigung und eine ökonomische Anerkennung erhalten.

An die Stelle eigens Frauen vorbehaltener Aufgaben und Leistungsrollen ist die Forderung nach gleichen Zugangschancen getreten. Gleichheit und soziale Gerechtigkeit haben als Leitidee der zeitgenössischen Gleichheitsauffassung jene der Ergänzung der Gesellschaft durch einen weiblichen Kulturanteil ersetzt. Aber dieses Gleichheitsverständnis muss mit rechtlichen Vorgaben abgeglichen werden und ist primär keines, das sich am Ausgleich von Benachteiligungen orientiert, die eine *gesellschaftliche Gruppe* erfahren hat. Dies zeigen Auseinandersetzungen um Quotierungsregelungen. Das Ziel, einer benachteiligten Gruppe Gleichheit zu gewähren, kollidiert mit dem Anspruch der Leistungsgerechtigkeit, damit, Individuen ausschließlich an ihren fachspezifischen Leistungen zu messen und nur diese zu vergleichen (vgl. Ebsen 1994: 273ff.). Die Frage *konkurrierender Gerechtigkeitsansprüche* ist, wie die Rechtsprechung zeigt, zumeist zugunsten des individuellen Gleichheitsanspruchs entschieden worden, nicht zugunsten von Gruppenrechten (vgl. z.B. OVG Lüneburg, DÖV 1995: 962). Die Verschränkung der sozialen Sinndimensionen Person und Werte wie sie z.B. in der kompakten Forderung nach „Halbe/Halbe" oder „Parity" vorkommt, überblendet diese Kollision. Die am Gleichheits- und Gleichverteilungsanspruch orientierte zeitgenössische Frauenbewegung hat nur unzureichend thematisiert, dass Gleichheit auch Konkurrenz und Wettbewerb zwischen den Geschlechtern nach sich zieht. Im Gegensatz zur ersten Frauenbewegung hat sie davon profitiert, dass wohlfahrtsstaatliche Inklusionsleistungen dieses Problem entschärft haben.

KAPITEL 5
KONSTITUTIVE ZUSAMMENHÄNGE: INKLUSIONSPOLITIKEN UND GLEICHHEITSKONZEPTIONEN DER FRAUENBEWEGUNGEN DES 19. UND 20. JAHRHUNDERTS

Das Schlusskapitel skizziert zunächst die Bedingungen der Inklusion von Frauen in die ständisch aufgebaute vormoderne Gesellschaft, die durch die Ökonomie der Hauswirtschaft und die männliche Vormundschaft geprägt war (5.1). Mit dem Umbruch zur funktionalen Differenzierung und der Auflösung der älteren Hauswirtschaft entstanden im 19. Jahrhundert Frauenzusammenschlüsse, die sich als kritische Beobachterinnen der Gesellschaft verstanden. Zwei Frauenbewegungen haben seitdem die Entwicklung der modernen Gesellschaft mitgeprägt. Als soziale Kontexte, die sich mit eigenen Themen und mit modernen Werten neben den entstehenden Funktionssystemen behaupteten, hatten sie temporär Bestand. Sie propagierten neuartige Deutungen der Geschlechterdifferenz, grenzten sich damit von Bestehendem ab (5.2). Die Sozialbewegungen erzielten mit ihren Forderungen aber zugleich Anschlüsse in den sich ausbildenden Teilbereichen der modernen Gesellschaft und Zugang zu deren Leistungs- und Publikumsrollen. Abschließend werden konstitutive Zusammenhänge zwischen Ausdifferenzierungsprozessen verschiedener Funktionssysteme und den Gleichheitskonzeptionen der beiden Frauenbewegungen skizziert. Gegenübergestellt werden die zwei Zeitphasen des Engagements für Teilnahmerechte von Frauen: das 19. und frühe 20. Jahrhundert als Zeitraum des Engagements der ersten Frauenbewegung und die Phase vom Ende der 1960er bis zum Ende der 1990er Jahre als Zeitraum des Engagements der zweiten Frauenbewegung. Mit Blick auf diese beiden Zeitphasen wird dargestellt, welche Rolle verschiedene Teilsysteme für die gesellschaftlichen Teilnahmechancen von Frauen gespielt haben. Dies geschieht unter dem Gesichtspunkt von Impuls-, Brücken-, Blockade- und Legitimationsfunktionen (5.3).

5.1 Fraueninklusion in der vormodernen Gesellschaft: Geschlecht als Bestandteil des gesellschaftlichen Strukturaufbaus

Die Gliederung der mittelalterlichen und frühneuzeitlichen Gesellschaft beruhte auf Haushalts- und Herkunftszusammenhängen, die hierarchisch angeordneten Ständen angehörten. Frauen waren in diese Ordnung über ihre Herkunftszusammenhänge und die Ehe inkludiert. Beide basierten auf der Vorrangstellung des Mannes und setzten sich über die Geburt von erbberechtigtem Nachwuchs fort. Als Ehefrauen und Mütter waren Frauen zugleich Angehörige der Herrschaft- und Arbeitsbeziehungen innerhalb der Hauswirtschaft. Ihr Geburtsstand und ihre Rolle in der Hauswirtschaft bestimmten ihr Ansehen und ihren Rang in der Sozialordnung. Dementsprechend bestanden auch zwischen Frauen Über- und Unterordnungsverhältnisse.

Gleichwohl galten Inklusions- und Exklusionsregeln, die geschlechtsspezifisch in der Weise ausgeformt waren, dass sie auch Frauen höherer Schichten von Herrschafts- und Eigentumsrechten sowie von der Ausübung physischer Gewalt ausschlossen. Dieser Ausschluss ging einher mit einer männerbündisch voranschreitenden Ausdifferenzierung gesellschaftlicher Teilbereiche. Frauen galten als führungs- und im Zweifel auch züchtigungsbedürftig. Ihre Geschlechtszugehörigkeit konnte als Mangel an moralischen Befähigungen gedeutet werden. Die ältere Gesellschaft differenzierte noch nicht zwischen Wertungen und faktisch anders ausfallenden Realitäten. Dies galt auch in Bezug auf das asymmetrisch strukturierte Geschlechterverhältnis.

Regeln, die Frauen aus Herrschaftsfunktionen ausschlossen, konnten durchbrochen werden, sofern männliche Nachkommen ausblieben. Unter dieser Bedingung gelangten auch Frauen des Adels an die Spitze gesellschaftlicher Hierarchien. Ihre Zugehörigkeit zur Oberschicht konnte das aus der Geschlechterhierarchie resultierende Bild einer führungsbedürftigen und auf männliche Vertretung angewiesenen Weiblichkeit überwiegen.

Das entstehende Religionssystem sah mit Frauenklöstern eigens Frauen vorbehaltene Kontexte vor. Nur *jenseits* von Ehe und Mutterschaft und damit von sexuellen Beziehungen zu Männern waren Zusammenschlüsse anerkannt, denen ausschließlich Frauen angehörten und die unmittelbar unter der Leitung von Frauen standen. Aus den höheren Funktionen der Kirchenhierarchie waren Frauen jedoch ausgeschlossen.

Bis zum Ausgang des 18. Jahrhunderts war die Geschlechterdifferenz Bestandteil des Strukturaufbaus der Gesellschaft. Frauen gehörten zur Gesellschaft über Ehen und Abstammungsverbindungen und waren darüber in Loyalitäts- und Solidarbeziehungen eingebunden. Es galten allgemeine, also alle Frauen betreffende Ausschlussregeln. Die Geschlechterdifferenz bildete deshalb aber keinen konflikthaften Gegensatz und Frauen keine Interessengemeinschaft. Dies änderte sich erst mit dem Übergang zur modernen Gesellschaft.

5.2 Ausdifferenzierung der Frauenbewegungen: Semantiken und Themen, Moral und Werte

In der modernen Gesellschaft haben sich seit dem 19. Jahrhundert Frauenkontexte ausgebildet, die auf einer parteimäßigen Differenz gegen Männer basierten und eine Interessensolidarität zwischen Frauen zum Ausdruck brachten. Sie unterlagen als Frauenbewegungen phasenartigen Verläufen und ebbten nach einigen Jahrzehnten wieder ab, erzielten aber Erfolge bei der Verankerung von Themen und Forderungen in sich ausdifferenzierenden Teilbereichen und Organisationen der modernen Gesellschaft.

Mit der Identifikation von „Frauenfragen“ und „Frauenrechten“ gelang den Frauenbewegungen die Weckung und Aufrechterhaltung von Teilnahmebereitschaft und die Herstellung neuer kollektiver Deutungen der Geschlechterdifferenz. Sie thematisierten die Geschlechterdifferenz aus einer ‚eigenen‘ Sicht von Frauen. Zu männlich geprägten Organisationen der modernen Gesellschaft gingen beide Sozialbewegungen, gleichwohl unterschiedlich ausgeprägt, auf Distanz. Die Inanspruchnahme moralischer Überlegenheit und die Selbstbetrachtung als Akteur, der über gesellschaftliche Missstände aufklärt, spielten eine fundamentale Rolle für die Stabilisierung von Übereinstimmung und die Ausbildung der Frauenbewegungen als Soziale Bewegungen.

Kommunikativ erfüllten sie eine Sonderfunktion im Prozess des Umbruchs zum modernen Differenzierungstypus. Indem sie mit neuartigen und aggregierten Themen bzw. Begriffen, mit besonderen moralischen Ansprüchen und hochrangigen Werten mobilisierten, konnten sie zwischen dem psychischen und dem kommunikativen Sinn von Moral und Werten vermitteln. Deren psychischer Sinn liegt in der Symbolisierung von Orientierungsmaßstäben und Selbstgewissheit für eine eigene Identitätsformel des psychischen Systems. Für den kommunikativen Sinn von Moral und Werten muss dieser direkte Bezug zum psychischen System aufgegeben werden. Er liegt in der Sonderfunktion, soziale und zwischenmenschliche Interpenetration zu vermitteln, also für beide Formen der Interpenetration Komplexität zu reduzieren (vgl. Luhmann 1984: 304ff., 317). Diese Leistung gelang den Frauenbewegungen, weil sie ihre Teilnehmerinnen über Themen und semantische Formeln integrierten, die sich auf die kommunikativen Sinndimensionen *Person, weiblicher Körper, Werte* bezogen. Sie führten zwischen diesen Dimensionen moderne Differenzierungen und Verquickungen ein. Über kritische Haltungen gegenüber einem männlich dominierten Modernisierungsprozess und Themen wie Mütterlichkeit, weibliche Berufe und Kulturaufgaben, sittliche Werte entstanden im 19. Jahrhundert Deutungen des Weiblichen, über die sich historisch verankerte Geschlechterasymmetrien benennen und vor allem auch im Selbstverständnis von Frauen aufbrechen ließen.

Auch die Themen der zweiten Frauenbewegung, darunter körperliche und personelle Selbstbestimmung sowie individuelle Chancengleichheit, hatten die Differenzierung dieser Sinndimensionen zum Hintergrund bzw. ein *Reflexivwerden* der Geschlechterdifferenz. Nun wurde aber ein offenes Konzept des Weiblich gefordert, das dessen soziale Konstruktion kritisierte. In beiden Fällen entstanden neuartige Formen kollektiver weiblicher Identität jenseits von Beziehungen zu Männern und damit verbundenen Frauenrollen.

Soziale Bewegungen wie die Frauenbewegungen rekrutierten Teilnehmerinnen und Teilnahmebereitschaft nicht über die Tradierung von Haltungen und Werten, die auf familiale, verwandtschaftliche, schicht- oder milieubezogene Bindungen zurückgehen. Sie inkludierten über gemeinsames Empfinden, neue Selbstkonzepte, über gemeinsames Betroffensein und die Sensibilität für Gerechtigkeitsdefizite. Damit die Sonderfunktion, soziale und zwischenmenschliche Interpenetration zu vermitteln, erfüllt werden kann, bedarf es zugleich in anderen Bereichen der Gesellschaft der Erosion anerkannter Bindungen und Normen. Diese Erosion war im Fall der beiden Frauenbewegungen aber unterschiedlich stark ausgeprägt. Im 19.und frühen 20. Jahrhundert war das Engagement für weibliche Beteiligungsrechte durch Schichtzugehörigkeit, religiöse Bindungen und die Identifikation von Frauen mit politischen Ideologien gebrochen.

Diese Sonderfunktion macht aber auch deutlich, dass eine darauf spezialisierte Teilsystembildung in der funktional differenzierten Gesellschaft nicht gelingen kann (vgl. Luhmann 1988c: 21ff.). Gelingen kann aber die Einflussnahme auf Differenzierungsprozesse in Funktionsbereichen, sofern systemspezifisch Anschlussstellen für Themen und Forderungen der Teilnehmerinnen der Frauenbewegung vorhanden sind bzw. forciert werden können.

5.3 Von Differenz zu Gleichheit: Inklusionspolitiken und Gleichheitskonzeptionen

Um sich als gesellschaftlicher Akteur profilieren und Übereinstimmung nach innen herstellen zu können, grenzten sich die Frauenbewegungen von bestehenden Sozialkontexten ab. Sie beanspruchten aber zugleich, wenngleich unterschiedlich konfrontativ und weitgehend, die Anerkennung und Ausweitung der Teilnahmerechte von Frauen auf dem Arbeitsmarkt bzw. an bestehenden oder entstehenden Organisationen, darunter Schulen, Hochschulen, Parteien und staatliche Verwaltungen.

Mit dem Wandel von *Differenz zu Gleichheit* ist ein markanter Wechsel im Verständnis von der Gleichheit der Geschlechter nachgezeichnet worden, der zugleich auf einen von den Frauenbewegungen beeinflussten Wandel der Fraueninklusion in der modernen Gesellschaft verweist. Die zweite Frauenbewegung, die ein halbes Jahrhundert nach dem Abebben der ersten Frauenbewegung entstand, startete mit anderen Themen als ihre Vorläuferin und hat ein Gleichheitsverständnis formuliert, das anthropologische Unterschiede zwischen den Geschlechtern nicht anerkennt und sich auch nicht auf soziokulturelle Unterschiede beruft.

Der Wechsel von *Differenz zu Gleichheit* stellt sich semantisch als ein Wechsel von Komplementarität zu Konfrontation und des ausdrücklichen Angriffs auf Geschlechterhierarchien dar. An die Stelle des Anspruchs der Ergänzung der Geschlechter ist in der zweiten Hälfte des 20. Jahrhunderts jener eines Ausgleichs von Gerechtigkeitsdefiziten und der Umverteilung von Chancen getreten.

Dieser Umbruch ist, so die zentrale These des Buches, auf unterschiedliche Rahmungen des Engagements der beiden Frauenbewegungen zurückzuführen, die die Ausdifferenzierung spezifischer Semantiken und Weiblichkeitskonzeptionen beförderten, andere dafür (historisch zunächst) begrenzten bzw. blockierten. Die beiden Sozialbewegungen agierten in unterschiedlichen Phasen der Herausbildung der modernen Gesellschaft und trafen auf unterschiedliche Bedingungen zur Ausweitung der gesellschaftlichen Fraueninklusion.

Unterschiede in den Rahmungen betrafen vor allem Verbindungen zwischen Differenzierungsprozessen des politischen Systems und Prozessen der Institutionalisierung – und ab den 1970er Jahren der De-Institutionalisierung – der modernen Kleinfamilie. Politisch unterstützte Prozesse einer allgemeinen Öffnung gesellschaftlicher Teilbereiche für die Gesamtbevölkerung brachen seit den 1970er Jahren die Verortung von Frauen in Ehe und Familie sowie ihre Verortung in weiblichen Teilbereichen des Arbeitsmarktes auf.

5.3.1 Institutionalisierung des modernen Nationalstaats, der modernen Kleinfamilie und Inklusionspolitiken der Differenz

Das 19. Jahrhundert war durch zwei verbundene Institutionalisierungsprozesse gekennzeichnet: denjenigen des modernen Nationalstaats und denjenigen der modernen Kleinfamilie. Der entstehende moderne Staat definierte seine Einheit über Ehen und Familien, die seine Kleinsteinheiten bilden sollten. Frauen wurden in die Familie über ihre Rolle als Ehefrau, Hausfrau und Mutter dreifach inkludiert; dementsprechend wurden die öffentlichen Bereiche der Gesellschaft als Sphären des Mannes propagiert. Normative Gültigkeit erlangte dieses Modell über neue Literaturgattungen des aufstrebenden Bürgertums. Sie sprachen vor allem weibliche Leser an, zielten auf deren Belehrung, auf die Vermittlung sittlicher Werte und die Diskreditierung emanzipatorischer Bestrebungen von Frauen ab. Die Texte argumentierten mit einer natürlich gegebenen Geschlechterverschiedenheit, mit normalen und anormalen Formen des Weiblichen und wurden primär von Männern verfasst. Der Staat und die Gesellschaft wurden über Semantiken beschrieben, die die Geschlechter als in ihren Mentalitäten und Funktionen verschieden darstellten und die die Verallgemeinerung gesellschaftlicher Teilnahmerechte als geschlechtsspezifisch einseitigen, nur Männer einbeziehenden Prozess konzipierten. Das bürgerliche Geschlechtermodell erkannte die weibliche Erwerbsarbeit nicht an, obgleich die Auflösung der traditionellen Fürsorgeleistungen und Produktionsweisen im 19. Jahrhundert dazu führte, dass auch Frauen in großer Zahl auf bezahlte Arbeit angewiesen waren. Der Staat und die Parteien stellten noch keine Weichen für gesellschaftliche Öffnungsprozesse, die Frauen inkludierten. Im Politiksystem dominierte eine Konfliktlinie, diejenige zwischen Bürgertum und der Arbeiterschicht, die das Eintreten für Frauenrechte in ihren Sog zog.

Wo boten sich dennoch Schnittstellen zwischen der Ausdifferenzierung gesellschaftlicher Teilbereiche und der Forderung nach Beteiligungsrechten von Frauen und ihrer Anerkennung als gleichwertig? Wo waren Anschlussstellen für die Ausweitung der Fraueninklusion blockiert?

(1) Politisches System: Mangelnde Differenzierung gegenüber der Institution Familie, mangelnde interne Differenzierung und Blockade der Fraueninklusion

Die normative Gestaltung der Geschlechterdifferenz war im 19. Jahrhundert an den Konstituierungsprozess des modernen Nationalstaates gekoppelt, der Familien als seine ‚Subsysteme', nicht als eigenständige Teilbereiche neben dem Staat betrachtete. Der Staat bildete keinen Teilbereich des politischen Systems, seine Gesetze und Programme resultierten nicht aus der Umsetzung der Ergebnisse parlamentarischer Mehrheitsverhältnisse. Staatliche Macht legitimierte sich noch über Vorrechte gesellschaftlicher Schichten, über Ausschlüsse und politische Verbote. Dazu gehörte auch die Betrachtung des Staates als Terrain des Mannes, als Versammlung der Familieoberhäupter. Der Ausschluss der Frauen aus der politischen Inklusion rechtfertige sich auch aus dem Ausschluss von Frauen aus anderen Teilbereichen der Gesellschaft, wie etwa der (höheren) Bildung und der Wissenschaft.

Einsetzende Differenzierungsprozesse im politischen System verliefen im 19. Jahrhundert über die Ausbildung von Parteien, die sich als Repräsentanten konkurrierender gesellschaftlicher Schichten verstanden. Sie beanspruchten den Staat zur Durchsetzung ihrer Interessen oder sahen in ihm ihren machtpolitischen Gegner.

Angesichts der Massivität anderer gesellschaftlicher Konflikte und des Bildes von Ehe und Familie als Kleinsteinheiten des Staates war die Modernisierung der Fraueninklusion über das Politiksystem bis Anfang des 20. Jahrhunderts blockiert. Entsprechend wurden Frauen auch sehr weitgehend aus staatlichen Leistungen und Inklusionspolitiken ausgeschlossen.

Wie sehr der Staat des 19. und frühen 20. Jahrhunderts auf die gesellschaftliche Inklusion der Frau über die Ehe abstellte, veranschaulicht seine Sozialpolitik. Sozialpolitische Leistungen dienten nur einer elementaren Armutsbekämpfung; Versicherungssysteme inkludierten geschlechtsspezifisch. Arbeitsrechtliche Normen orientierten sich, wenn es um Arbeiter*innen* ging, am bürgerlichen Familienmodell und beschränkten die Frauenerwerbsarbeit durch Schutzrechte.

(2) Impulsfunktionen für die erste Frauenbewegung – Massenhafte Notwendigkeit der ökonomischen Fraueninklusion

Die bürgerliche Familienkonzeption, die auf einer ökonomischen Absicherung der Frau durch den männlichen Ernährer basierte, blieb im 19.

Jahrhundert für weite Teile der Bevölkerung Modell. Sie unterlag mehreren fehlerhaften Prämissen: einem zahlenmäßigen Gleichgewicht zwischen den Geschlechtern, obgleich faktisch ein „Frauenüberschuss" bestand. Sie setzte Männerarbeitsplätze voraus, die Familien ernährten. Außerdem ging sie von der Einhaltung einer Sexualmoral aus, die sexuelle Kontakte ausschließlich als Teil monogamer Dauerehen anerkannte. Die allein erziehende Mutterschaft war im bürgerlichen Entwurf privaten Lebens nicht vorgesehen.

Die ‚Fehlkalkulation' bzw. die Realitätsferne des älteren Geschlechtermodells bestand darin, die gesellschaftliche Inklusion der Frau ökonomisch an die Ehe und den männlichen Ernährer zu binden. Stattdessen drängten im 19. Jahrhundert neben Männern auch Frauen in großer Zahl auf den Arbeitsmarkt.

Im Verlauf des 19. Jahrhunderts löste sich die ältere Form der Hauswirtschaft endgültig auf. Damit zerrissen auch die ständisch und patriarchalisch geprägten Bindungen und Loyalitätsverpflichtungen. Die Industrialisierung der Wirtschaft führte zur Inklusion großer Bevölkerungsteile einschließlich der Frauen in Lohn- bzw. Erwerbsarbeit. In diesem aber auch in anderen Wirtschaftssektoren entstand das historisch neue Phänomen der Konkurrenz zwischen den Geschlechtern um knappe Erwerbschancen. Sie hatte zusammen mit einer eingeschränkteren Einsatzfähigkeit von Frauen auf dem Arbeitsmarkt aufgrund von Schwangerschaften und ihrem geringeren Qualifikationsniveau zur Folge, dass sich die Verallgemeinerung der Erwerbsarbeit im 19. Jahrhundert als hochgradig geschlechtsspezifischer Prozess vollzog. Frauen erlangten nur Zugang zu schlecht entlohnten, ungeschützten und unqualifizierten Arbeitsbereichen. Für große Teile vor allem der bürgerlichen Frauenbewegung lag in der „Brotfrage" der Motor, um für sich Frauenrechte im Bereich von Bildung und Erwerbsarbeit zu engagieren.

Die Frauenerwerbsfrage war eine der drängenden sozialen Fragen der modernen Gesellschaft des 19. Jahrhunderts und ein wesentlicher Teil des Geschlechterkonflikts. Sie wurde aber aus schichtspezifischen Perspektiven gedeutet und weniger als ein Problem aller bzw. eines großen Teils der Frauen angesehen. Die proletarische Frauenbewegung betrachtete die Lage der Arbeiterinnen im Kontext kapitalistischer Produktionsbedingungen – weniger, wie große Teile der bürgerlichen Frauenbewegung, im Kontext der Geschlechterkonkurrenz um (angesehene) Erwerbsarbeit.

Die Frage politischer und ökonomischer Rechte wurde im Frauenemanzipationskampf des 19. Jahrhunderts nicht verknüpft. Ein liberales Verständnis der Gleichheit, also die Anerkennung von Frauen als Staatsbürgerinnen und politisch gleiche Glieder der Gesellschaft, bildete um die Wende zum 20. Jahrhundert nur bedingt eine programmatische Leitlinie für die Mobilisierung einer vereins- und statutenmäßig organisierten Frauenbewegung.

Die Überwölbung des Geschlechterkonflikts durch schichtspezifische Konflikte, der Ausschluss aus der Verallgemeinerung von Teilnahmerechte und die Randstellung von Frauen auf dem Arbeitsmarkt, dies zusammen plausibilisierte für große Teile der ersten Frauenbewegung Strategien der Fraueninklusion, die vor allem an der Ausdifferenzierung eigens Frauen vorbehaltener pädagogischer und sozialer Berufe ausgerichtet waren. Dafür standen mit Vorstellungen einer „weiblichen Eigenart und eines „weiblichen Kulturanteils" auch die entsprechenden Mobilisierungsformeln bereit. Sie korrelierten mit Veränderungen im Verständnis von Wohlfahrtsstaatlichkeit seit der zweiten Hälfte des 19. Jahrhunderts, d.h. der Ausweitung staatlicher Zuständigkeit im Bereich der Frauenbildung, sozialer Hilfsangebote und sozialer Kontrollen.

(3) Höhere Bildung: Brückenfunktionen für die Ausweitung der Fraueninklusion

Diesem durch Schichtung beeinflussten Konzept der Fraueninklusion liefen seit den 1890er Jahren der Ausbau eines staatlich getragenen Bildungssystems und der Ausbau von sozialpolitischen Zuständigkeiten des Wohlfahrtsstaats parallel. Der Staat reagierte auf soziale Probleme bzw. auf die Soziale Frage *und* auf Initiativen der Frauenbewegung zur Institutionalisierung von Frauenberufen. In dieser Zeit entstanden Bilder und Normen weiblicher Berufstätigkeit, die bis in die zweite Hälfte des 20. Jahrhunderts Gültigkeit behalten sollten.

Ausbildungsinstitutionen, die Frauen den Zugang zu qualifizierter Bildung und Berufstätigkeit verschafften, wurden maßgeblich auf die Initiative von Teilnehmerinnen der ersten Frauenbewegung hin geschaffen. Hier boten sich Anschlussstellen für die Etablierung von Leistungs- und Publikumsrollen, die Frauen in Modernisierungsprozesse inkludierten, obwohl ihnen politische Rechte zur Durchsetzung ihrer Erwerbsinteressen fehlten. Sie knüpften an entstehende wohlfahrtsstaatliche Aufgabenbereiche des Staates an, d.h. an seine wachsende Verantwortung für eine allgemeine und höhere Bildung und für Politiken sozialer Integration.

Nur vereinzelt erhielten Frauen auch Zugang zum Wissenschaftssystem und dessen Leistungsrollen. Von hier gingen noch kaum Impulse aus, die Forderungen der ersten Frauenbewegung durch neue Deutungen der Geschlechterdifferenz Legitimation verschafft hätten.

(4) Weitere Blockade der Fraueninklusion: Ausschluss von Frauenrechten aus der Rechtsentwicklung

Das bürgerliche Recht stellte als juristisches Regulativ für die Zugänge zu den verschiedenen Funktionskontexten vollständig auf das Modell des männlichen Familienernährers ab. Das galt sowohl für das Ehe- und Familienrecht als auch für die Regelungen des Zugangs zum aktiven und passiven Wahlrecht durch die ersten deutschen Verfassungen. Der Versuch von Frauenrechtlerinnen, an der Gestaltung des Ehe- und Familienrechts mitzuwirken, schlug fehl. Sie waren weder in die damaligen Rechtsdiskurse eingebunden noch an Rechtssetzungsprozessen beteiligt. Das bürgerliche Ehe- und Familienmodell war zu übermächtig, als dass der Staat und die Parteien, beide in ihren Publikums- und Leistungsrollen nur mit Männern besetzt, sich für Interessen von Frauen geöffnet hätte.

Das Recht war noch nicht durch einen allgemeinen und individuellen Gleichheitsanspruch geprägt wie später das Grundgesetz. Es stand noch nicht unter dem Vorbehalt der Umsetzung allgemeiner Prinzipien, darunter Gleichheit, in den Gesetzgebungsverfahren.

(5) Politische Fraueninklusion nach 1919 und der sukzessive Ausschluss der Frauenfrage aus der Politik

Der Einzug von Frauen in die Parteien und Parlamente aufgrund der gesetzlichen Verankerung des Frauenwahlrechts 1919 garantierte nicht die Berücksichtigung frauenpolitischer Themen durch die Parteien und den Staat. Die politische Fraueninklusion allein reichte dafür nicht aus. Die Frauen, die als Abgeordnete in den 1920er Jahren in politische Leistungsrollen vordrangen, betrachteten sich zunehmend als Vertreterinnen ihrer Parteien und deren Anhängerschaft und Ideologien. Obgleich das Frauenwahlrecht der weiblichen Bevölkerung die Chance bot, als relevanter politischer Machtfaktor aufzutreten und deshalb von „radikalen" Frauenrechtlerinnen auch verfochten worden war, erfüllte sich diese Hoffnung nicht ein. Dem Engagement der Frauenrechtlerinnen fehlten zunehmend Semantiken, um sich als eine eigene politische Kraft zu profilieren. Ehe und Familie waren als Norm privaten Lebens zu dominant, als dass sich die Frauenerwerbsarbeit und die öffentliche Mitwirkung von Frauen weitere Anerkennung hätten verschaffen können. Der Differenzansatz entfaltete in einer durch Milieu-, Klientel- und Klassenparteien bzw. in einer ideologisch im stärker polarisierten Politik keine Überzeugungskraft mehr. Frauenparteien, die sich programmatisch auf weibliche Aufgaben und Werthaltungen beriefen, hatten sich politisch nicht etablieren können. Der Gleichheitsperspektive fehlten noch entscheidende Anschlussstellen: Parteien vom Typus der modernen Volkspartei, eine allgemeine wohlfahrtsstaatliche Inklusion und ein verfassungsrechtlich gesicherter Gleichheitsanspruch.

5.3.2 Binnendifferenzierung des politischen Systems, De-Institutionalisierung der modernen Kleinfamilie und Inklusionspolitiken der Gleichheit

Die Entstehungsbedingungen der zweiten Frauenbewegung weichen von denen der ersten Frauenbewegung deutlich ab. Formal-rechtlich war Frauen der Zugang zu den Institutionen wichtiger Funktionssysteme seit den 1960er Jahren nicht mehr verwehrt. In den 1970er Jahren erfolgte mit dem Ausbau des Bildungssystems auch die verstärkte Inklusion weiterer Schichten und Bevölkerungskreise in die qualifizierte Bildung. Bildung trug zur Nivellierung sozialer Unterschiede in der Gesellschaft bei. Frauen waren zunächst noch nicht Adressatinnen der Bildungsdebatte, nahmen aber dennoch in steigendem Maße an den Bildungsangeboten teil. In den Wiederaufbaujahrzehnten fand im Bildungsbereich mit der vermehrten Teilnahme von Frauen an höherer Allgemeinbildung eine „Stille Revolution“ statt, die der Frauenbewegung später zugute kam, weil sie in ihrer Entstehungsphase formal gut ausgebildete Frauen rekrutieren konnte.

Aufgrund medizinischer Entdeckungen und der allgemeinen Inklusion in medizinische Versorgung vollzogen sich auch in einem anderen Bereich zunächst wenig bemerkte Veränderungen. Die pharmazeutische Entwicklung von hormonellen Kontrazeptiva, die massenhaft zugänglich wurden, erleichterte das Eingehen von Intimbeziehungen, ohne dass daraus Elternschaften hervorgehen mussten. Verhütungsmittel wurden allgemein verfügbar und ihre Verwendung wurde moralisch akzeptiert. Die neuen und vergleichsweise sicheren Möglichkeiten der Geburtenkontrolle korrelierten mit dem beginnenden Ausbau des Wohlfahrtsstaates durch Ausbildungsförderungsprogramme, von arbeitsmarktpolitischen Integrationsprogrammen und Leistungen zur Grundsicherung. Sie ermöglichten Frauen eine eheunabhängige gesellschaftliche Inklusion.

Zeichnete sich der Agitationszeitraum der ersten Frauenbewegung durch die Propagierung und Institutionalisierung der modernen Kleinfamilie aus, so setzte nach dem Zweiten Weltkrieg nach einer kurzen Phase einer weitgehenden Inklusion der in Ehen und Familien, dem „Golden Age of Marriage“, ein Prozess der Destabilisierung dieser Institutionen ein. Vorstellungen von einer weiblichen Biografie, die die Berufstätigkeit der Ehe und Mutterschaft nachordnete, weichten auf.

Diese Entwicklung vollzog sich im Rahmen der Umbildung des Staates zur umfassenden Komplementärstruktur zum modernen Differenzierungstypus. Er übernahm weitgehende Funktionen für die Teilnahme der Bevölkerung an gesellschaftlichen Teilbereichen. Ohne Prozesse der Binnendifferenzierung des politischen Systems aufgrund von Veränderungen des Parteiensystems hätte sich dieser Wandel kaum vollziehen können.

(1) Politisches System: Binnendifferenzierung und Ausbau des Wohlfahrtsstaats

Die Entwicklung zu einem Wohlfahrtsstaat mit weitgehenden Inklusions- und Versorgungsleistungen erhielt wichtige Impulse aufgrund von Veränderungen im deutschen Parteiensystem in den 1950er und 1960er Jahren. Es bildeten sich zwei große Parteien heraus, die beide den Anspruch formulierten, als moderne Volksparteien breite Wählerschichten anzusprechen. Es vollzog sich ein Wandel weg von Klientel- und Milieuparteien sowie von den stark ideologisch geprägten Parteien der Weimarer Republik zu Volksparteien der Mitte. Dieser Wandel sicherte die Anerkennung politischer Mehrheitsverhältnisse und die Überformung des hierarchisierten politischen Machtcodes durch die Anerkennung des Wechsels von Regierungs- und Oppositionsrolle ab. Die Konkurrenz um knappe politische Mehrheiten führte dazu, dass die Parteien mit allgemeinen Werten und sozialpolitisch breit angelegten Programmen um Zustimmung warben. Sie wollten auch außerhalb ihrer angestammten Wählerschaft Terrain gewinnen. Mit Frauen ‚entdeckten' sie unter dem Einfluss der zweiten Frauenbewegung eine neue Wählergruppe.

Im Zuge der Umbildung des Parteiensystems veränderte sich auch das Verständnis der Aufgaben des Staates. Der Wettbewerb der Volksparteien um politische Macht stärkte Positionen, die das Sozialstaatspostulat des Grundgesetzes in Richtung einer umfassenden Verantwortung des Staates für gesellschaftliche Teilnahmechancen und gleiche Lebensverhältnisse definierten. Gleichheit wurde zu einem zentralen Steuerungsmedium politischer Kommunikation. Der Interpretationsrahmen der Gleichheit wurde von der Gewährleistung formaler auf die Gewährleistung faktischer Gleichheit ausgeweitet. Diese Ausweitung des Gleichheitsanspruchs wurde von der Frauenbewegung dann auch für Frauen geltend gemacht.

Gegenüber dem 19. und frühen 20. Jahrhundert, also dem Agitationszeitraum der ersten Frauenbewegung, wurden schicht- und geschlechtsbezogene Verteilungskonflikte durch staatliche Interventionen entschärft. Mit dem staatlichen Ausbau von Zugangschancen zu wichtigen Funktionskontexten, darunter Bildung und Erwerbsarbeit, sowie der generellen Einbeziehung aller in staatliche Versorgungsleistungen erodierte der Einfluss traditioneller Normen und Institutionen weiter. Milieus und soziale Unterschiede lösten sich unter der Orientierung an modernen, die Gesellschaft vereinheitlichenden Standards auf.

(2) Impulsfunktionen für die zweite Frauenbewegung: Tabuthemen und die Propagierung eines offenen Konzepts des Weiblichen

Die zweite Frauenbewegung ging aus der Studentenbewegung hervor und profilierte sich wie diese über provokante Themen und eine Distanznahme zu etablierten Organisationen. Für ihre Herausbildung war zunächst nicht die Verbesserung der Erwerbschancen von Frauen impulsgebend. Sie betrachtete sich als Gegenbewegung und Gegenkultur zu bestehenden Institutionen und Organisationen und orientierte sich an einem offenen Verständnis des Weiblichen. An die Stelle von Vorstellungen über weibliche Gattungsmerkmale, die die erste Frauenbewegung für die Ausweitung der Teilnahmechancen von Frauen ins Feld geführt hatte, trat nun die Kritik von Geschlechterstereotypien, die später durch das Paradigma der sozialen Konstruktion der Geschlechterdifferenz radikalisiert wurde.

Die neue Frauenbewegung nahm für sich in Anspruch, Tabus aufzudecken. Sie griff Themen auf, die etablierte Akteure nicht behandelten. Kirchen und Parteien verloren ihre Deutungshoheit in Fragen, die Frauen und ihre Lebenssituation betrafen. Die Frauenbewegung konnte eigene Definitionsrechte in „Frauenfragen" vergleichsweise leichter geltend machen als ihre Vorläuferin. Die Geschlechterdifferenz konnte sich nunmehr als eigenständige gesellschaftliche Konfliktlinie durchsetzen. Neben der Frauenbewegung entstanden andere Soziale Bewegungen, darunter die Ökologie- und die Friedensbewegung, die die Werte der Frauenbewegung, vor allem Selbstbestimmung und Chancengleichheit, mit trugen. Sie standen weder im Gegensatz zu den Anliegen der Frauenrechtlerinnen, noch wollten sie deren Bewegung vereinnahmen.

Die zweite Frauenbewegung ging schließlich in eine Phase der Institutionalisierung über und schloss damit an Öffnungs- und Modernisierungsprozesse in wichtigen gesellschaftlichen Teilbereichen an.

(3) Öffnungsfunktionen des Rechtssystems: Grundsatz der Gleichheit und Differenzierungsverbot

Im Gegensatz zur ersten agierte die zweite Frauenbewegung verfassungsrechtlich unter der Bedingung einer formal-rechtlichen Gleichheit der Geschlechter. Der verfassungsrechtliche Gleichberechtigungsgrundsatz aus Art. 3 Abs. 2 des 1949 verabschiedeten Grundgesetzes wurde in den 1950er Jahren in Teilbereichen des Rechts umgesetzt, so dass formale Ausschlussregeln aufgehoben wurden. In Rechtsdiskursen wurde bereits die Frage relevant, inwieweit tatsächliche Verschiedenheiten zwischen den Geschlechtern auch dazu führen dürften, sie unterschiedlich zu behandeln. In den 1960er Jahren erfuhr der Gleichberechtigungsgrundsatz juristisch eine Auslegung als *Differenzierungsverbot.* Bis in die 1970er Jahre hinein hielt die Gesetzgebung des BGB zu Ehe und Familie jedoch noch daran fest, berufliche und finanzielle Entscheidungen von Ehefrauen unter den Vorbehalt der Zustimmung durch den Ehemann zu stellen. Bis dahin hatte die Auffassung Bestand, dass der Staat auf Familien basiere und diese auf dem männlichen Familienernährer. Mit der Eherechtsreform von 1977, die weitgehend ohne den Einfluss der Frauenbewegung zustande kam, setzte eine Wende hin zur staatlichen Anerkennung eines Ehemodells ein, zu dem auch die weibliche Erwerbsarbeit gehörte.

Für die Frauenbewegung erlangte das verfassungsrechtliche Gleichbehandlungsgebot hohe Relevanz im Zusammenhang mit der Forderung nach Quotenregelungen. Damit warf sie die Frage auf, ob eine Auslegung von Art. 3 Abs. 2 GG als Differenzierungsverbot auch Lösungen mit abdeckt, in denen die *faktische Gleichbehandlung* von Frauen politisch zur Debatte steht. Über die Forderung nach Quotenregelungen war die Differenz zwischen formaler und noch nicht erreichter sozialer bzw. faktischer Gleichheit nicht mehr nur ein politisches Problem, sondern auch eines des Rechts bzw. von Gerichten, die sich seit den 1980er Jahren aufgrund der Institutionalisierung von Förderegelungen in öffentlichen Verwaltungen und Dienststellen mit konkurrierenden Gerechtigkeitsansprüche auseinandersetzen müssen, d.h. mit der Frage, wie Gleichheitsansprüche von Einzelnen im Verhältnis zu Gleichheitsansprüchen von benachteiligten Gruppen zu werten sind.

(4) Weiterer Schub der Binnendifferenzierung des politischen Systems: Ausweitung des Parteienspektrums und Öffnung für frauenpolitische Themen

Die Neuen Sozialen Bewegungen, darunter die Frauenbewegungen, erhöhten in den 1980er Jahren den politischen Druck auf die Volksparteien, neue Themen zu integrieren. Die Gründung der Grünen als neuer (Koalitions-)Partei verhalf frauenpolitischen Themen weiter zum Durchbruch im politischen System. Die Ausweitung des Parteienspektrums verstärkte über die Parteienkonkurrenz die Berücksichtigung von Frauen als Wählerpotenzial mit eigenen Interessen und Themen und führte zur Integration von Gleichheitsansprüchen der Frauen in die Programme der Parteien.

Diese Entwicklung wurde durch zwei Faktoren begünstigt: die Bindung des Rechts an das Postulat der individuellen, aber auch der sozialen Gleichheit *und* die Verantwortung des Wohlfahrtsstaates für die Einbeziehung der Gesamtbevölkerung in die Leistungen der wichtigen gesellschaftlichen Teilsysteme. Sie konnte in der zweiten Hälfte des 20. Jahrhunderts auch für Frauen nicht mehr bestritten werden. Die Familie verlor damit auch ihre Anerkennung als Kleinsteinheit des Staates.

Die Verknüpfung von politischer und wohlfahrtsstaatlicher Fraueninklusion war die Voraussetzung, damit in der zweiten Hälfte des 20. Jahrhunderts der Transfer von Forderungen nach der Ausweitung weiblicher Teilnahme und der Anerkennung der Gleichheit von Frauen und Männern in das politische System stattfinden konnte.

Die Parteien rekrutierten Frauen als politisches (Spitzen-)Personal. Sie akzeptierten, wenngleich unterschiedlich verbindlich, Regelungen zur Erhöhung ihrer Frauenanteile. Förder- und Gleichstellungsregeln öffneten Frauen der Zugang zu den Leistungsrollen der Institutionen des Staates. Parallel dazu vollzogen sich Öffnungsprozesse für Frauen im Bildungs- und Wissenschaftssystem, den beiden – sich überlappenden – Systemen, zu denen die zweite Frauenbewegung besondere und stärkere Anschlussmöglichkeiten aufwies als ihre Vorläuferin.

In wohlfahrtsstaatlichen Programmen der Integration in gesellschaftliche Teilbereiche vollzog sich in der zweiten Hälfte des 20. Jahrhunderts ein Perspektivenwechsel. Sie schlossen nicht mehr an das traditionelle Geschlechtermodell mit dem Mann als Ernährer an, sondern orientierten sich am Anspruch der Vereinbarkeit von Familie und Berufstätigkeit.

(5) Bildungs- und Wissenschaftssystem: Brücken- und Legitimationsfunktionen

Die zweite Frauenbewegung setzte mit der Forderung nach der Ausweitung der Chancen von Frauen in der höheren Bildung eine wichtige Strategie der ersten Frauenbewegung zur Ausweitung der Fraueninklusion fort. Qualifizierte Ausbildung sollte wiederum die Erwerbschancen und die ökonomische Unabhängigkeit von Frauen stärken. Aus der Studentenbewegung hervorgegangen, wies die zweite Frauenbewegung Schnittstellen mit dem Wissenschaftssystem auf, das für sie in seiner Funktion als Teil des Bildungssystems und als System zur Generierung von Wissen besonders relevant wurde. Während die erste Frauenbewegung über die höhere Bildung mit dem Lehrerinnenberuf nur einen Teilbereich akademischer Berufe für Frauen reklamieren konnte, öffnete sich für die zweite Frauenbewegung mit der Institutionalisierung der Frauen- und Geschlechterforschung ein neuer gesellschaftlicher Teilbereich. In der Wissenschaft wuchs nicht nur der Anteil von Frauen an den Publikums- und Leistungsrollen. Hier konnten auch Theorien und Forschungsbereiche verankert werden, die die Gechlechterdifferenz als soziale Kategorie berücksichtigen. Das Wissenschaftssystem öffnete sich seit den 1970er und 1980er Jahren aufgrund des Ausbaus der Hochschulen für neue Themen und Theorien, darunter auch jene der zweiten Frauenbewegung.

Die Kritik stereotyper Bilder des Weiblichen, die der Entstehung einer zweiten Frauenbewegung wichtige Impulse gab, wurde vor allem in die Geistes- und Sozialwissenschaften transferiert. Dort wurden theoretisch und empirisch geschlechtsspezifische Differenzierungslinien in der Gesellschaft nachgezeichnet und Kategorien und Begriffe entwickelt, mit denen diese sich als sozial konstruiert deuten ließen. Auf diese Weise erhielten Gleichheitsforderungen der zweiten Frauenbewegung Legitimation durch wissenschaftliche Aussagen und Expertisen.

Die weitere Durchsetzung des Gleichheitspostulats stand in Verbindung mit dem Transfer von Ideen und Themen *zwischen* gesellschaftlichen Teilbereichen, vor allem zwischen Wissenschaft und Politik. Wissenschaftliche Expertisen und Vorschläge wurden von Parteien aufgenommen und in staatliche Programme zur Förderung der Chancengleichheit umgesetzt. Insbesondere die Hochschulen wurden zu Vorreitern des Praktizierens besonderer Maßnahmen der Frauenförderung.

Vor dem Hintergrund einer weitgehenden Ausgrenzung von Frauen aus gesellschaftlichen Teilnahmerechten, einer durch Schichtung politisch gespaltenen Frauenbewegung und der Geschlechterkonkurrenz auf dem Arbeitsmarkt brachte das 19. und frühe 20. Jahrhundert Strukturen für eine differenzbezogene und einschränkte Fraueninklusion hervor. Die bürgerliche, auf dem Familienernährer beruhende Kleinfamilie konnte allgemeine Gültigkeit beanspruchen. Das sich auf Differenz berufende Gleichheitsverständnis trug jedoch dazu bei, dass eigene Berufsbereiche für Frauen jenseits der Randbereiche des Arbeitsmarktes entstehen konnten und Frauenrechtlerinnen eine „weibliche" Mitgestaltung an Modernisierungsprozessen beanspruchten. Sie wurden dadurch zu Mitgestalterinnen eines Staates, der sozialstaatliche Aufgabenbereiche ausbildete.

Die zweite Frauenbewegung hat für sich nicht den Anspruch einer differenzorientierten gesellschaftlichen Mitgestaltung formuliert. Sie war in ihren Anfängen über Tabu- und Protestthemen resonanzfähig. Das Brüchigwerden von Ehe und Familie als einzig anerkannte Formen privaten Lebens sowie Öffnungsprozesse in gesellschaftlichen Teilbereichen, darunter Bildung, Wissenschaft und Politik, hat sie zugunsten von Frauen aufgreifen und voranbringen können. Ihr Anspruch der Gleichverteilung von Chancen und der gerechten Verteilung zwischen den Geschlechtern hat Strukturen zu einer geschlechtsunabhängigen Inklusion befördert. Die Mobilisierungs- und Legitimationsstrategien der Frauenbewegungen stehen offenkundig in einer engeren Verbindung zu Anschlussmöglichkeiten an Differenzierungsprozesse in gesellschaftlichen Teilbereichen und zu deren Verflochtenheit, als es in ihren Diskursen zum Ausdruck kommt.

ANHANG
EXKURSE ZU DEN FORDERUNGEN DER ERSTEN UND DER ZWEITEN ENGLISCHEN FRAUENBEWEGUNG

Erste englische Frauenbewegung – 1860er bis 1920er Jahre

Exkurs (1)
Die Situation von Frauen in der englischen Gewerkschaftsbewegung

Auch die englischen Gewerkschaften lehnten zunächst die Frauenerwerbsarbeit und die Beteiligung von Frauen an ihren Organisationen ab. In Großbritannien hatten sich aber – in Anlehnung an Vorbilder in den USA – bereits seit der Mitte der 1870er Jahre selbstständige Frauengewerkschaften entwickelt (vgl. Boone 1942). In Stärke und politischer Resonanz blieben sie jedoch hinter den Männerorganisationen zurück (vgl. Braun 1901: 432ff.). Ähnlich wie in Deutschland wichen die zunächst von männlicher Seite abgelehnten Koalitionsbestrebungen schließlich der Einsicht, dass politisch schlecht organisierte Lohnarbeiterinnen die Durchsetzungskraft der Forderungen der (Männer-)Gewerkschaften schwächten. Erwerbsarbeit suchende Frauen bildeten auch in Großbritannien eine Konkurrenz, die Männer unterbot. Zudem kam die Vertretung ungelernter und nahezu verarmter Arbeiterinnen ohne Angliederungen an die Männergewerkschaften nicht aus. Seit Ende der 1880er Jahre erfolgten vermehrt Angliederungen von Frauenorganisationen an die männliche englische Gewerkschaftsbewegung (vgl. Drake 1984). Es blieben aber auch weibliche „Trade Unions“ bestehen, die sich in Verhandlungen mit Unternehmern teilweise als Konkurrenten zu den Männerorganisationen erwiesen und in genauer Kenntnis der Arbeits- und Marktbedingungen besonders auf die Lage von Frauen zugeschnittene Verbesserungen erzielten (vgl. Rowbotham 1981: 55).

Die relative Stärke bzw. Eigenständigkeit von Frauen in der englischen Gewerkschaftsbewegung, unter anderem ablesbar an eigenen Organisationen wie der „Women's Labour League", dem „Women's Industrial Council" und der „Women's Cooperative Guild", führte in Großbritannien im 19. Jahrhundert zu einer stärkeren Anerkennung weiblicher Erwerbsrechte als in Deutschland (vgl. Lewis 1991: 80ff.). Zum einen wurde durch das politisch selbstständigere und weniger ideologische Auftreten der Arbeiterinnen deutlich, dass die männliche Erwerbsarbeit in vielen Fällen keine Familie ernährte; zum anderen forcierte dieses Engagement staatliche Programme zur Unterstützung von Familien und der Arbeit von Müttern (vgl. ebd.).

Exkurs (2)
Die Stimmrechtsforderung der englischen Frauenrechtlerinnen

Bereits 1866 wurde im englischen Parlament eine maßgeblich von Frauen initiierte Petition eingereicht, auch Frauen zum Wahlrecht zuzulassen. Sie wurde in jenem Jahr von 1,5 Millionen englischen Frauen unterzeichnet (vgl. Evans 1977: 65). Die Aktion wurde öffentlich von liberalen Parlamentariern unterstützt und mehrere Jahre regelmäßig – gleichwohl erfolglos – durchgeführt. Die Argumente für die politische Inklusion von Frauen wurden aus dem Gleichheitsverständnis des aufgeklärten Naturrechts abgeleitet. Frauen und Männer wurden als von Gott gleich geschaffen betrachtet, mit unveräußerlichen Rechten ausgestattet (vgl. Taylor 1869, abgedr. in: Schröder 1976; Offen 1993). Die Fronten zwischen Gegnern und Befürworterinnen sowie Befürwortern des Frauenstimmrechts verschärften sich weiter, nachdem England 1884 ein Wahlrecht für Männer erhielt, das nunmehr die gesamte männliche Mittelklasse und die besser verdienenden Arbeiter einbezog. Es schloss Frauen weiterhin aus, auch wenn sie über Besitz verfügten und Steuerabgaben leisteten. Beides berechtigte sie seit 1888 aber zur Stimmabgabe bei der Wahl zu den Lokalparlamenten (vgl. Arnstein 1895/96: 597). Die von Frauen höherer Schichten getragene Frauenstimmrechtsbewegung kämpfte zu jener Zeit jedoch nicht für ein generelles Frauenstimmrecht, nicht für die Beteiligung auch der Frauen aus den unteren Schichten: Ihr Ziel waren Rechte analog zu den Berechtigungen der Männer ihrer Schicht (vgl. Jacoby 1976). Auch der Kampf der englischen Arbeiterinnen für das politische Wahlrecht erfolgte zunächst im Bewusstsein der Schichtzugehörigkeit, d.h. dem Ausschluss aus politischen Rechten, wie er auch nach wie vor für die besitzlosen Männer der Arbeiterklasse bestand (vgl. ebd.: 137ff.; Phillips 1987: 28ff.). Der für die englische Frauenbewegung so markante Kampf um politische Gleichheit beruhte anfangs nicht auf Bündnissen zwischen Frauen aus höheren und unteren Schichten.

Dies änderte sich, nachdem der landesweite Protest der 1880er Jahre gegen die staatliche Reglementierung der Prostitution, d.h. gegen die Überwachung der Prostituierten durch staatliche Organe zur Sicherstellung gesundheitlich unbedenklicher Sexualkontakte für Männer, erfolgreich war (vgl. Rowbotham 1981: 71ff.). Sein Erfolg verdankte sich Bündnissen zwischen Frauenprotestgruppen aus der bürgerlichen und aus der Arbeiterschicht, mit kirchlichen Gruppen und mit den Gewerkschaften (vgl. ebd.). Diese Bündnispolitik englischer Feministinnen war ein entscheidender Wegbereiter zu einer Radikalisierung der englischen Frauenbewegung *zusammen mit einem erstarkenden politischen Liberalismus in den 1880er und 1890er Jahren* (vgl. Evans 1977: 67). Infolge der fortgesetzten Ablehnung des Frauenwahlrechts entschlossen sich Teile der bürgerlichen Frauenbewegung am Ausgang des 19. Jahrhunderts zur Gründung von Frauenstimmrechtsvereinen, die für verschiedene politische Richtungen offen waren, sowie zu weiteren Bündnissen mit Frauen der Arbeiterklasse. Es entstanden schichtübergreifende Organisationen wie die „Women's Social and Political Union“ (gegründet von Emmeline Punkhurst) und die „National Women's Suffrage Society“ (ab 1890 von der Radikalen Millicent G. Fawcett angeführt; vgl. VanWingerden 1999: 85ff.).

Exkurs (3)
Zur Anerkennung des Frauenwahlrechts in Großbritannien

In Großbritannien wurde das Frauenwahlrecht 1918 eingeführt und blieb dort zunächst sogar eines, das die Geschlechter ungleich behandelte: Frauen durften erst ab dem Alter von 30 Jahren wählen, Männer waren schon mit 21 Jahren zugelassen. Bis zur völligen Gleichstellung der Frauen dauerte es in Großbritannien noch bis zum Jahr 1928 (vgl. Bock 1999: 95).

Exkurs (4)
Regeln zum Ehe- und Familienrecht in Großbritannien

In Großbritannien war eine Liberalisierung des Ehe- und Scheidungsrechts zugunsten von Frauen bereits in den 1850er Jahren Teil sozialer Reformen geworden. Bis zur Mitte des 19. Jahrhunderts hatte im Common Law ein vollständiges Verbot der Ehescheidung gegolten. Das englische Recht hatte sich bis dahin durch ein Eheverständnis ausgezeichnet, das eine vollständige Repräsentation der Frau durch den Mann vorsah (vgl. Jackson 2001: 3.ff.). Die Ehefrau kam in den rechtlichen Regelungen als Rechtssubjekt nicht vor. Vielmehr hieß es: „Husband and wife are one and the husband is that one." (Weber 1907: 250) Zu diesem Ehebild gehörte das Scheidungstabu, die Untrennbarkeit der Verbindung, die vollständige Loyalität der Frau gegenüber dem Mann (vgl. Tyrell 1995: 96ff.). Die seit der Mitte des 19. Jahrhunderts von englischen Frauenrechtlerinnen vorgetragene Kritik am Eherecht lehnte sich an das Gleichheitsverständnis des aufgeklärten Naturrechts an. Diese Kritik war maßgeblich durch Schriften liberaler Gesellschaftstheoretiker – insbesondere denen John Stuart Mills – beeinflusst, der sich nach seinem Eintritt in das Parlament 1865 auch als Politiker für die Reform des Eherechts und für Frauenrechte einsetzte (vgl. Jackson 2001: 3f.). Ein 1857 eingeführtes Scheidungsrecht brachte erste Ansätze zur Auflösbarkeit der Ehe (vgl. Evans 1977: 63). Seit den 1870er Jahren wurden sukzessive Reformen des Ehe- und Familienrechts vorgenommen, die Frauen ein Eigentumsrecht unabhängig von ihrem Ehemann und ein Erwerbsrecht einräumten sowie seit 1886 auch die Vormundschaft über ihre Kinder (vgl. Arnstein 1895/96: 597).

Exkurs (5)
Die Lage der englischen Frauenbewegung um 1900

Im Unterschied dazu traten große Teile der englischen Frauenbewegung ab 1900 militant für die politische Gleichberechtigung aller Frauen ein (vgl. VanWingerden 1999: 85ff.). Die englische Frauenstimmrechtsbewegung wurde nach 1900 zu einer der größten in der Welt und glich mit Protestmärschen in Städten einer Massenbewegung (vgl. Evans 1977: 68ff.). Die relativ starke Bereitschaft der englischen Gewerkschaften zum Streik bzw. zu militanter Gegenwehr bildete nicht nur ein Bindeglied zwischen Arbeitern und Arbeiterinnen, sondern später auch zwischen Frauenrechtlerinnen der Arbeiterklasse und der bürgerlicher Schichten im Kampf um das Stimmrecht. Physische Gewaltanwendung und Militanz erzeugten ein Bewusstsein von Gegenmacht, das Solidarisierungsprozesse unabhängig von Schichtunterschieden hervorrief (vgl. McMillan 1927: 137; Rowbotham 1981: 87).

Exkurs (6)
Zum Einfluss der Auffassung einer ‚natürlichen Aufgabe' der Frau

Auch in Großbritannien gab es im 19. Jahrhundert ein umfangreiches Schrifttum – in Form von Handbüchern, Abhandlungen und gedruckten Predigten –, das Frauen über ihre ‚natürliche Rolle' bzw. „the women's mission" (Caine 1997: 82) belehrte. Es zielte darauf ab, Frauen die häusliche Rolle als Ehefrau und Mutter zuzuweisen. Die Propagierung der „women's mission" hatte aber auch zur Folge, dass Frauen den Anspruch auf außerhäusliches Engagement innerhalb sozialer und karitativer Aufgabenfelder mit ihrer ‚natürlichen' Rolle rechtfertigten. Die Verquickung von Vorstellungen der Verschiedenheit der Geschlechter mit dem Argument spezifisch weiblicher Aufgaben wurzelte in Großbritannien vor allem in religiösen Bestrebungen des ausgehenden 18. Jahrhunderts zur Wiedererweckung der evangelischen Familie. Darin war die Mutter die zentrale Figur innerhalb der Familie. Diese Verknüpfung sprach insbesondere Frauen mit religiösem Hintergrund an, die außerhäusliche Betätigung vor allem im kirchlichen Rahmen suchten, gegenüber politischer Mitwirkung aber distanziert blieben (vgl. ebd.: 82ff.; Davidoff/Hall 1987: 66f.).

Schon die frühen englischen Feministinnen, wie Mary Wollstonecraft, hatten unterschiedliche Aufgaben zwischen den Geschlechtern und die stärkere Verankerung der Frauen in der Familie anerkannt. Aber im Gegensatz zu den religiös motivierten und kirchlich gebundenen Frauen sahen sie darin ein Argument *für* ein Bürgerrecht und Stimmrecht der Frauen (vgl. Wollstonecraft 1989 [1792]: 223f.; Pateman 1992: 20ff.). Diese Linie hielt sich innerhalb der englischen Frauenbewegung gegen Einflüsse eines anthropologischen Frauenbildes bis zum Ersten Weltkrieg durch. An den Staat richteten Frauenrechtlerinnen die Forderung, Frauen auch in ihrer Rolle als Mütter zu unterstützen (vgl. Pateman 1992: 19ff.).

Exkurs (7)
Zur Anthropologisierung der Geschlechterdifferenz

Während die Stimmrechtsforderung in der deutschen Frauenbewegung erst im Anschluss an Teilerfolge beim Zugang von Frauen zur höheren Bildung und zu qualifizierter Berufsarbeit an Bedeutung gewann, gehörte sie auf Seiten der englischen Frauenbewegung von Beginn an zum Kanon zentraler Inklusionsforderungen. In Großbritannien hatte die politische Mitwirkung mindestens gleichrangige impulsgebende Funktionen für Frauenproteste wie der Kampf um bessere Bildungs- und Erwerbschancen. Das traf auf Deutschland sehr viel abgeschwächter zu. Dieses Kennzeichen der englischen Frauenbewegung war eine Folge ihrer ausgeprägten Orientierung am Gleichheitsverständnis des aufgeklärten Naturrechts, d.h. an der Betrachtung von Frauen und Männern als in ihren Fähigkeiten und deshalb auch in ihren Rechten gleich. Sie konnten sich dafür auf den in Großbritannien politisch stärker verankerten Liberalismus beziehen. In Deutschland wurden gesellschaftliche Öffnungsprozesse im 19. Jahrhundert durch Verbote politischer Vereinstätigkeit blockiert sowie durch ein nach Klassen gestuftes Wahlrecht. Der englische Liberalismus begünstigte ein Zusammengehen von Frauen verschiedener Schichten in der Frauenstimmrechtsfrage sowie im Kampf gegen ungleiche moralische Maßstäbe für die Geschlechter. Diese Entwicklungen entlasteten den englischen Feminismus von Begründungen, wonach sich die Frau vom Mann unterscheide und das weibliche Geschlecht besondere Aufgaben in der Gesellschaft wahrnehmen müsse.

Die Vorstellung einer biologisch bedingten Wesensverschiedenheit zwischen den Geschlechtern und komplementärer Aufgaben von Frauen und Männern erlangte in der englischen Frauenbewegung erst an Überzeugungskraft, als sich die Teilnahme Großbritanniens am Ersten Weltkrieg abzeichnete. Die durch Kriegsvorbereitungen verstärkten Männlichkeitsbilder – z.B. Schutz als Aufgabe des Mannes – führten den „prewar backlash“ (Kent 1988: 232ff.) herbei, trotz des vorherigen Massenprotests für das Frauenstimmrecht. Geschlechterunterschiede wurden zunehmend als biologisch bedingt betrachtet und geschlechtsspezifische Rollenmodelle auch von Frauenrechtlerinnen propagiert. Die Bedrohung von außen bzw. der Angriff auf die Nation im Zusammenhang mit dem Ersten Weltkrieg führte eine Wende zum Bild polarer Geschlechter bzw. unterschiedlicher Aufgaben und Empfindungen von Frauen und Männern herbei.

Zweite englische Frauenbewegung – 1970er bis 1990er Jahre

Exkurs (8)
Zur Entstehung der zweiten englischen Frauenbewegung

Eine zweite Frauenbewegung („the second wave feminism") entstand in Großbritannien ebenfalls zu Beginn der 1970er Jahre und ebenso wie in Deutschland in Verbindung mit außerparlamentarischen Protestgruppen, insbesondere dem Engagement für nukleare Abrüstung und Frieden. Der Verdruss über stereotype und abwertende Haltungen gegenüber den beteiligten Frauen innerhalb der Protestgruppen gab auch in Großbritannien den entscheidenden Impuls für das Entstehen einer neuen Frauenbewegung. Im Unterschied zu Deutschland vollzog sich deren Ausbildung unter dem Eindruck und dem Einfluss des militanten Kampfes von Ford-Arbeiterinnen Ende der 1960er Jahre für gleiche Entlohnung (vgl. Humm 1992: 4ff.). An den ersten großen Zusammenkünften englischer Feministinnen in den 1970er Jahren nahmen auch gewerkschaftliche Frauenorganisationen teil (vgl. Meehan 1990: 193). Mitte der 1970er Jahre startete die englische Frauenbewegung eine Reihe von Kampagnen für die sexuelle Selbstbestimmung von Frauen, gegen die Kontrolle der weiblichen Gebärfähigkeit durch die Strafbarkeit des Schwangerschaftsabbruchs und gegen Gewalt an Frauen (vgl. Meehan 1990: 194). Bereits 1975 trat ein Anti-Diskriminierungsgesetz in Kraft, das auf Bündnissen mit anderen politischen Akteurinnen beruhte, neben gewerkschaftlichen Frauengruppen insbesondere mit Parlamentarierinnen (vgl. Charles 2000: 96ff.).

Das Gesetz sprach eine Vielzahl von Verboten aus, darunter die Diskriminierung von Frauen in der Ausbildung, bei der Veröffentlichung von Stellenanzeigen und Annoncen, in der Sozialpolitik etc. Der auf Forderungen nach gleichem Lohn zurückgehende „Equal Pay Act" von 1970 wurde nunmehr rechtsverbindlich (vgl. Hering 1979). Die Erwerbsarbeit von Frauen hatte als notwendiger Bestandteil des Erwerbssystems juristisch und politisch Anerkennung gefunden (vgl. Banks 1986). Auch das weitere Engagement von Frauenrechtlerinnen zielte maßgeblich auf die Verbesserung der Chancen weiblicher Erwerbsbeteiligung ab. Die Forderung nach gleichem Lohn behielt Gewicht und wurde um die Forderung nach Ganztagsbetreuungseinrichtungen für Kinder, Verhütung auf Krankenschein und das Recht auf Abtreibung erweitert. Proteste gegen sexuelle und häusliche Gewalt gegen Frauen bildeten sich auch in der englischen Frauenbewegung zu einem eigenen Themenkomplex und einem Aktionsfeld für die Einrichtung von Frauenhäusern und Krisenzentren heraus (vgl. Humm 1992: 6).

Exkurs (9)
Zu gleichstellungspolitischen Maßnahmen in Großbritannien

Seit Ende der 1970er Jahre wurden in Großbritannien Programme für die Herbeiführung der Chancengleichheit von Frauen („Equal Opportunities Policies") eingeführt und Gleichstellungsstellen mit eigenen Budgets eingerichtet. Die Programme bezogen sich auf die Bereiche der Verbesserung der (Aus-)Bildung und der Erwerbsarbeitschancen von Frauen. Sie sahen besondere Qualifizierungs- und Fördermaßnahmen vor, Teilzeitarbeit, Unterbrechungszeiten bei Mutterschaft und Wiedereingliederungsmaßnahmen für Mütter (vgl. Cockburn 1991). Die Maßnahmen waren aber vorrangig auf die qualifizierte Erwerbsarbeit ausgerichtet und berücksichtigten kaum die Frauenarbeit in schlecht entlohnten und schlecht qualifizierten Bereichen des Arbeitsmarktes. In der englischen Frauenbewegung wurde erstmals die Kritik an einem ‚mittelschichtorientierten Feminismus' laut (vgl. Charles 2000: 103ff.).

Exkurs (10)
Zum Diskurs über „Equality and Difference"

In der englischen Frauenbewegung gab es in den 1980er Jahren ebenfalls einen Diskurs, der die Ziele und Forderungen der Frauenbewegungen auf unhinterfragte Anpassungen an männliche Begriffe und auf Widersprüche und Interessengegensätze hin untersuchte (vgl. Warwick/Auchmuty 1995). Die englischen Feministinnen knüpften dafür ebenfalls an das Begriffspaar von „Gleichheit und Differenz", „equality or difference" (für „difference" auch: „otherness") an. Die Ausrichtung an einem Gleichheitsverständnis, das zur Bedeutungslosigkeit von Geschlechterunterschieden führen sollte (vgl. Phillips 1995: 13f.), löste nunmehr Kontroversen aus. Das Gleichheitspostulat sei am männlichen Denken angelehnt und unterschlage ein anderes Macht- und Moralverständnis von Frauen (vgl. Hartsock 1983).

Der englische Diskurs orientierte sich für die Benennung von Unterschieden zwischen den Geschlechtern sowohl an der Unterscheidung der „Institution der Mutterschaft" („institution of motherhood") wie auch an der „Erfahrung der Mutterschaft" („experience of motherhood"). Unterschiede zwischen den Geschlechtern wurden damit einerseits auf eine geschlechtsspezifische Sozialisation von Frauen als Folge eines mütterzentrierten Frauenbildes zurückgeführt. Davon wurde andererseits eine durch den weiblichen Körper („female physiology") hervorgerufene eigene Erfahrungsweise von Frauen unterschieden, die auf Menstruation, Schwangerschaft, Geburt und Mutterschaft zurückgeführt wurde (vgl. Hartsock 1997: 224ff.). Begründungen für Unterschiede zwischen den Geschlechtern führten auch in den englischen Diskursen zum Teil direkt die weibliche Gebärfähigkeit an, aus der auf der Seite von Frauen eine geringere Entfremdung von der Natur resultiere (vgl. Griffin 1983: 1). Die Möglichkeit, neues Leben hervorzubringen, wurde zum Ausdruck der „kosmischen Essenz des Weiblichen" (Rich 1977: 39) und dem Bild einer brutalen, dem Leben desinteressiert gegenüberstehenden Natur des Mannes entgegengesetzt (vgl. Strathern 1980: 177).

Exkurs (11)
Zur Kontroverse über „Equality and Difference"

Argumentative Widersprüche das Verhältnis zwischen diesen beiden Ausrichtungen betreffend, sind auch Kennzeichen der englischen Debatte. Die z.T. auf amerikanische Einflüsse zurückgehende Anthropologisierung von Weiblichkeit im englischen Feminismus wurde von vielen Autorinnen mit dem Argument der Verfestigung geschlechtsspezifischer Differenzierungsmuster in der Familie und auf dem Arbeitsmarkt zurückgewiesen (vgl. Meehan 1990: 194). Vielmehr müsse die Beteiligung von Männern an familialen Aufgaben eingefordert und Frauen die stärkere Teilnahme an außerhäuslichen Bereichen ermöglicht werden (vgl. Phillips 1995: 17ff.). Anne Phillips räumt aber gleichzeitig ein, dass mit der Forderung nach einer neuen Aufgabenverteilung zwischen den Geschlechtern eine Anpassung an männliche Standards und Lebensmuster erfolge. Nicht das männliche Lebensmodell werde im Feminismus „zum Problem" gemacht, sondern „die weibliche Differenz" (ebd.). Das Verhältnis zwischen „equality and difference" blieb wie in den deutschen Diskursen offen und ungeklärt.

Exkurs (12)
Soziale Heterogenität in der englischen Frauenbewegung

In den 1980er Jahren nahm in der zweiten englischen Frauenbewegung das Engagement farbiger Frauen gegen Diskriminierung und Ausgrenzung zu. Deren Zusammenschlüsse wandten sich gegen die Immigrationspolitik der Regierung, bildeten dann aber auch ein Protestforum innerhalb der Frauenbewegung gegen deren „Eurozentrismus" (vgl. Carby 1997: 45ff.). Die Frauenbewegung umfasste nunmehr ein breites Spektrum verschiedener Richtungen und Initiativen, darunter Mitglieder von

Friedensaktivitäten, schwarze Aktivistinnen, sozialistische Feministinnen, Aktivistinnen für reproduktive Rechte ebenso wie Abtreibungsbefürworterinnen, lesbische Frauengruppen, Gleichstellungspolitikerinnen und Protagonistinnen einer weiblich-mütterlichen Moral. Ungleichheiten aufgrund von Schicht-, Geschlechts- und ethnischer Zugehörigkeiten wurden zunächst noch als Teil *eines* Ungerechtigkeitsproblems angesehen. Die englische Frauenbewegung verstand sich in den 1980er Jahren gerade als Bündnis unterschiedlicher Frauengruppen und -initiativen (vgl. Humm 1992: 4ff.).

In den 1990er Jahren, d.h. im Anschluss an die Debatte über „equality and difference“, wurde der Begriff „difference“ auch im englischen Feminismus zum Ausdruck für *Unterschiede zwischen Frauen* und zum Anknüpfungspunkt für eine kritische Betrachtung feministischer Identitätspolitiken (vgl. Griffin 1995: 3). Farbige Frauen und Lesbenorganisationen wiesen auf die Anlehnung der Gleichheitsforderungen der Frauenbewegung an die Mittelschichtnormen der weißen heterosexuellen Bevölkerung hin. Artikel wie „White women listen“ (Carby 1997) beschäftigten sich mit den Grenzen weiblicher Solidarität und mit Formen des Rassismus auch unter Frauen. Slogans der 1970er und 1980er Jahre wie „Sisterhood is powerful“ oder „Sisterhood is global“ (Corrin 1999: 97ff.) verloren an Überzeugungskraft. Der von der Frauenbewegung in Anspruch genommene Universalismus der Ungleichheit, die Benachteiligung der Frauen gegenüber den Männern, wurde als einigende Klammer brüchig. An der Forderung nach „coalition building“ (Jordan 1994), dem Ausloten zwischen unterschiedlichen und übereinstimmenden Zielen von Frauen, zeigte sich aber auch, dass aus unterschiedlichen Interessenlagen nicht umstandslos der Schluss eines Zusammengehens mit Männerorganisationen gezogen oder ein Zerfall der Frauenbewegung hingenommen wurde (vgl. Reagon 1983; Jordan 1994).

In der englischen Frauenbewegung bildeten sich andere gesellschaftliche Konfliktlinien deutlicher ab als in der deutschen. Dieser Unterschied traf schon auf die Anfänge des Engagements englischer Frauenrechtlerinnen in den 1970er Jahren zu. Bündnisse mit Frauen aus den Gewerkschaften konnten in den 1970er und 1980er Jahren allerdings über die Forderung nach der Gleichstellung von Frauen mit Männern hergestellt werden (z.B. über das Thema der Lohngleichheit). Im Diskurs über Differenzen zwischen Frauen rangen englische Feministinnen seit Mitte der 1990er Jahre um (einen) „third wave feminism(s)“, nun auch unter Berücksichtigung von Unterschieden zwischen Frauengenerationen (vgl. Arneil 1999). Die für den „second wave feminism“ so entscheidende Orientierung am Gleichheitspostulat wurde nun teilweise in Frage gestellt.

Exkurs (13)
Zur Gleichheitsforderung der englischen Frauenbewegung seit den 1990er Jahren

Trotz der Diskussion über einen an Mittelschichtnormen angelehnten Feminismus bildete sich die Gleichheitsforderung auch in der englischen Frauenbewegung seit der Mitte der 1990er Jahre wieder zur zentralen Bezugsgröße des politischen Engagements für Frauenrechte aus. Das zeigt sich an Ausarbeitungen über das Verhältnis von „Geschlecht und Demokratie" sowie an der Forderung, Gruppenrechte bzw. Verfahren zu akzeptieren, die die Repräsentation benachteiligter Gruppen in demokratischen Institutionen wie Parteien und Parlamenten ihrem Bevölkerungsanteil entsprechend garantieren sollten (vgl. Phillips 1995; Young 1990). Das *Gender Mainstreaming* wurde 1996 in den zehn Programmpunktekatalog der „National Agenda for Action" aufgenommen. Die Regierung arbeitete dazu Umsetzungsmaßnahmen aus. Das *Mainstreaming* wurde zu einer wichtigen Strategie, die Chancengleichheit von Frauen voranzubringen (vgl. Rees 1998: 190).

Die Frage, ob übereinstimmende und unterschiedliche Interessen zwischen Frauen langfristig in Forderungen und politische Strategien umgesetzt werden können, wurde im englischen Feminismus Ende der 1990er Jahre kritisch beurteilt. In einem Reader, der diesen Diskurs zusammengefasst hat, heißt es: „The future of third wave feminism(s) is to be found in straddling and connecting: in hybrids, affinities, coalitions, contradictions and localized politics." (Arneil 1999: 212)

An den Kontroversen der englischen Frauenbewegung zeigte sich deutlicher als an denen der deutschen, dass das feministische Engagement der postmodernen Gesellschaft durch neuartige, auf kulturellen Dissonanzen beruhende Konfliktlinien herausgefordert ist.

LITERATUR

Ahlemeyer, Heinrich W. 1995: Soziale Bewegungen als Kommunikationssystem, Opladen: Leske + Budrich.

Albisetti, James C. 1982: Could Separate Be Equal? Helene Lange and Women's Education in Imperial Germany, in: History of Education Quarterly, 22. Jg., S. 301-317.

Albisetti, James C. 1996: Professionalisierung von Frauen im Lehrberuf, in: Kleinau, Elke/Opitz, Claudia (Hg.): Geschichte der Mädchen- und Frauenbildung, Bd. 2, Frankfurt/M.; New York: Campus, S. 189-202.

Altendorf, Hans 1978: Arbeiterkinder an den Hochschulen, Köln: Europa.

Arneil, Barbara 1999: Politics and Feminism, Oxford: Blackwell.

Arnstein, Ph. 1895/96: Der gegenwärtige Stand der englischen Frauenbewegung, in: Die Frau, 3. Jg., S. 596-599.

Augspurg, Anita 1904: Weltbund für Frauenstimmrecht, in: Beilage der Frauenbewegung, Nr. 11, S. 30-33.

Augspurg, Anita 1986 [1905]: Gesetzliche oder freie Ehe? in: Janssen-Jurreit, Marielouise (Hg.) 1986: Frauen und Sexualmoral, Frankfurt/M.: Fischer, S. 101-107.

Bäcker, Gerhard/Naegele, Gerhard/Bispinck, Reinhardt/Hofemann, Klaus 2008: Sozialpolitik und soziale Lage in Deutschland, Bd. 2, 4. Aufl., Wiesbaden: VS-Verlag.

Baecker, Dirk 1993: Einleitung, in: ders. (Hg.): Probleme der Form, Frankfurt/M.: Suhrkamp, S. 9-21.

Bainton, Roland H. 1995: Frauen in der Reformation, Gütersloh: Gütersloher Verlagshaus.

Ballhausen, Anne/Brandes, Uta/Karrer, Marva/Schreiber, Robert (Hg.) 1986: Zwischen traditionellem Engagement und neuen Selbstverständnis – Weibliche Präsenz in der Öffentlichkeit, Bielefeld: Kleine Verlag.

Banks, Olive 1986: Faces of Feminism: A Study of Feminism as a Social Movement, Oxford: Basil and Blackwell.

Bardeleben, Renate/Plummer, Petra von (Hg.) 1998: Perspektiven der Frauenforschung, Tübingen: Stauffenburg.

Bäumer, Gertrud 1901: Die Frauenbildungsbewegung, in: Lange, Helene/Bäumer, Gertrud (Hg.): Handbuch der Frauenbewegung, Berlin: Möser, S. 80-100.

Bäumer, Gertrud 1926: Die Frau und die sexuelle Krisis, in: Die Frau, 33. Jg., S. 641-644.

Bäumer, Gertrud 1927/28: Was die Vertreterinnen der Jugendehe übersehen, in: Die Frau, 35. Jg., S. 520-525.

Bäumer, Gertrud 1964: Das Problem der Frauenbildung, in: Dauzenroth, Erich (Hg.): Frauenbewegung und Frauenbildung, Bad Heilbrunn: Klinkhardt, S. 71-77.

Beauvoir, Simone 1997 [1949]: Das andere Geschlecht, 18. Aufl., Reinbek: Rowohlt.

Beck, Ulrich 1983: Jenseits von Stand und Klasse?, in: Kreckel, Reinhard (Hg.): Soziale Ungleichheiten, Göttingen: Schwartz, S. 36-74.

Beck-Gernsheim, Elisabeth 1976: Der geschlechtsspezifische Arbeitsmarkt: Zur Ideologie und Realität von Frauenberufen, Frankfurt/M.: Aspekte.

Beck-Gernsheim, Elisabeth 1994: Auf dem Weg in die postmoderne Familie. Von der Notgemeinschaft zur Wahlverwandtschaft, in: Beck, Ulrich/dies. (Hg.): Riskante Freiheiten. Individualisierung in der modernen Gesellschaft, Frankfurt/M.: Suhrkamp, S. 115-138.

Beer, Ursula 1990: Geschlecht, Struktur, Geschichte, Frankfurt/M.; New York: Campus.

Beitzke, Günther 1954: Gleichheit von Mann und Frau, in: Neumann, Franz/Nipperdey, Hans-Carl/Scheuner, Ulrich (Hg.): Die Grundrechte, Bd. 2, Berlin: J.C.B. Mohr, S. 199-242.

Bell, Hans 1930: Deutsche und österreichische Strafrechtsreform, Berlin: Heymann.

Bennholdt-Thomsen, Veronika 1990: Kommentar zu den Vorträgen von Frigga Haug und Adrianna Cavarero, in: Gerhard, Ute et al. (Hg.): Differenz und Gleichheit. Menschenrechte haben (k)ein Geschlecht, Frankfurt/M.: Helmer, S. 128-135.

Berg, Christa 1991: Familie, Kindheit, Jugend, in: dies. (Hg.): Handbuch der deutschen Bildungsgeschichte, Bd. IV, 1870-1918, München: Beck, S. 91-146.

Bergmann, Anneliese 1983: Frauen, Männer, Sexualität und Geburtenkontrolle. Die Gebärstreikdebatte der SPD im Jahre 1913, in: Hausen, Karin (Hg.): Frauen suchen ihre Geschichte, München: Beck, S. 81-108.

Berneike, Christiane 1995: Die Frauenfrage ist eine Rechtsfrage, Baden-Baden: Nomos.

Beyer, Hans 1933: Die Frau in der politischen Entscheidung, Stuttgart: Enke.

Biermann, Ingrid 1990: Die Frau und die sexuelle Krisis. Sittlichkeit und sexuelle Ethik in der bürgerlichen Frauenbewegung zu Beginn des 20. Jahrhunderts, in: Interdisziplinäres Frauenforschungs-Zentrum (Hg.): Liebes- und Lebensverhältnisse. Sexualität in feministischer Diskussion, Frankfurt/M.; New York: Campus, S. 27-42.

Biermann, Ingrid 1993: Was leisten Quotenregelungen, in: Die politische Meinung, 38, 2. Jg., H. 286, S. 63-66.

Biermann, Ingrid 1995: Ehe und Elternschaft: Über die Verknüpfung zweier Formen intimer Sozialbeziehungen und ihren Einfluß auf Mütter- und Väterbilder in der modernen Gesellschaft, in: Interdisziplinäres Frauenforschungs-Zentrum (Hg.): IFF-Info, Nr. 17, S. 22-25.

Biermann, Ingrid 2002: Die einfühlsame Hälfte. Weiblichkeitsentwürfe des 19. und frühen 20. Jahrhunderts in Familienratgebern und Schriften der Frauenbewegung, Bielefeld: Kleine Verlag.

Biermann, Ingrid/Schmerl, Christiane/Ziebell, Lindy 1985: Leben mit kurzfristigem Denken. Eine Untersuchung zur Situation arbeitsloser Akademikerinnen, Weinheim: Beltz.

Birk, Anne/Stoehr, Irene 1987: Der Fortschritt entläßt seine Töchter. Widersprüche zwischen Öko-Logik und Emanzipationslogik, in: Kommune, H. 7, S. 54-68.

Bleuler-Waser, Hedwig 1912: Erziehung zur Mütterlichkeit, in: Schreiber, Adele (Hg.): Mutterschaft. Ein Sammelwerk für die Probleme des Weibes als Mutter, München: Albert Langen, S. 68-82.

Blome, Eva/Erfmeier, Alexandra/Gülcher, Nina/Smasal, Kerstin/Smykalla, Sandra 2005: Handbuch zur universitären Gleichstellungspolitik, Wiesbaden: VS-Verlag.

Bluntschli, Johann Caspar 1864: Geschichte des Allgemeinen Staatsrechts und der Politik, Bd. I, München: Cotta.

Bluntschli, Johann Caspar 1879: Kleine Schriften, Nördlingen: Beck.

Bock, Gisela 1999: Frauenwahlrecht – Deutschland um 1900 in vergleichender Perspektive, in: Grüttner, Michael/Hachtmann, Rüdiger/Haupt, Heinz-Gerhard (Hg.): Geschichte und Emanzipation, Festschrift für Reinhard Rürup, Frankfurt/M.; New York: Campus, S. 95-136.

Bock, Gisela 2000: Frauen in der europäischen Geschichte. Vom Mittelalter bis zur Gegenwart, München: Beck.

Bock, Gisela/Thane, Pat 1991a: Introduction, in: dies. (Hg.): Maternity and Gender Politics: Women and the Rise of the European Welfare States, 1880s-1950s, London: Routledge, S. 1-20.

Bock, Gisela/Thane, Pat (Hg.) 1991b: Maternity and Gender Politics: Women and the Rise of the European Welfare States, 1880s-1950s, London: Routledge.

Bock, Ulla 1993: Die Zeit verändert die Knoten im Netz. Wege der Institutionalisierung von Frauenforschung an bundesdeutschen Hochschulen, in: dies. (Hg.): Die Institutionalisierung von Frauenforschung und Frauenförderung in Deutschland, Europa und den USA, Mainz: Johannes-Gutenberg-Universität Mainz, S. 66-83.

Bock, Ulla/Witych, Barbara 1980: Thema: Frau, Bibliographie der deutschsprachigen Literatur zur Frauenfrage 1949-1979, Bielefeld: AJZ.

Böhmer, Maria 1994: Gesetze zur Gleichberechtigung von Männern und Frauen in Bund und Ländern: Eine vergleichende Dokumentation, Konrad Adenauer Stiftung, Interne Studien, Nr. 83/1994.

Boldt, Hans 1990: Souveränität: 19. und 20. Jahrhundert, in: Brunner, Otto/Conze, Werner/Koselleck, Reinhard (Hg.) Geschichtliche Grundbegriffe, Bd. 6, Stuttgart: Klett-Cotta, S. 129-153.

Bommes, Michael/Halfmann, Jost 1994: Migration und Inklusion. Spannungen zwischen Nationalstaat und Wohlfahrtsstaat, in: Kölner Zeitschrift für Psychologie und Sozialpsychologie, 46. Jg., S. 406-424.

Boone, Gladys 1942: The Women's Trade Union Leagues in Great Britain and the United States of America, New York: Columbia University Press.

Boos-Nünning, Ursula 1987: Frauenbeauftragte in der Universität-Gesamthochschule-Essen, Konzepte und Erfahrungen, in: IFG Frauenforschung, 5. Jg., H. 3, S. 223-238.

Böttger, Barbara 1990: Das Recht auf Gleichheit und Differenz: Elisabeth Selbert und der Kampf der Frauen um Art. 3.2 Grundgesetz, Münster: Westfälisches Dampfboot.

Böttger, Barbara 1991: Gleichberechtigung. Ein uneingelöstes Versprechen, in: Feministische Studien, extra, S. 25-29.

Bovenschen, Silvia 1979: Die imaginierte Weiblichkeit, Frankfurt/M.: Suhrkamp.

Brand, Karl-Werner 1982: Neue soziale Bewegungen, Opladen: Westdeutscher Verlag.

Brand, Karl-Werner 1996: Zur politischen Kultur der neuen sozialen Bewegungen, in: Falter, Jürgen W./Jaschke, Hans-Gerd/Winkler, Jürgen R. (Hg.): Rechtsextremismus. Ergebnisse und Perspektiven der Forschung, Opladen: Westdeutscher Verlag, S. 331-343.

Braun, Lily 1979 [1901]: Die Frauenfrage, Berlin u.a.: Dietz.

Brüssow, Gaby 1996: Frauenpolitik: Zum Verhältnis von Frauen und Politik am Beispiel von Frauenorganisationen der Parteien SPD und DIE GRÜNEN, Münster: Waxmann.

Bund Deutscher Frauenvereine (BDF) 1907: Grundsätze und Forderungen der Frauenbewegung, in: Centralblatt des Bundes Deutscher Frauenvereine, 9. Jg., Nr. 7, S. 49ff.

Bundesministerium für Bildung und Wissenschaft 1977: Frauen und Bildung: Was sich ändern muß, Bonn.

Bürger, H. 1978: Einige Überlegungen zur Autonomie der Frauenbewegung, Diplomarbeit, Frankfurt/M.

Burris, Barbara/Barry, Kathy/Moon, Terry/Delor, Joan (Hg.) 1974: Manifest der vierten Welt, in: Frauenoffensive, 1. Jg., 1, S. 38-59.

Busch, Gabriele/Hess-Diebäcker, Doris/Stein-Hilbers, Marlene 1988: Den Männern die Hälfte der Familie, den Frauen mehr Chancen in Beruf, Weinheim: Beltz.

Busse, Gisela von 1928: Die Lehre vom Staat als Organismus, Berlin: Junker und Dünnhaupt.

Butler, Judith 1987: Variationen zum Thema Sexualität und Geschlecht. Beauvoir, Wittig, Foucault, in: Nunner-Winkler, Gertrud (Hg.): Weibliche Moral, Frankfurt/M.; New York: Campus, S. 56-76.

Butler, Judith 1991: Das Unbehagen der Geschlechter, Frankfurt/M.: Suhrkamp.

Caine, Barbara 1997: English Feminism: 1780-1980, Oxford: Oxford University Press.

Carby, Hazel 1997: White Women Listen! Black Feminism and the Boundaries of Sisterhood, in: Mirza, Heidi S. (Hg.): Black British Feminism. A Reader, London: Routledge, S. 45-55.

Caspary, Gerda 1933: Die Entwicklungsgrundlagen für die soziale und psychische Verselbständigung der bürgerlichen deutschen Frau um die Jahrhundertwende, Heidelberg: Weiss.

Castell Rödenhausen, Adelheid 1989: Familie, Kindheit, Jugend, in: Langewiesche, Dieter/Tenroth, Heinz-Elmar (Hg.): Handbuch der deutschen Bildungsgeschichte, Bd. V, 1918-1945, München: Beck, S. 65-87.

Charles, Nickie 2000: Feminism, the State and Social Policy, Basingstoke: Macmillan.

Cockburn, Cynthia 1991: In the Way of Women: Men's Resistance to Sex Equality in Organizations, London: Macmillan.

Conze, Werner 1954: Vom „Pöbel" zum „Proletariat". Sozialgeschichtliche Voraussetzungen für den Sozialismus in Deutschland, in: Vierteljahresschrift für Sozial- und Wirtschaftsgeschichte, Bd. 41, S. 333-364.

Conze, Werner 1972: Adel, in: Brunner, Otto/Conze, Werner/Koselleck, Reinhard (Hg.): Geschichtliche Grundbegriffe, Bd. 1, Stuttgart: Klett-Cotta, S. 1-26.

Conze, Werner/Matthias, Erich 1969: Die Regierung der Volksbeauftragten 1918/19, 1. und 2. Teil, Quellen zur Geschichte des Parlamentarismus und der politischen Parteien, Bd. 6/I, II. Düsseldorf: Droste.

Corrin, Chris 1999: Feminist Perspectives on Politics, London: Longman.

Cott, Nancy F. 1987: The Grounding of Modern Feminism, New Haven; London: Yale University Press.

Dann, Otto 1980: Gleichheit und Gleichberechtigung, Berlin: Duncker und Humblot.

Davidoff, Leonore/Hall, Catherine 1987: Family Fortunes: Men and Women of the English Middle Class, 1780-1850, London: Hutchinson.

De Lauretis, Teresa 1990: Eccentric Subjects: Feminist Theory and Historical Consciousness, in: Feminist Studies, 16. Jg., H. 1, S. 115-150.

Die Frauenbewegung 1905: Leitartikel ohne Namensnennung, 10. Jg., S. 29.

Di Luzio, Gaia 2002: Verwaltungsreform und Reorganisation der Geschlechterbeziehungen, Frankfurt/M.; New York: Campus.

Diotima (Hg.) 1989: Der Mensch ist zwei, Wien: Wiener Frauenverlag.

Dißelbeck-Tewes, Elke 1989: Frauen in der Kirche: Das Leben der Frauen in den mittelalterlichen Zisterzienserklöstern Fürstenberg, Graefenthal und Schledenhorst, Köln u.a.: Böhlau.

Dittberner, Jürgen 1976: Zur Entwicklung des Parteiensystems zwischen 1949 und 1961, in: Staritz, Dietrich (Hg.): Das Parteiensystem der Bundesrepublik, Opladen: Leske + Budrich, S. 129-156.

Dohm, Hedwig 1986 [1909]: Über Ehescheidung und freie Liebe, in: Janssen-Jurreit, Marielouise (Hg.): Frauen und Sexualmoral, Frankfurt/M.: Fischer, S. 133-146.

Döhmann, Ute 1990: Weiblich ist die Logik des Postfeminismus. Ein Begriff hat ausgedient: Emanzipation, in: beiträge zur feministischen theorie und praxis, H. 28, S. 123-126.

Drake, Barbara 1984: Women in Trade Unions, London: Virago.

Dransfeld, Hedwig 1907: Entwicklung und gegenwärtiger Stand der deutschen Frauenbewegung, in: Die christliche Frau, 5. Jg., Nr. 4, S. 5-9.

Duelli-Klein, Renate/Nerad, Maresi/Metz-Göckel, Sigrid (Hg.) 1982: Feministische Wissenschaft und Frauenstudium, Göttingen: Dissertationsdruck Kinzel.

Dumont, Louis 1991: Individualismus: Zur Ideologie der Moderne, Frankfurt/M.; New York: Campus.

Ebsen, Ingwer 1994: Gleichberechtigung von Frauen und Männern, in: Benda, Ernst/Maihofer, Werner/Vogel, Hans-Jochen (Hg.): Handbuch des Verfassungsrechts, 2. Aufl., Berlin: de Gruyter, S. 263-292.

Eck, Miriam o.J: Die Jungfräuliche Frau, Berlin: Oehmigke's Verlag/R. Appelius

Elias, Norbert 1986: Wandlungen in der Machtbalance zwischen den Geschlechtern, in: Kölner Zeitschrift für Soziologie und Sozialpsychologie, 38. Jg., S. 425-449.

Ennen, Edith 1987: Frauen im Mittelalter, 3. Aufl., München: Beck.

Evans, Richard J. 1977: The Feminists: Women's Emancipation Movements in Europe, America and Australia 1840-1920, London: Croom Helm.

Evans, Richard J. 1979: Sozialdemokratie und Frauenemanzipation im deutschen Kaiserreich, Berlin u.a.: Dietz.

Faulstich-Wieland, Hannelore 1991: Koedukation – Enttäuschte Hoffnung? Darmstadt: Wissenschaftliche Buchgesellschaft.

Fechtig, Beate 1998: Die Hälfte vom Ball für die Frauen, in: Emma, H. 3, S. 100-105.

Ferree, Myra Marx 1990: Gleichheit und Autonomie: Probleme feministischer Politik, in: Gerhard, Ute et al. (Hg.): Differenz und Gleichheit. Menschenrechte haben (k)ein Geschlecht, Frankfurt/M.: Helmer, S. 283-299.

Flora, Peter 1976: Modernisierung und die Entwicklung der westeuropäischen Wohlfahrtsstaaten, Mannheim: Universität Mannheim.

Forschungsgruppe Marburg 1993: Feministische Bibliografie zur Frauenforschung in der Kunstgeschichte, Pfaffenweiler: Centaurus.

Fraser, Nancy/Nicholson, Linda J. 1990: Social Criticism without Philosophy: An Encounter between Feminism and Postmodernism, in: Nicholson, Linda J. (Hg.): Feminism/Postmodernism, London; New York: Routledge, S. 19-38.

Frauen-Zeitung 1980 [1848/1849]: „Dem Reich der Freiheit werb' ich Bürgerinnen". Die Frauen-Zeitung von Louise Otto, hg. und komm. v. Ute Gerhard, Frankfurt/M.: Syndikat.

Frerich, Johannes 1990: Sozialpolitik, 2. Aufl., München: Oldenbourg Verlag.

Freudenberg, Ika 1909: Moderne Sittlichkeitsprobleme, in: Bäumer, Gertrud (Hg.): Frauenbewegung und Sexualethik, Heilbronn: Salzer, S. 155-162.

Frevert, Ute 1988: Bürgerliche Meisterdenker und das Geschlechterverhältnis, in: dies. (Hg.): Bürgerinnen und Bürger, Göttingen: Vandenhoeck & Ruprecht, S. 17-48.

Friedland, Klaus 1999: Der gemeine Kaufmann, in: Jörn, Nils/Kattinger, Detlef/Wernicke, Horst (Hg.): Genossenschaftliche Strukturen der Hanse, Köln; Wien: Böhlau, S. 287-294.

Fülles, Mechthild 1969: Frauen in Partei und Parlament, Köln: Wissenschaft und Politik.

Gerber, Carl Friedrich von 1869: Grundzüge eines Systems des deutschen Staatsrechts, Leipzig: Tauchnitz.

Gerhard, Ute 1978: Verhältnisse und Verhinderungen: Frauenarbeit, Familie und Rechte der Frauen im 19. Jahrhundert, Frankfurt/M.: Suhrkamp.

Gerhard, Ute 1990a: Bürgerliches Recht und Patriarchat, in: dies. et al. (Hg.): Differenz und Gleichheit. Menschenrechte haben (k)ein Geschlecht, Frankfurt/M.: Helmer, S. 188-204.

Gerhard, Ute 1990b: Unerhört. Die Geschichte der deutschen Frauenbewegung, Reinbek: Rowohlt.

Gerhard, Ute 1990c: Gleichheit ohne Angleichung. Frauen im Recht, München: Beck.

Gerhard, Ute 1991: Maßstäbe einer Verfassung auch für Frauen, in: Feministische Studien, extra, S. 11-19.

Gerhard, Ute/Jansen, Mechthild/Maihofer, Andrea/Schmid, Pia/Schultz, Irmgard (Hg.) 1990: Differenz und Gleichheit. Menschenrechte haben (k)ein Geschlecht, Frankfurt/M.: Helmer.

Gernert, Dörte 1996: Mädchenerziehung im allgemeinen Volksschulwesen, in: Kleinau, Elke/Opitz, Claudia (Hg.): Geschichte der Mädchen- und Frauenbildung, Bd. 2, Frankfurt/M.; New York: Campus, S. 85-89.

Giesen, Rose-Marie 1979: Zur Ideologie des Neo-Feminismus oder gegen eine ‚neue‘ alte Weiblichkeit, in: 3. Sommeruniversität für Frauen (Hg.): Frauen und Mütter, Berlin: Frauenbuchverlag, S. 274-281.

Gildemeister, Regine/Robert, Günther 1999: Vergeschlechtlichung - Entgrenzung - Revergeschlechtlichung, in: Honegger, Claudia (Hg.): Grenzenlose Gesellschaft? 16. Verhandlungen des Kongresses der Deutschen Gesellschaft für Soziologie, Bd. 2, Opladen: Leske + Budrich, S. 110-126.

Gildemeister, Regine/Wetterer, Angelika 1992: Wie Geschlechter gemacht werden. Die soziale Konstruktion der Zweigeschlechtlichkeit und ihre Reifizierung in der Frauenforschung, in: Knapp, Gudrun-Axeli/Wetterer, Angelika (Hg.): Traditionen und Brüche. Entwicklungen feministischer Theorie, Freiburg: Kore, S. 201-254.

Gilligan, Carol 1984: Die andere Stimme. Lebenskonflikte und Moral der Frau, München: Piper.

Glotz, Peter/Faber, Klaus 1994: Richtlinien und Grenzen des Grundgesetzes für das Bildungswesen, in: Benda, Ernst/Maihofer, Werner/Vogel, Hans-Jochen (Hg.): Handbuch des Verfassungsrechts, Teil 1, 2. Aufl., Berlin: de Gruyter, S. 1363-1424.

Gnauck-Kühne, Elisabeth 1904: Die Deutsche Frau um die Jahrhundertwende. Eine statistische Studie zur Frauenfrage, Berlin: Liebmann.

Goetz, Hans-Werner 1995: Frauen im frühen Mittelalter, Wien: Böhlau.

Goody, Jack 1986: Die Entwicklung von Ehe und Familie in Europa, Frankfurt/M.: Suhrkamp.

Gordon, Emy 1905: Fingerzeige für die katholische Frauenbewegung, Frankfurt/M.: Kreuer.

Gosewinkel, Dieter 2001: Einbürgern und Ausschließen: Die Nationalisierung der Staatsangehörigkeit vom Deutschen Bund bis zur Bundesrepublik Deutschland, Göttingen: Vandenhoeck & Ruprecht.

Gottschewski, Lydia 1990 [o.J.]: Männerbund und Frauenfrage. Die Frau im neuen Staat, abgedruckt in: Ariadne. Almanach des Archivs der deutschen Frauenbewegung, H. 18, S. 48-49.

Gräser-Bachmann, Karin 1995: Die Anfänge der hormonalen Kontrazeption, Dissertation, Heidelberg.

Greven-Aschoff, Barbara 1981: Die bürgerliche Frauenbewegung in Deutschland 1894-1933, Göttingen: Vandenhoeck & Ruprecht.

Griffin, Gabriele 1995: Introduction, in: dies. (Hg.): Feminist Activism in the 1990s, London: Taylor & Francis, S. 1-10.

Griffin, Susan 1983: Introduction, in: Caldecott, Léonie/Leland, Stephanie (Hg.): Reclaim the Earth, London: Women's Press, S. 1-30.

Grimm, Dieter 1987: Recht und Staat der bürgerlichen Gesellschaft, Frankfurt/M.: Suhrkamp

Grimm, Dieter 1990: Deutsche Verfassungsgeschichte 1776-1866, Frankfurt/M.: Suhrkamp.

Grimm, Dieter 1994: Der Wandel der Staatsaufgaben und die Zukunft der Verfassung, in: ders. (Hg.): Staatsaufgaben, Baden-Baden: Nomos, S. 613-646.

Grimshaw, Jean 1986: Philosophy and Feminist Thinking, Minneapolis: University of Minnesota Press 1986.

Gröning, Katharina 1992: Kommunale Gleichstellungsbeauftragte, in: IFG Frauenforschung, H. 4, S. 20-37.

Guggenberger, Bernd 1982: Bürgerinitiativen. Krisensymptom oder Ergänzung des Systems der Volksparteien? in: Raschke, Joachim (Hg.): Bürger und Parteien, Opladen: Westdeutscher Verlag, S. 190-204.

Hackett, Amy 1972: The German Women's Movement And Suffrage, 1890-1914: A Study Of National Feminism, in: Bezucha, Robert (Hg.): Modern European Social History, Lexington: Heath, S. 23-45.

Hagemann-White, Carol 1984: Sozialisation: männlich – weiblich, Opladen: Leske + Budrich.

Hagemann-White, Carol 1986: Hat die neue Frauenpolitik Partizipationsformen und Wirkungsmöglichkeiten von Frauen verändert? in: Institut Frau und Gesellschaft (Hg.): Frauenforschung, H. 4, S. 38-50.

Hahn, Alois 1986: Differenzierung, Zivilisationsprozeß, Religion. Aspekte einer Theorie der Moderne, in: Neidhardt, Friedhelm (Hg.): Kultur und Gesellschaft, Opladen: Westdeutscher Verlag. S. 214-231.

Hahn, Alois 1993: Identität und Nation in Europa, in: Berliner Journal für Soziologie, 3. Jg., H. 3, S. 193-203.

Hajnal, John 1969: European Marriage Patterns in Perspective, in: Glass, David V./Eversley, David E.C. (Hg.): Population in History, London: Arnold, S. 101-143.

Hanauer, W. 1919: Das moderne Prostitutionswesen, Leipzig: Schäfer.

Handl, Johann/Mayer, Karl Ulrich/Müller, Walter/Willms, Angelika 1979: Prozesse sozialstrukturellen Wandels am Beispiel der Entwicklung von Qualifikations- und Erwerbsstrukturen der Frauen im Deutschen Reich und in der Bundesrepublik Deutschland, VASMA-Arbeitspapier Nr. 6, Universität Mannheim.

Hartsock, Nancy 1983: Money, Sex and Power: Toward a Feminist Historical Materialism, Northeastern University Press.

Hartsock, Nancy 1997: The Feminist Standpoint. Developing the Ground for a Specifically Feminist Historical Materialism, in: Nicholson, Linda (Hg.): The Second Wave: A Reader in Feminist Theory, New York: Routledge, S. 216-240.

Hartwich, Hans-Hermann 1970: Sozialstaatspostulat und gesellschaftlicher status quo, Köln: Westdeutscher Verlag

Hausen, Karin 1976: Die Polarisierung der „Geschlechtscharaktere“, in: Conze, Werner (Hg.): Sozialgeschichte der Familie in der Neuzeit Europas, Stuttgart: Klett, S. 363-393.

Hausen, Karin 1990: Überlegungen zum geschlechtsspezifischen Strukturwandel der Öffentlichkeit, in: Gerhard, Ute et al. (Hg.): Differenz und Gleichheit. Menschenrechte haben (k)ein Geschlecht, Frankfurt/M.: Helmer, S. 268-282.

Hein, Aamlie 1912: Frauenhülfe und Frauenbewegung, in: Frauenhülfe, Nr. 12, S. 3-6.

Heinsohn, Kirsten 1996: Der lange Weg zum Abitur: Gymnasialklassen als Selbsthilfeprojekte der Frauenbewegung, in: Kleinau, Elke/Opitz, Claudia (Hg.): Geschichte der Mädchen- und Frauenbildung, Bd. 2, Frankfurt/M.; New York: Campus, S. 149-160.

Heintz, Bettina/Nadai, Eva 1998: Geschlecht und Kontext. De-Institutionalisierungsprozesse und geschlechtliche Differenzierung, in: Zeitschrift für Soziologie, 27. Jg., H. 2, S. 75-93.

Hepting, Roland 1978: Mädchenbildung versus Koedukation, Stuttgart: Hochschulverlag.

Hering, Heide 1979: Das englische Anti-Diskriminierungsgesetz, in, Janssen-Jurreit, Marielouise (Hg.): Frauenprogramm, Reinbek: Rowohlt, S. 303-313.

Hering, Sabine 1987: Mutterseelenallein – Einblicke in eine hundertjährige Geschichte des Alleinerziehens, in: Institut für soziale Arbeit (Hg.), Materialien und Berichte, Münster.

Heusler-Edelhuizen, H. 1927/28: Die sexuelle Not unserer Jugend, in: Die Frau, 35. Jg., S. 604-609.

Hoecker, Beate 1995: Politische Partizipation von Frauen. Kontinuität und Wandel des Geschlechterverhältnisses in der Politik, Opladen: Leske + Budrich.

Hondrich, Karl Otto 1984: Der Wert der Gleichheit und der Bedeutungswandel der Ungleichheit, in: Soziale Welt, H. 35, S. 267-293.

Hönsch, Ronald 2001: Elternzeit und Erziehungsgeld. Das neue Bundeserziehungsgeldgesetz in der Personalpraxis, Neuwied; Kriftel: Luchterhand.

Huber, Ernst Rudolf 1961: Deutsche Verfassungsgeschichte seit 1789, Bd. I, Stuttgart: Kohlhammer.

Huber, Ernst Rudolf 1963: Deutsche Verfassungsgeschichte seit 1789, Bd. III, Stuttgart: Kohlhammer.

Huber, Ernst Rudolf 1978: Deutsche Verfassungsgeschichte seit 1789, Bd. V, Stuttgart: Kohlhammer.

Huber, Joseph 1980: Wer soll das ändern. Die Alternativen der Alternativbewegung, Berlin: Rotbuch.

Humm, Maggie 1992: Introduction, in: dies. (Hg.): Feminisms: A Reader, New York: Harvester Wheatsheaf, S. 4-7.

Ihlefeld-Bolesch, Heli 1994: Frauenförderprogramme, Bonn: Economica Verlag.

Jackson, Margret 2001: Sex, Class and Hetero-Relations. Feminism and the Politization of Sexuality in Victorian and Edwardian England, in: Evans, Mary (Hg.): Feminism. Critical Concepts in Literary and Cultural Studies, London: Routledge, S. 1-32.

Jacoby, Jane 1976: Feminism and Class Conciusness, in: Carroll, Berenice A. (Hg.): Liberating Women's History: Theoretical and Critical Essays, Urbana: Univ. of Illinois Press.

Jahrbuchgruppe des Münchener Frauenzentrums (Hg.) 1976: Frauenjahrbuch, Münster: tende.

Janssen-Jurreit, Marielouise (Hg.) 1979: Frauenprogramm, Reinbek: Rowohlt.

Jellinek, Camilla 1986 [1905]: Die Strafrechtsreform und die §§ 218 und 219 StGB, in: Janssen-Jurreit, Marielouise (Hg.): Frauen und Sexualmoral, Frankfurt/M.: Fischer, S. 165-177.

Jellinek, Camilla 1986 [1908]: Frauenforderungen zur deutschen Strafrechtsreform, in: Janssen-Jurreit, Marielouise (Hg.): Frauen und Sexualmoral, Frankfurt/M.: Fischer, S. 178-190.

Jenson, Jane 1995: Extending the Boundaries of Citizenship. Women's Movement of Western Europe, in: Basu, Amrita (Hg.): The Challenge of Local Feminisms: Women's Movements in Global Perspective, Boulder, Col. u.a.: Westview Press, S. 405-434.

Joest, Mechthild/Nieswandt, Martina 1984: Das Lehrerinnenzölibat im Deutschen Kaiserreich, in: Wiener Historikerinnen (Hg.): Die ungeschriebene Geschichte, Wien: Wiener Frauenverlag, S. 252-258.

Joos, Josef 1912: Die sozialdemokratische Frauenbewegung in Deutschland, Mönchengladbach: Volksvereins-Verlag.

Jordan, June 1994: Extracts from an Interview, in: Parmar, Pratibha: Other Kinds of Dreams (Hg.), in: Githens, Marianne: Different Roles, Different Voices: Women and Politics in the United States and Europe, New York: Harper Collins College Publication, S. 259-264.

Junker, Reinhold 1968: Zur Lage der Mütter in der Bundesrepublik Deutschland, Frankfurt/M.: Eigenverlag des Deutschen Vereins für Öffentliche und Private Fürsorge.

Kaase, Max 1982: Partizipatorische Revolution – Ende der Parteien, in: Raschke, Joachim (Hg.): Bürger und Parteien, Opladen: Westdeutscher Verlag, S. 173-189.

Kaplan, Marion 1981: Die jüdische Frauenbewegung in Deutschland, Hamburg: Christians.

Kaufmann, Franz Xaver 1996: Modernisierungsschübe, Familie und Sozialstaat, München: Oldenbourg.

Kaufmann, Franz Xaver 2000: Wie überlebt das Christentum? Freiburg: Herder.

Kaufmann, Franz-Xaver 2001: Herausforderungen des Sozialstaates, Frankfurt/M.: Suhrkamp.

Kaufmann, Franz-Xaver 2003: Varianten des Wohlfahrtsstaats. Der deutsche Sozialstaat im internationalen Vergleich, Frankfurt/M.: Suhrkamp.

Kent, Susan 1988: The Politics of Sexual Difference: World War I and the Demise of British Feminism, in: The Journal of British Studies, 27. Jg., S. 232-253.

Key, Ellen 1912: Mütterlichkeit, in: Schreiber, Adele (Hg.): Mutterschaft. Ein Sammelwerk für die Probleme des Weibes als Mutter, München: Albert Langen, S. 587-601.

Kienle, Else 1932: Frauen. Aus dem Tagebuch einer Ärztin, Berlin: Kiepenheuer.

Kirchheimer, Otto 1965: Der Wandel des westeuropäischen Parteiensystems, in: Politische Vierteljahresschrift, 6. Jg., S. 20-31.

Kirschstein, Eva Annemarie 1937: Die Familienzeitschrift, Anhang: Bibliographie der deutschen Familienzeitschriften seit 1790, Berlin: Lorentz.

Kleinau, Elke 1996: Gleichheit oder Differenz? Theorien zur höheren Mädchenbildung, in: dies./Opitz, Claudia (Hg.): Geschichte der Mädchen- und Frauenbildung, Bd. 2, Frankfurt/M.; New York: Campus, S. 113-128.

Klinger, Cornelia 1988: Abschied von der Emanzipationslogik, in: Kommune, 6. Jg., H. 1, S. 41-45.

Klinger, Cornelia 1995: Über neuere Tendenzen in der Theorie der Geschlechterdifferenz, in: Deutsche Zeitschrift für Philosophie, H. 43, S. 801-814.

Kluckhohn, Paul 1941: Das Ideengut der deutschen Romantik, 5. Aufl., Tübingen: Niemeyer.

Kluckhohn, Paul 1966: Die Auffassung der Liebe in der Literatur des 18. Jahrhunderts und in der deutschen Romantik, 3. Aufl., Tübingen: Niemeyer.

Knab, Doris 2001: Pädagogische Berufe für Frauen, in: Kleinau, Elke (Hg.): Frauen in pädagogischen Berufen, Bd. 2, Frankfurt/M.: Klinkhardt, S. 14-24.

Knafla, Leonore/Kulke, Christine 1987: 15 Jahre neue Frauenbewegung, in: Roth, Roland/Rucht, Dieter (Hg.): Neue soziale Bewegungen in der Bundesrepublik Deutschland, Frankfurt/M.; New York: Campus, S. 89-108.

Knapp, Ulla 1984: Frauenarbeit in Deutschland, München: Minerva.

Knöpfel, Gottfried 1960: Die Gleichberechtigung von Mann und Frau, in: Neue Juristische Wochenschrift, H. 13, S. 553-558.

Kocka, Jürgen 1995: Das europäische Muster und der deutsche Fall, in: ders. (Hg.): Bürgertum im 19. Jahrhundert, Göttingen: Vandenhoeck & Ruprecht.

Kontos, Silvia/Walser, Karin 1978: Hausarbeit ist doch keine Wissenschaft, in: beiträge zur feministischen theorie und praxis, H. 1, S. 66-80.

Korotin, Ilse 1992: Am Muttergeist soll die Welt genesen: Philosophische Dispositionen zum Frauenbild im Nationalsozialismus, Wien: Böhlau.

Korotin, Ilse 1993: Antisemitismus – Antifeminismus, in: Ariadne. Almanach des Archivs der deutschen Frauenbewegung, H. 23, S. 9-16.

Koselleck, Reinhard 1975: Zur historisch-politischen Semantik asymmetrischer Gegenbegriffe, in: Weinrich, Harald (Hg.): Positionen der Negativität, München: Fink, S. 65-104.

Kötteritzsch, Ike 1986: Frauen und Karriere. Die Chancen der Quotierung für Leitungsfunktionen, in: Neue Deutsche Schule, 38. Jg., H. 11, S. 26-28.

Kraake, Swantje 1992: Frauen zur Bundeswehr – Analyse und Verlauf einer Diskussion, Frankfurt/M.: Lang.

Krautkrämer-Wagner, Uta 1985: Läßt sich die Gleichberechtigung der Geschlechter staatlich fördern? in: Frauenforschung, 3. Jg., H. 1/2, S. 10-17.

Kreisky, Eva/Sauer, Birgit 1995: Feministische Standpunkte in der Politikwissenschaft, Frankfurt/M.; New York: Campus.

Kristeva, Julia 1979: Kein weibliches Schreiben? Fragen an Julia Kristeva, in: Freibeuter, H. 2, S. 79-84.

Krüger, Helga (Hg.) 1992: Frauen und Bildung. Wege der Aneignung und Verwertung von Qualifikationen in weiblichen Erwerbsbiographien, Bielefeld: Böllert.

Krukenberg, Elsbeth 1906: Über das Eindringen der Frauen in männliche Berufe, Essen: Baedeker.

Kuhlmann, Carola 2000: Alice Salomon: Ihr Lebenswerk als Beitrag zur Entwicklung der Theorie und Praxis sozialer Arbeit, Weinheim: Deutscher Studienverlag.

Kühn, Lenore 1925/26: Frauenkraft in der Kulturgeschichte der Menschheit, in: Die Frau, 32. Jg., S. 40-47.

La Fontaine, Jean Sybil1981: The Domestication of the Savage Male, in: Man, Bd. 16, S. 333-349

Landesverein Preußischer Volksschullehrerinnen (Hg.) 1905: Die verheiratete Lehrerin, Berlin: Walther.

Lang, Regina 1989: Frauenquoten, Bonn: Dietz.

Lange, Helene 1964 [1887]: „Gelbe Broschüre“, in: Dauzenroth, Erich (Hg.): Frauenbewegung und Frauenbildung, Bad Heilbrunn: Klinkhardt, S. 31-35.

Lange, Helene 1964 [1897]: Intellektuelle Grenzlinien zwischen Frau und Mann, in: Dauzenroth, Erich (Hg.): Frauenbewegung und Frauenbildung, Bad Heilbrunn: Klinkhardt, S. 7-20.

Lange, Helene 1980 [1907]: Die Frauenbewegung in ihren modernen Problemen, 1./2. Aufl., Berlin/Münster: tende.

Lange, Helene/Bäumer, Gertrud 1980 [1901]: Handbuch der Frauenbewegung Teil I, Die Geschichte der Frauenbewegung in den Kulturländern, Weinheim: Beltz.

Lange, Helene/Bäumer, Gertrud 1980 [1902]: Handbuch der Frauenbewegung, Teil IV, Die deutsche Frau im Beruf, Weinheim: Beltz.

Lauterer, Heide-Marie 2002: Parlamentarierinnen in Deutschland 1918/19-1949, Königstein: Helmer.

Lauterer, Heide-Marie/Penrose, Virginia 1995: Bericht über das Kolloquium „Frauen in politischen Führungspositionen – Frauen und Politik“, in: Arbeitskreis „Politik und Geschlecht“ in der Deutschen Vereinigung für Politische Wissenschaft (Hg.): Rundbrief, H. 7, S. 52-54.

Leicht-Scholten, Carmen 2000: Das Recht auf Gleichberechtigung im Grundgesetz. Die Entscheidungen des Bundesverfassungsgerichts von 1949 bis heute, Frankfurt/M.; New York: Campus.

Leitner, Sigrid/Ostner, Ilona/Schratzenstaller, Margit (Hg.) 2004: Wohlfahrtsstaat und Geschlechterverhältnis im Umbruch, Wiesbaden: VS-Verlag.

Lewis, Jane 1991: Models of Equality for Women: The Case of State Support for Children in Twentieth Century Britain, in: Bock, Gisela/ Thane, Pat (Hg.): Maternity and Gender Policies: Women and the

Rise of the European Welfare States, 1880s-1950s, London: Routledge, S. 73-92.

Lewis, Jane 2004: Auf dem Weg zur „Zwei-Erwerbstätigen"-Familie, in: Leitner, Sigrid/Ostner, Ilona/Schratzenstaller, Margit (Hg.): Wohlfahrtsstaat und Geschlechterverhältnis im Umbruch, Wiesbaden: VS-Verlag, S. 62-84.

Liberia delle donne di Milano 1988: Wie weibliche Freiheit entsteht, Berlin: Orlanda.

Linton, Ralph 1936: The Study of Man, New York: Appleton-Century-Crofts.

Lion, Hilde 1926: Zur Soziologie der Frauenbewegung, Berlin: Herbig.

Lipp, Wolfgang 1990: Männerbünde, Frauen und Charisma. Geschlechterdrama im Kulturprozeß, in: Völger, Gisela (Hg.): Männerbünde, Männerbande, Bd. 1, Köln: Rautenstrauch Museum, S. 31-40.

Looman, Marijke 2007: Auf dem Gipfel der Macht? Partizipation von Frauen in Parteien, Parlamenten und Regierungen der Bundesrepublik Deutschland, in: Zeitschrift für Frauen- und Geschlechterstudien, 25. Jg., H. 1, S. 74-87.

Lovenduski, Joni 1986: Women and European Politics: Contemporary Feminism and Public Policy, Brighton: Wheatsheaf Books.

Luhmann, Niklas 1980a: Interaktion in Oberschichten. Zur Transformation ihrer Semantik im 17. und 18. Jahrhundert in: ders.: Gesellschaftsstruktur und Semantik, Bd. 1, Frankfurt/M.: Suhrkamp, S. 72-161.

Luhmann, Niklas 1980b: Gesellschaftsstruktur und semantische Tradition, in: ders.: Gesellschaftsstruktur und Semantik, Bd. 1, Frankfurt/M.: Suhrkamp, S. 9-71.

Luhmann, Niklas 1980b: Gesellschaftsstruktur und semantische Tradition, in: ders.: Gesellschaftsstruktur und Semantik, Bd. 1, Frankfurt/M.: Suhrkamp, S. 9-71.

Luhmann, Niklas 1981: Ausdifferenzierung des Rechts. Beiträge zur Rechtssoziologie und Rechtstheorie, Frankfurt/M.: Suhrkamp.

Luhmann, Niklas 1982: Liebe als Passion. Zur Codierung von Intimität, Frankfurt/M.: Suhrkamp.

Luhmann, Niklas 1984: Soziale Systeme. Grundriß einer allgemeinen Theorie, Frankfurt/M.: Suhrkamp.

Luhmann, Niklas 1986: „Distinctions Directrices". Über Codierung von Semantiken und Systemen, in: Neidhardt, Friedhelm (Hg.): Kultur und Gesellschaft, Kölner Zeitschrift für Soziologie und Sozialpsychologie, Sonderheft 27, S. 145-161.

Luhmann, Niklas 1987 [1972]: Rechtssoziologie, Bd. 1/2, 3. Aufl., Opladen: Westdeutscher Verlag.

Luhmann, Niklas 1988a: Frauen, Männer und George Spencer Brown, in: Zeitschrift für Soziologie, 17. Jg., H. 1, S. 47-71.

Luhmann, Niklas 1988b: Ökologische Kommunikation, 2. Aufl., Opladen: Westdeutscher Verlag.

Luhmann, Niklas 1988c: Paradigm Lost. Die ethische Reflexion der Moral, Stuttgart: Enke.

Luhmann, Niklas 1990: Sozialsystem Familie, in: ders., Soziologische Aufklärung 5, Opladen: Westdeutscher Verlag, S. 196-217.

Luhmann, Niklas 1995a: Inklusion und Exklusion, in: ders., Soziologische Aufklärung 6, Opladen: Westdeutscher Verlag, S. 237-264.

Luhmann, Niklas 1995b: Wahrnehmung und Kommunikation sexueller Interessen, in: ders.: Soziologische Aufklärung 6, Opladen: Westdeutscher Verlag, S. 189-203.

Luhmann, Niklas 2002: Die Politik der Gesellschaft, Frankfurt/M.: Suhrkamp.

Lukoschat, Helga 1997: Perspektive Geschlechterdemokratie, in: Weibblick, H. 30, S. 6-7.

MacKaughan, Molly 1990: Kinder ja, aber später. Der Kinderwunsch in der Lebensplanung von Frauen, München: Kösel.

Mackerodt, Maike 1999: Tina Theune-Meyer, in: Die Frau in unserer Zeit, 28. Jg., H. 1, S. 44-45.

MacKinnon, Catharine A. 1990: Feministische Rechtspolitik heute, in: Gerhard, Ute et al. (Hg.): Differenz und Gleichheit. Menschenrechte haben (k)ein Geschlecht, Frankfurt/M.: Helmer, S. 205-210.

Maihofer, Andrea 1991a: Eine notwendige Ergänzung des Gleichberechtigungsartikels, in: Feministische Studien, extra, S. 38-45.

Maihofer, Andrea 1991b: Gleichheitsverständnis und Geschlechterdifferenz, in: Streit, H. 2, S. 51-56.

Manske, Alexandra/Young, Brigitte 2002: Engendering der Makroökonomie: Eine Einleitung. „What is Feminist Economic All About?“, in: femina politica. Zeitschrift für feministische Politikwissenschaft, 11. Jg., H. 1, S. 9-12.

Maren-Griesebach, Manon 1982: Philosophie der Grünen, München: Olzog.

Massfeller, Franz/Reinicke, Dietrich 1958: Das Gleichberechtigungsgesetz, Köln: Heymann.

Matthias, Erich/Morsey, Rudolf 1962: Die Regierung des Prinzen Max von Baden, Quellen zur Geschichte des Parlamentarismus und der politischen Parteien, Bd. 2, Düsseldorf: Droste.

Maurer, Margarete 1993: Frauenforschung in Naturwissenschaften, Technik und Medizin, Wien: Wiener Frauenverlag.

Mayer, Karl Ulrich/Müller, Walter 1989: Lebensverläufe im Wohlfahrtsstaat, in: Weymann, Ansgar (Hg.): Handlungsspielräume: Untersuchungen zur Individualisierung und Institutionalisierung von Lebensläufen in der Moderne, Stuttgart: Enke, S. 41-60.

McMillan, Margret 1927: The Life of Rachel McMillan, London: King.

Mead, Margret 1958: Mann und Weib. Das Verhältnis der Geschlechter in einer sich wandelnden Welt, Reinbek: Rowohlt.

Meehan, Elizabeth 1990: British Feminism from the 1960s to the 1980s, in: Smith, Harold (Hg.): British Feminism in the Twentieth Century, Aldershot: Elgar, S. 189-204.

Mehlmann, Sabine 2000: Das doppelte Geschlecht. Die konstitutionelle Bisexualität und die Konstruktion der Geschlechtergrenze, in: Feministische Studien, 18. Jg., H. 1, S. 36-51.

Michaelis, A. 1911: Der Alimentationsanspruch des Unehelichen gegen den Erzeuger, in: Sexual-Probleme, 7. Jg., S. 735-738.

Michels, Robert 1911: Die Grenzen der Geschlechtsmoral, München: Frauenverlag.

Mies, Maria 1983: Gesellschaftliche Ursprünge der geschlechtlichen Arbeitsteilung, in: Bennholdt-Thomsen, Veronika/Mies, Maria/Werlhof, Claudia von: Frauen, die letzte Kolonie, Reinbek: Rowohlt, S. 164-193.

Mintzel, Alf 1976: Zur Entwicklung des Parteiensystems zwischen 1961 und 1966, in: Staritz, Dietrich (Hg.): Das Parteiensystem der Bundesrepublik, Opladen: Leske + Budrich, S. 157-173.

Mintzel, Alf 1984: Die Volkspartei. Typus und Wirklichkeit, Opladen: Westdeutscher Verlag.

Mohr, Wilma 1987: Frauen in der Wissenschaft, Freiburg: Dreisam-Verlag.

Mooser, Josef 1983: Auflösung des proletarischen Milieus: Klassenbindung und Individualisierung in der Arbeiterschaft vom Kaiserreich bis in die Bundesrepublik Deutschland, in: Soziale Welt, 34, 2. Jg., S. 270-306.

Mosse, George 1990: Die Geschichte des Rassismus in Europa, Frankfurt/M.: Suhrkamp.

Mühlenbruch, Brigitte 1998: Frauenförderung an deutschen Hochschulen. Bilanz und Perspektiven, in: Diemer, Susanne/Kirsch-Auwärter, Edith/Philipps, Sigrid (Hg.): Gleichstellung und Institution, Schule und Hochschule im Reformprozess, Tübingen: Ed. Diskord, S. 109-121.

Mulack, Christa 1990: Natürlich weiblich. Die Heimatlosigkeit der Frau im Patriarchat, Stuttgart: Kreuz.

Müller, Josef 1906: Beruf und Stellung der Frau, München: Beck.

Müller, Paula (Hg.) 1908a: Handbuch zur Frauenfrage. Der Deutsch-Evangelische Frauenbund in seiner geschichtlichen Entwicklung, seinen Zielen und seiner Arbeit, Berlin: Runge.

Müller, Paula 1986 [1908b]: Die „Neue Ethik“ und ihre Gefahr, in: Janssen-Jurreit, Marielouise (Hg.): Frauen und Sexualmoral, Frankfurt/M.: Fischer, S. 121-123.

Müller, Ursula 2004: Alles eine Frage der Zeit? Zur Situation von Frauen und Männern in der Polizei, Villingen-Schwenningen: Hochschule der Polizei.

Nauhaus, Brigitte 1979: Probleme der Frauenarbeitslosigkeit in der gegenwärtigen Krise, Köln: Pahl-Rugenstein.

Nave-Herz, Rosemarie (Hg.) 1988: Wandel und Kontinuität der Familie in der Bundesrepublik Deutschland, Stuttgart: Enke.

Nave-Herz, Rosemarie 1994: Die Geschichte der Frauenbewegung in Deutschland, 4. Aufl., Opladen: Leske + Budrich.

Nedelmann, Brigitta 1986: Das kulturelle Milieu politischer Konflikte, in: Neidhardt, Friedhelm (Hg.): Kultur und Gesellschaft, Kölner Zeitschrit für Soziologie und Sozialpsychologie, Sonderheft 27, S. 397-414.

Neidhardt, Friedhelm 1985: Einige Ideen zu einer allgemeinen Theorie sozialer Bewegungen, in: Hradil, Stefan (Hg.): Sozialstruktur im Umbruch, Opladen: Leske + Budrich, S. 193-204.

Neusel, Ayla/Voth, Helga (Hg.) 1992: Utopia ist (k)ein Ausweg. Zur Lage von Frauen in Wissenschaft, Technik und Kunst, Frankfurt/M.; New York: Campus.

Niehuss, Merith 1994: Verhinderte Frauenarbeit? Arbeiterschutzmaßnahmen für Frauen in den 1950er Jahren, in: Kocka, Jürgen/Puhle, Hans-Jürgen/Tenfeld, Klaus (Hg.): Von der Arbeiterbewegung zum modernen Sozialstaat, München; London; Paris: K.G. Saur, S. 750-764.

Nienhaus, Ursula 1981: Wir fordern beides: Autonomie und Geld, in: Dokumentationsgruppe der Sommeruniversität für Frauen (Hg.): Autonomie oder Institution, Berlin: Frauenverlag, S. 118-123.

Nipperdey, Thomas 1987: Deutsche Geschichte 1860-1866. Bürgerwelt und starker Staat, 4. Aufl., München: Beck.

Nowacki, Bernd 1983: Der Bund für Mutterschutz (1905-1933), Husum: Matthiesen.

Nussbaum, Martha 1999: Judith Butlers modischer Defätismus, in: Leviathan. Zeitschrift für Sozialwissenschaft, 27. Jg., H. 4, S. 447-468.

Nussbaum, Otto 1962: Die Bewertung von rechts und links in der römischen Liturgie, in: Jahrbuch für Antike und Christentum, 5. Jg., S. 158-171.

Oertzen, Peter von 1974: Die soziale Funktion des staatsrechtlichen Positivismus, Frankfurt/M.: Suhrkamp.

Offen, Karen 1988: Defining Feminism: A Comparative Historical Approach, in: Signs: Journal of Women in Culture and Society, 14. Jg., H. 1, S. 119-157.

Offen, Karen 1993: Feminismus in den Vereinigten Staaten und in Europa, in: Schissler, Hanna (Hg.): Geschlechterverhältnisse im historischen Wandel, Frankfurt/M.; New York: Campus, S. 97-138.

Olk, Thomas 1991: Bürgerliche Frauenbewegung und professionelle Hilfe. Das Beispiel von Alice Salomon, in: Nestmann, Frank/ Schmerl, Christiane (Hg.): Frauen, das hilfreiche Geschlecht, Reinbek: Rowohlt, S. 85-106.

Ortner, Sherry 1992: Is Female to Male as Nature to Culture? in: Humm, Maggie (Hg.): Feminism. A Reader, New York, S. 253-255.

Ostner, Ilona 1979: Beruf und Hausarbeit, 2. Aufl., Frankfurt/M.; New York: Campus.

Ostwaldt, Elke 1989: Grüne Frauen zwischen Psycho und Politik? Hannover: Umwelt-und-Politik-Verlag.

Otto, Louise 1997 [1866]: Das Recht der Frauen auf Erwerb: Blicke auf das Frauenleben der Gegenwart, Louise-Otto-Peters-Gesellschaft (Hg.), Leipzig: Universitätsverlag.

OVG Lüneburg 1995: GG Art. 3,3 (Frauenquoten und beamtenrechtliches Leistungsprinzip), in: Die Öffentliche Verwaltung, 48. Jg., S. 962-964.

Pappritz, Anna 1909: Die Prostitution als sozial-ethisches Problem, in: Bäumer, Gertrud (Hg.): Frauenbewegung und Sexualethik, Heilbronn: Salzer, S. 163-176.

Parsons, Talcott 1964: The Social System, 5. Aufl., New York: Free Press of Glencoe.

Parsons, Talcott 1985: Das System moderner Gesellschaften, München: Juventa.

Pateman, Carol 1992: Equality, Difference, Subordination: The Politics of Motherhood and Women's Citizenship, in Bock, Gisela (Hg.): Beyond Equality and Difference. Citizenship, Feminist Politics and Female Subjectivity, London: Routledge, S. 17-31.

Pechriggl, Alice 1992: Die geteilte Repräsentation, Vortrag an der Fakultät für Philosophie der Universität Bielefeld im WS 1992/93.

Perkins Gilman, Charlotte 1980 [1915]: Herland, Reinbek: Rowohlt.

Peters, Dietlinde 1984: Mütterlichkeit im Kaiserreich. Die bürgerliche Frauenbewegung und der soziale Beruf der Frau, Bielefeld: Kleine Verlag.

Peyser, Dora 1958: Alice Salomon, die Begründerin des sozialen Frauenberufs in Deutschland, Köln: Heymann.

Pfarr, Heide 1985: Quotierung und Rechtswissenschaft, in: Däubler-Gmelin, Herta/Pfarr, Heide/Weg, Marianne (Hg.): „Mehr als nur gleicher Lohn". Handbuch zur beruflichen Förderung von Frauen, Hamburg: VSA, S. 86-99.

Pfeil, Elisabeth 1961: Die Berufstätigkeit von Müttern, Tübingen: Mohr.

Pfeil, Elisabeth 1968: Die 23jährigen: Eine Generationsuntersuchung am Geburtenjahrgang 1941, Tübingen: Mohr.

Phillips, Anne 1987: Divided Loyalities. Dilemmas of Sex and Class, London: Virago Press.

Phillips, Anne 1995: Geschlecht und Demokratie, Hamburg: Rotbuch-Rationen.

Picht, Georg 1964: Die deutsche Bildungskatastrophe, Olten: Walter.

Pinl, Claudia 1993: Vom kleinen zum großen Unterschied. Geschlechterdifferenz und konservative Wende im Feminismus, Hamburg: Konkret.

Planert, Ute 2000: Mannweiber, Urniden und sterile Jungfern. Die Frauenbewegung und ihre Gegner im Kaiserreich, in: Feministische Studien, 18. Jg., H. 1, S. 22-36.

Pross, Helge 1969: Über die Bildungschancen von Mädchen in der Bundesrepublik, Frankfurt/M.: Suhrkamp.

Putzke, Sabine 2003: Die Strafbarkeit der Abtreibung in der Kaiserzeit und in der Weimarer Zeit, Berlin: Berliner Wissenschaftsverlag.

Ramm, Thilo 1996: Familienrecht: Verfassung, Geschichte, Reform, Tübingen: Mohr.

Rammstedt, Otthein 1978: Soziale Bewegung, Frankfurt/M.: Suhrkamp.

Reagon, Bernice Johnson 1983: Coalition Politics – Turning the Century, in: Smith, Barbara (Hg.): Home Girls: A Black Feminist Anthology, New York: Kitchen Table Press, S. 356-368.

Rees, Teresa 1998: Mainstreaming Equality in the European Union: Education, Training and Labour Market Policies, London: Routledge.

Reinsch, Ursula 1999: Der soziologische Rassismusbegriff und die Rassismusdebatte in der Neuen Deutschen Frauenbewegung, Diplomarbeit, Frankfurt/M.

Rich, Adrienne 1977: Of Women Born, New York: Norton.

Riedmüller, Barbara 1988: Das Neue an der Frauenbewegung. Versuch einer Wirkungsanalyse der neun Frauenbewegung, in: Gerhard, Ute/Schütze, Yvonne (Hg.): Frauensituationen. Veränderungen in den letzten 20 Jahren, Frankfurt/M.: Suhrkamp, S. 15-45.

Ritter, Gerhard A. (Hg.) 1990: Der Aufstieg der deutschen Arbeiterbewegung: Sozialdemokratie und freie Gewerkschaften im Parteiensystem und Sozialmilieu des Kaiserreichs, München: Oldenbourg.

Ritter, Gerhard A. 1998: Soziale Frage und Sozialpolitik in Deutschland seit Beginn des 19. Jahrhunderts, Opladen: Leske + Budrich.

Ritterbach, Manfred 1976: Repräsentative und direkte Demokratie, Bonn: Eichholz.

Rohe, Karl 1992: Wahlen und Wählertradition in Deutschland, Frankfurt/M.: Suhrkamp.

Roth, Roland 1985: Neue soziale Bewegungen in der politischen Kultur der Bundesrepublik – eine vorläufige Skizze, in: Brand, Karl-Werner (Hg.): Neue soziale Bewegungen in Westeuropa und in den USA, Frankfurt/M.; New York: Campus. S. 20-82.

Rowbotham, Sheila 1981: Im Dunkel der Geschichte: Frauenbewegung in England vom 17. bis 20. Jh., Frankfurt/M.; New York: Campus.

Rucht, Dieter 1980: Von Wyhl nach Gorleben: Bürger gegen Atomprogramm und nukleare Entsorgung, München: Beck.

Rucht, Dieter 1988: Themes, Logics, and Arenas of Social Movements, in: International Movement Research, Vol. 1, S. 305-328.

Rucht, Dieter 1994: Modernisierung und neue soziale Bewegungen. Deutschland, Frankreich und USA im Vergleich, Frankfurt/M.; New York: Campus.

Rühmkorf, Eva 1989: Ein lila Faden zieht sich durch Büros und Verwaltungen. Vor zehn Jahren entstand in Hamburg die erste Gleichstellungsstelle, in: Frankfurter Rundschau, 23.1., S. 11.

Rummel, Mariella 1987: Die rechtliche Stellung der Frau im Sachsenspiegel-Landrecht, Frankfurt/M.: Lang.

Sacksofsky, Ute 1996: Das Grundrecht auf Gleichberechtigung, 2. Aufl., Baden-Baden: Nomos.

Schaffenroth, Gerta/Vanja, Christina 1991: „Im Geiste Freunde werden." Männer und Frauen im Glauben Martin Luthers, in: Wunder, Heide (Hg.): Wandel der Geschlechterbeziehungen zu Beginn der Neuzeit, Frankfurt/M.: Suhrkamp, S.97-108.

Schaser, Angelika 2000: Helene Lange und Gertrud Bäumer. Eine politische Lebensgemeinschaft, Köln u.a.: Böhlau.

Schenk, Herrad 1987: Freie Liebe – wilde Ehe: Über die allmähliche Auflösung der Ehe durch die Liebe, München: Beck.

Scheu, Ursula 1986: Wir werden nicht als Mädchen geboren, wir werden dazu gemacht, 4. Aufl., Frankfurt/M.: Fischer.

Schimank, Uwe 2005: Weltgesellschaft und Nationalgesellschaften: Funktionen von Staatsgrenzen, in: Heintz, Bettina/Münch, Richard/ Tyrell, Hartmann (Hg.): Weltgesellschaft, Kölner Zeitschrift für Soziologie und Sozialpsychologie, Sonderheft, Stuttgart: Lucius und Lucius, S. 394-414.

Schmitt, E. 1927/28: Jugendehe – Stufenehe, in: Die Frau, 35. Jg., S. 12-16.

Schmitt, Sabine 1995: Der Arbeiterinnenschutz im deutschen Kaiserreich. Zur Konstruktion der schutzbedürftigen Arbeiterin, Stuttgart: Metzler.

Schopenhauer, Arthur 1973 [1851]: Über die Weiber, abgedruckt in: Bönner, Karl (Hg.): Die Geschlechterrolle, Elf Aufsätze, München: Nymphenburger Verlagshaus, S. 27-39.

Schratzenstaller, Margit 2004: Neue Dilemmata – neue Bedarfe: Synopse und Ausblick, in: Leitner, Sigrid/Ostner, Ilona/Schratzenstaller, Margit (Hg.) 2004: Wohlfahrtsstaat und Geschlechterverhältnis im Umbruch, Wiesbaden: VS-Verlag, S. 381-391.

Schreiber, Adele 1912: Die Ansätze neuer Sittlichkeitsbegriffe im Hinblick auf die Mutterschaft, in: dies. (Hg.): Mutterschaft. Ein Sammelwerk für die Probleme des Weibes als Mutter, München: Albert Langen, S. 163-188.

Schröder, Hannelore (Hg.) 1976: Die Hörigkeit der Frau und andere Schriften zur Frauenemanzipation. John Stuart Mill, Harriet Taylor Mill, Helen Taylor, Frankfurt/M.: Syndikat.

Schüller, Elke 2000: Frauenparteien. Phantasterei oder politischer Machtfaktor? in: Ariadne, Almanach des Archivs der deutschen Frauenbewegung, H. 37/38, S. 64-71.

Schulte, Regina 1979: Sperrbezirke – Tugendhaftigkeit und Prostitution in der bürgerlichen Welt, Frankfurt/M.: Syndikat.

Schultz-Gambard, Jürgen 1991: Frauen in Führungspositionen. Eine kommentierte Bibliografie, Ludwigshafen: Ehrenfeld.

Schütze, Yvonne 1986: Die gute Mutter. Zur Geschichte des normativen Musters „Mutterliebe“, Bielefeld: Kleine Verlag.

Schwab, Gustav 1975: Familie, in: Brunner, Otto/Conze, Werner/Koselleck, Reinhard (Hg.): Geschichtliche Grundbegriffe, Bd.1, Stuttgart: Klett, S. 253-285.

Schwarzer, Alice 1986: Weg mit dem § 218, Köln: Emma Frauenverlag.

Scott, Joan W. 1996: Only Paradoxes to Offer. French Feminists and the Rights of Man, London: Havard University Press.

Seifert, Ruth 1998: Die Soldatin als Grenzgängerin – oder: Ist das Militär zurecht ein Randthema der feministischen Diskussion? in: Hypatia – Zeitschrift der Heinrich-Böll-Stiftung, 8. Jg., H. 10, S. 5-16.

Shahar, Shulamith 1981: Die Frau im Mittelalter, Königstein: Athenaeum.

Sherif, Carolin Wood 1979: Bias in Psychology, in: Sherman, Julia A./Beck, Evelyn T. (Hg.): The Prism of Sex, Madison: University of Wisconsin, S. 93-134.

Shorter, Edward 1977: Die Geburt der modernen Familie, Reinbek: Rowohlt.

Sichtermann, Barbara 1986: Weiblichkeit. Zur Politik des Privaten, Berlin: Wagenbach.

Simmel, Georg 1968 [1908]: Die Kreuzung sozialer Kreise, in: ders.: Soziologie, 5. Aufl., Berlin: Duncker und Humblot, S. 305-344.

Slupik, Vera 1982: Verrechtlichung der Frauenfrage – Befriedungspolitik oder Emanzipationschance? in: Kritische Justiz, 15. Jg., H. 4, S. 348-366.

Sommerkorn, Ingrid 1988: Die erwerbstätige Mutter in der Bundesrepublik, in: Nave-Herz, Rosemarie (Hg.): Wandel und Kontinuität der Familie in der Bundesrepublik Deutschland, Stuttgart: Enke, S. 115-144.

Sozialwissenschaftlicher Fachinformationsdienst, Informationszentrum Sozialwissenschaften (Hg.) 2006: Frauen- und Geschlechterforschung, Bonn.

Spencer Brown, George 1979: Laws of Form, 2. Aufl., New York: Dutton.

Spender, Dale 1982: Women of Ideas and What Men Have done to Them: From Aphra Benn to Adrienne Rich, London: Routledge & Paul.

Spinner, Jakob Richard 1931: Ehekrisen und Ehereform, in: Hirschfeld, Magnus (Hg.): Sittengeschichte der Nachkriegszeit 1918-1930, Leipzig; Wien: Schneider.

Stackelbeck, Martina/Kiewel, Angelika/Stiegler, Barbara (Hg.) 1989: Frauenförderung in der privaten Wirtschaft, 3. Aufl., Düsseldorf, Landesregierung: Serie „Wir in Nordrhein-Westfalen".

Stamer, Sabine 1994: Förderung der beruflichen Eingliederung von Frauen nach Kinderbetreuungszeiten, Dissertation, Universität Heidelberg.

Stein-Hilbers, Marlene 1994: Wem ‚gehört' das Kind? Neue Familienstrukturen und veränderte Eltern-Kind-Beziehungen, Frankfurt/M.; New York: Campus.

Stichweh, Rudolf 1988: Inklusion in Funktionssysteme der modernen Gesellschaft, in: Mayntz, Renate/Rosewitz, Bernd/Schimank, Uwe/ Stichweh, Rudolf (Hg.): Differenzierung und Verselbständigung, Frankfurt/M.; New York: Campus, S. 261-294.

Stichweh, Rudolf 1995: Der Körper des Fremden, in: Hagner, Michael (Hg.): Der falsche Körper. Beiträge zu einer Geschichte der Monstrositäten, Göttingen: Wallstein, S. 175-186.

Stichweh, Rudolf 2000: Die Weltgesellschaft, Frankfurt/M.: Suhrkamp.

Stichweh, Rudolf 2005: Inklusion und Exklusion. Studien zur Gesellschaftstheorie, Bielefeld: transcript Verlag.

Stöcker, Helene 1905: Die Liebe und die Frauen, Minden: Bruns.

Stoehr, Irene 1983: „Organisierte Mütterlichkeit". Zur Politik der deutschen Frauenbewegung um 1900, in: Hausen, Karin (Hg.): Frauen suchen ihre Geschichte, München: Beck, S. 221-249.

Stolzenberg-Bader, Edith 1989: Das Kulturbild der Frau in medizinischen und anatomischen Abhandlungen, in: Martin, Jochen/Zoepffel, Renate (Hg.): Aufgaben, Rollen und Räume von Frauen und Männern, Bd. 2, München: Karl Alber, S. 751-818.

Strathern, Marilyn 1980: No Nature, no Culture: The Hagen Case, in: MacCormack, Carol P./dies. (Hg.): Nature, Culture and Gender, Cambridge: Cambridge University Press, S. 174-219.

Taylor, Harriert 1976 [1869]: Über Frauenemanzipation, in: Schröder, Hannelore (Hg.) 1976: Die Hörigkeit der Frau und andere Schriften zur Frauenemanzipation, Frankfurt/M.: Syndikat, S. 71-108.

Toppe, Susanne 1993: Die Erziehung zur guten Mutter, Oldenburg: BIS.

Trotha, Trutz von 1990: Zum Wandel der Familie, in: Kölner Zeitschrift für Soziologie und Sozialpsychologie, 42. Jg., S. 452-473.

Tyrell, Hartmann 1978: Die Familie als ‚Urinstitution': Neuerliche spekulative Überlegungen zu einer alten Frage, in: Kölner Zeitschrift für Soziologie und Sozialpsychologie, 30,2. Jg., S. 611-651.

Tyrell, Hartmann 1982: Familie und Religion im Prozess der gesellschaftlichen Differenzierung, in: Eid, Volker/Vaskovics, Laszlo A. (Hg.): Wandel der Familie – Zukunft der Familie, Mainz: Matthias Grünewald, S. 19-74.

Tyrell, Hartmann 1986: Gesellschaftliche Differenzierung und Geschlechterklassifikation, in: Kölner Zeitschrift für Soziologie und Sozialpsychologie, 38. Jg., S. 450-489.

Tyrell, Hartmann 1987: Romantische Liebe – Überlegungen zu ihrer „quantitativen Bestimmtheit", in: Baecker, Dirk et al. (Hg.): Theorie als Passion, Frankfurt/M.: Suhrkamp, S. 570-599.

Tyrell, Hartmann 1988: Ehe und Familie. Institutionalisierung und Deinstitutionalisierung, in: Lüscher, Kurt (Hg.): Die „postmoderne" Familie, Konstanz: UVK, S. 145-156.

Tyrell, Hartmann 1989: Überlegungen zur Universalität geschlechtlicher Differenzierung, in: Martin, Jochen/Zoepffel, Renate (Hg.): Aufgaben, Rollen und Räume von Frau und Mann, Bd. 1, München: Karl Alber, S. 37-78.

Tyrell, Hartmann 1993: Katholizismus und Familie – Institutionalisierung und Deinstitutionalisierung, in: Bergmann, Jörg/Hahn, Alois/ Luckmann, Thomas (Hg.): Religion und Kultur, Opladen: Westdeutscher Verlag, S. 126-149.

Tyrell, Hartmann 1995: Road to Divorce, in: Rechtshistorisches Journal, 19. Jg., S. 93-104.

Tyrell, Hartmann 2001: Gesellschaftstypologie und Differenzierungsformen, Segmentation und Stratifikation, in: Bohn, Cornelia/Willems, Herbert (Hg.): Sinngeneratoren, Konstanz: UVK, S. 511-534.

VanWingerden, Sophia A. 1999: The Women's Suffrage Movement in Britain, 1866-1928, Basingstoke: Macmillan.

Vontobel, Jacques 1956: Die liberal-konservative organische Rechts- und Staatslehre J.C. Bluntschlis, Zürich: Schulthess.

Warwick, Alex/Auchmuty, Rosemary 1995: Women's Studies as Feminism Activism, in: Griffin, Gabriele (Hg.): Feminist Activism in the 1990s, London: Taylor & Francis, S. 82-191.

Weber, Marianne 1907: Ehefrau und Mutter in der Rechtsentwicklung, Tübingen: Mohr.

Weber, Marianne 1919 [1913]: Die Frau und die objektive Kultur, in: dies.: Frauenfragen und Frauengedanken, Tübingen: Mohr, S. 95-133.

Weber, Marianne 1926/27: Ein Beitrag zur Sexualethik, in: Die Frau, 34. Jg., S. 454-460.

Weber, Max 1980 [1922]: Wirtschaft und Gesellschaft, 5. Aufl., Tübingen: Mohr.

Wedl, Juliette/Bieringer, Jutta 2002: Geschlechterdemokratie – ein neues feministisches Leitbild?, in: femina politica. Zeitschrift für feministische Politikwissenschaft, 11. Jg., H. 2, S. 9-16.

Weg, Marianne (Hg.) 1988: Macht macht Frauen stark: Frauenpolitik für die 90er Jahre, Hamburg: VSA.

Weiland, Daniela 1983: Geschichte der Frauenemanzipation in Deutschland und Österreich, Düsseldorf: Econ.

Weinbach, Christine 2002: Systemtheorie und Gender. Überlegungen zum Zusammenhang von politischer Inklusion und Geschlechterdifferenz, in: Soziale Systeme, 8. Jg., H. 2; S. 307-332.

Weinbach, Christine 2004: Systemtheorie und Gender. Das Geschlecht im Netz der Systeme: Wiesbaden: VS-Verlag.

Weinbach, Christine/Stichweh, Rudolf 2001: Geschlechtliche (In-)Differenz in modernen Gesellschaften, in: Heintz, Bettina (Hg.): Geschlechtersoziologie, Wiesbaden: Westdeutscher Verlag, S. 30-52.

Werlhof, Claudia von 1978: Frauenarbeit: Der blinde Fleck in der Kritik der politischen Ökonomie, in: beiträge zur feministischen theorie und praxis, 1. Jg., H. 1, S. 18-32.

Werlhof, Claudia von 1983: Der Proletarier ist tot. Es lebe die Hausfrau? in: Bennholdt-Thomsen, Veronika/Mies, Maria/Werlhof, Claudia von: Frauen, die letzte Kolonie, Reinbek: Rowohlt, S. 124-154.

Wermuth, Nanny 1992: Frauen an Hochschulen. Statistische Daten zu den Karrierechancen, Bonn: Schriftenreihe des Bundesministeriums für Bildung und Wissenschaft 105.

Wetter, Annegret 1989: Wenn Frauen sich einmischen. Arbeitshilfe zum politischen Handeln, Düsseldorf: Klens.

Wex, Erna 1929/30: Der Weg zu den Müttern, in: Die Frau, 37. Jg., S. 357-363.

Wobbe, Theresa 1989: Gleichheit und Differenz. Politische Strategien von Frauenrechtlerinnen um die Jahrhundertwende, Frankfurt/M.; New York: Campus.

Wollstonecraft, Mary 1989 [1792]: A Vindication of the Rights of Woman, in: Todd, Janet/Butler, Marilyn (Hg.): The Works of Mary Wollstonecraft, Bd. 5, London: William Pickering, S. 79-266. .

Wunder, Heide 1992: „Er ist die Sonn', sie ist der Mond" – Frauen in der Frühen Neuzeit, München: Beck.

Wunder, Heide 1997: Herrschaft und öffentliches Handeln von Frauen in der Geschichte der Frühen Neuzeit, in: Gerhard, Ute (Hg.): Frauen in der Geschichte des Rechts, München: Beck, S. 27-54.

Young, Iris Marion 1990: Justice and the Politics of Difference, 3. Aufl., Princeton, NJ: Princeton University Press.

Zacher, Hans F. 1968: Soziale Gleichheit, in: Archiv des Öffentlichen Rechts (AöR) 93, S. 341-383.

Zeidler, Wolfgang 1984: Ehe und Familie, in: Benda, Ernst/Maihofer, Werner/Vogel, Hans-Jochen (Hg.): Handbuch des Verfassungsrechts, Teil 1, Berlin: de Gruyter, S. 555-608.

Zeller, Susanne (1994): Geschichte der Sozialarbeit als Beruf, Pfaffenweiler: Centaurus.

Zetkin, Clara 1894: Die Arbeiterinnen- und die Frauenfrage der Gegenwart, Berlin: Verlag der Berliner Volkstribüne.

Zetkin, Clara 1971 [1927]: Zur Geschichte der proletarischen Frauenbewegung Deutschlands, Frankfurt/M.: Roter Stern.

Zeuner, Bodo 1976: Das Parteiensystem der Großen Koalition, in: Staritz, Dietrich (Hg.): Das Parteiensystem der Bundesrepublik, Opladen: Leske + Budrich, S. 174-193.

Zinnecker, Jürgen 1973: Sozialgeschichte der Mädchenbildung. Zur Kritik der Schulerziehung von Mädchen im bürgerlichen Patriarchalismus, Weinheim: Beltz.

Zoepfl, Heinrich 1863: Grundsätze des gemeinen deutschen Staatsrechts, Bd. 1 und 2, Leipzig; Heidelberg: Winter.

Zylka-Menhorn, Vera 1991: 30 Jahre Pille, in: Pharmazeutische Zeitung, 136. Jg., S. 1787-1790.

Gender Studies

Isolde Albrecht
Sprache, Arbeit und geschlechtliche Identität
Wie moderne Arbeitsbegriffe alte Geschlechtslogiken transportieren.
Eine sprachgeschichtliche und psychologische Studie
2008, 390 Seiten, kart., 26,00 €,
ISBN 978-3-89942-941-1

Sabine Brombach, Bettina Wahrig (Hg.)
LebensBilder
Leben und Subjektivität in neueren Ansätzen der Gender Studies
2006, 308 Seiten, kart., zahlr. z.T. farb. Abb., 26,80 €,
ISBN 978-3-89942-334-1

Heike Hartung (Hg.)
Alter und Geschlecht
Repräsentationen, Geschichten und Theorien des Alter(n)s
2005, 286 Seiten, kart., 26,80 €,
ISBN 978-3-89942-349-5

Ingrid Hotz-Davies, Schamma Schahadat (Hg.)
Ins Wort gesetzt, ins Bild gesetzt
Gender in Wissenschaft, Kunst und Literatur
2007, 310 Seiten, kart., 30,80 €,
ISBN 978-3-89942-595-6

Carmen Leicht-Scholten (Hg.)
»Gender and Science«
Perspektiven in den Natur- und Ingenieurwissenschaften
2007, 188 Seiten, kart., 21,80 €,
ISBN 978-3-89942-674-8

Margarete Menz
Biographische Wechselwirkungen
Genderkonstruktionen und »kulturelle Differenz« in den Lebensentwürfen binationaler Paare
2008, 310 Seiten, kart., 29,80 €,
ISBN 978-3-89942-767-7

Ursula Mihçiyazgan
Der Irrtum im Geschlecht
Eine Studie zu Subjektpositionen im westlichen und im muslimischen Diskurs
2008, 290 Seiten, kart., 29,80 €,
ISBN 978-3-89942-815-5

Rebecca Pates, Daniel Schmidt
Die Verwaltung der Prostitution
Eine vergleichende Studie am Beispiel deutscher, polnischer und tschechischer Kommunen
Februar 2009, 234 Seiten, kart., 24,80 €,
ISBN 978-3-8376-1117-5

Sylvia Pritsch
Rhetorik des Subjekts
Zur textuellen Konstruktion des Subjekts in feministischen und anderen postmodernen Diskursen
2008, 514 Seiten, kart., 39,80 €,
ISBN 978-3-89942-756-1

Leseproben, weitere Informationen und Bestellmöglichkeiten finden Sie unter www.transcript-verlag.de